ENTREVISTA
MOTIVACIONAL
NO CUIDADO DA SAÚDE

R754e Rollnick, Stephen.
         Entrevista motivacional no cuidado da saúde : ajudando pacientes a mudar o comportamento / Stephen Rollnick, William R. Miller, Christopher C. Butler ; tradução Ronaldo Cataldo Costa. – Porto Alegre : Artmed, 2009.
         221 p. ; 23 cm.

         ISBN 978-85-363-1702-1

         1. Terapia comportamental. I. Miller, William R. II. Butler, Christopher C. III. Título.
                                                              CDU 615.85

Catalogação na publicação: Renata de Souza Borges – CRB-10/Prov-021/08

ENTREVISTA MOTIVACIONAL
NO CUIDADO DA SAÚDE

AJUDANDO PACIENTES A MUDAR O COMPORTAMENTO

STEPHEN ROLLNICK
WILLIAM R. MILLER
CHRISTOPHER C. BUTLER

Tradução:
Ronaldo Cataldo Costa

Consultoria, supervisão e revisão técnica desta edição:
Antonio Carlos S. Marques da Rosa
Psiquiatra. Professor e supervisor convidado do curso de Especialização em Psicoterapia de Orientação Analítica do Departamento de Psiquiatria e Medicina Legal da FAMED/UFRGS.

Elisabeth Meyer
Terapeuta cognitivo-comportamental. Mestre e doutoranda em Psiquiatria pela Faculdade de Medicina da UFRGS.

2009

Obra originalmente publicada em língua inglesa sob o título
Motivational interviewing in health care: helping patients change behavior
ISBN 978-1-59385-612-0

© 2008 The Guilford Press
A Division of Guilford Publications, Inc. All rights reserved.

Capa
Gustavo Macri

Preparação do original
Osvaldo Arthur Menezes Vieira

Supervisão editorial
Mônica Ballejo Canto

Projeto e editoração
Armazém Digital Editoração Eletrônica – Roberto Carlos Moreira Vieira

Reservados todos os direitos de publicação, em língua portuguesa, à
ARTMED® EDITORA S.A.
Av. Jerônimo de Ornelas, 670 - Santana
90040-340 Porto Alegre RS
Fone (51) 3027-7000   Fax (51) 3027-7070

É proibida a duplicação ou reprodução deste volume, no todo ou em parte, sob quaisquer formas ou por quaisquer meios (eletrônico, mecânico, gravação, fotocópia, distribuição na Web e outros), sem permissão expressa da Editora.

SÃO PAULO
Av. Angélica, 1091 - Higienópolis
01227-100 São Paulo SP
Fone (11) 3665-1100   Fax (11) 3667-1333

SAC   0800 703-3444

IMPRESSO NO BRASIL
PRINTED IN BRAZIL
Impresso sob demanda na Meta Brasil a pedido de Grupo A Educação.

Autores

Stephen Rollnick, Ph.D., é psicólogo clínico e professor de comunicação em saúde no Department of Primary Care and Public Health da Cardiff University, no País de Gales, Reino Unido. Trabalhou em clínicas de atenção primária por 16 anos, tornando-se professor e pesquisador no tema da comunicação. Rollnick escreveu livros sobre entrevista motivacional e mudança de comportamento em saúde e tem um interesse especial por consultas difíceis no atendimento de saúde e social. Tem diversas publicações em periódicos científicos e lecionou para profissionais e professores em muitos países ao redor do mundo.

William E. Miller, Ph.D., é Emeritus Distinguished Professor de psicologia e psiquiatria na University of New Mexico, onde começou a lecionar em 1976. Atuou como diretor de formação clínica para o programa de doutorado em psicologia clínica da UNM, aprovado pela American Psychological Association, e como co-diretor do Center on Alcoholism, Substance Abuse and Addictions (CASAA) da UNM. Miller já publicou 35 livros e mais de 400 artigos e capítulos de livros. Foi ele quem lançou o conceito de entrevista motivacional, em um artigo de 1983. O Institute for Scientific Information o identifica como um dos cientistas mais citados do mundo.

Christopher C. Butler, M.D., é Professor of Primary Care Medicine e chefe do Department of Primary Care and Public Health da Cardiff University. Fez sua formação em medicina na University of Cape Town e em epidemiologia clínica na University of Toronto. Para seu doutorado, sob orientação de Stephen Rollnick, desenvolveu e avaliou modelos de aconselhamento para mudança comportamental e realizou pesquisa qualitativa sobre as percepções dos pacientes em relação à orientação dos clínicos contra o tabagismo. Butler publicou mais de 70 artigos, principalmente sobre mudança de comportamento em saúde e infecções comuns. Além disso, ainda mantém um consultório médico em uma antiga cidade mineradora no sul do País de Gales.

Para meu querido pai, Julian. Obrigado por muitas coisas, incluindo seu lúcido aconselhamento e apoio para escrever este livro. S.R.

Para meu filho, Jayson. Que eu sempre possa ser para você a mesma presença carinhosa e orientadora com a qual meus pais me abençoaram. W.R.M.

Para Judith e nossos filhos, Caitlin, Eva e Charles, que tanto me ajudaram a encontrar o caminho. C.C.B.

Agradecimentos

Nossos sinceros agradecimentos pelas contribuições dos profissionais que conhecemos durante o treinamento – muitos para mencionar – e que nos ajudaram a explicar o nosso raciocínio e as nossas ideias.

A inspiração e as sugestões dos colegas da MINT, a Motivational Interviewing Network of Trainers (www.motivationalinterview.org), foram uma fonte de apoio constante. Era comum esse grupo nos bombardear com ideias quando fazíamos perguntas em reuniões e na lista eletrônica que nos une em discussões animadas. Jeff Allison e Gary Rose nos ajudaram a esclarecer, durante as sessões de treinamento e por meio de discussões, o conteúdo e os limites da estrutura de três estilos. Os comentários e as sugestões de Tom Barth e Pip Mason enriqueceram o material sobre as aspirações para a mudança de comportamento que consta no Capítulo 10. Bob Mash e seus colegas do grupo de instrutores sul-africanos MISA (Motivational Interviewing in South Africa) apresentaram histórias, vinhetas e sugestões que foram usadas para construir estudos de caso e narrativas de consultas e serviços no campo do HIV/AIDS. Os colegas do grupo PATA (Pediatric AIDS Treatment in Africa), particularmente o doutor Paul Roux, forneceram exemplos incontáveis da vitória da esperança, do comprometimento e da criatividade ante a adversidade. Ralf Demmel nos abasteceu de artigos sobre apoio parental; Michael Robling nos emprestou seu tempo e sua experiência para as discussões sobre o tratamento do diabetes; e Claire Lane, Linda Speck e Adrienne Cook fizeram comentários sobre a reabilitação cardíaca e relatos lúcidos de suas tentativas de mudar a cultura dos seus locais de trabalho. Peter Prescott e Carolina Yahne nos escreveram em mais de uma ocasião sobre o princípio e a prática de transmitir esperança. As conversas com Valerie Dougall no mundo do projeto de *software* ajudaram imensamente a pensar como as ideias podem ser disponibilizadas para os aprendizes. Também agradecemos a Carrie McCorkindale, Barbara B. Walker, Anne E. Kazak e Sheila K. Stevens por sua ajuda em revisar uma versão inicial do texto.

Nossas famílias nos ajudaram de diversas maneiras. Agradecemos a nossas parceiras, Sheila, Kathy e Judith, por apoiarem nossa decisão de escrever, e a Jacob Rollnick por enfatizar o papel da emoção intensa na entrevista motivacional quando se ajuda alguém a mudar em casa (sem mencionar nomes). Julian Rollnick escrutinou cada palavra e deu apoio e conselhos valiosos. Finalmente, agradecemos a nossos editores da The Guilford Press, Jim Nageotte e Barbara Watkins, por sua ajuda verdadeiramente minuciosa em formatar a estrutura e o conteúdo deste livro.

Sumário

Prefácio 13

Parte I
Mudança de comportamento e entrevista motivacional

1. A entrevista motivacional: princípios e evidências 19
2. Como a entrevista motivacional se encaixa na prática da saúde 28

Parte II
Habilidades básicas da entrevista motivacional

3. A prática da entrevista motivacional 51
4. Perguntar 62
5. Escutar 82
6. Informar 101

Parte III
Reunindo tudo

7. Integrando as habilidades 125
8. Exemplos de caso com o estilo de orientação 134
9. Aprendendo a orientar melhor 150
10. Além da consulta 167

Epílogo
Alguns mapas para orientar você 184

Apêndice A
Aprendendo mais sobre a entrevista motivacional 188

Apêndice B
Bibliografia temática de pesquisas
sobre entrevista motivacional 194

Índice 217

Prefácio

Este livro é voltado para qualquer profissional da saúde que deseja incentivar seus pacientes a considerar uma mudança de comportamento. A lista é bastante longa: enfermeiros, médicos, nutricionistas, psicólogos, conselheiros, educadores de saúde, dentistas, higienistas odontológicos, assistentes sociais, fisioterapeutas e terapeutas ocupacionais, quiropráticos e, às vezes, até mesmo as pessoas que atendem ao telefone no consultório. A lista de comportamentos que talvez precisem ser mudados também é longa: tabagismo, dieta, exercícios, mudanças na medicação, consumo de álcool, ingesta líquida, a aprendizagem de novos procedimentos, o uso de novos materiais de apoio, o uso de serviços, e assim por diante.

Foram os próprios profissionais da saúde que trouxeram à nossa atenção o potencial da entrevista motivacional em ambientes de saúde. Todos os dias, atendem a pacientes cuja saúde melhoraria muito com uma mudança comportamental. Geralmente, seus pacientes não pedem ajuda com esse fim, mas os profissionais fazem o possível para estimular, persuadir, incitar, orientar ou aconselhar seus pacientes a fazer mudanças. Eles raramente têm formação e preparo para promover mudanças comportamentais relacionadas com a saúde, e muitas vezes têm apenas alguns minutos para fazê-lo com cada paciente, diante de muitos outros imperativos clínicos. Escutamos os problemas, as frustrações e as limitações práticas dos profissionais da saúde que trabalham na linha de frente:

"Eu digo e repito a eles o que fazer, mas eles não fazem."

"Meu trabalho é apenas apresentar os fatos, e é tudo que posso fazer."

"Essas pessoas levam uma vida muito difícil, e eu entendo por que fumam."

"Não sou um conselheiro. Eu diagnostico e trato condições médicas."

"Alguns dos meus pacientes vivem em completa negação."

Observamos que existe muita paixão (e compaixão) em relação às dificuldades dos pacientes e ao modo como responder a elas.

Quando começamos a escrever sobre a entrevista motivacional, tínhamos em mente os conselheiros, concentrando-nos em problemas dos pacientes com o álcool e com outras drogas. Esses pacientes tinham grandes dificuldades com a mudança de comportamento, e suas vidas muitas vezes estavam em ruínas. Apesar das consequências devastadoras da bebida ou das drogas, sua ambivalência em relação a mudar era notável. Rapidamente, aprendemos que preleções, argumentações e advertências não funcionavam com pessoas ambivalentes e, com o tempo, desenvolvemos a abordagem mais suave que passaria a se chamar entrevista motivacional. O foco era ajudar essas pessoas a falar e a resolver sua ambivalência em relação à mudança comportamental, usando sua própria motivação, energia e comprometimento para tanto.

Logo após a publicação da primeira edição de *Entrevista motivacional* (Miller e Rollnick, 1991), ficou claro para nós e para outras pessoas que esse método poderia ser útil fora do campo da drogadição. De fato, as dificuldades com a ambivalência em relação à mudança não são específicas da drogadição, mas são características da condição humana. Atualmente, grande parte do cuidado de saúde envolve ajudar os pacientes a lidar com condições de longo prazo, cujos resultados podem ser bastante influenciados por mudanças comportamentais ligadas ao estilo de vida. Ainda assim, os pacientes muitas vezes resistem a iniciativas bem-intencionadas de persuadi-los a mudar. Certamente, existem limites naquilo que o profissional pode fazer, mas também há um grande potencial de mudança. Com certeza, a motivação para mudar deve ser evocada, em vez de imposta. Conversas humanas, respeitosas e efetivas sobre a mudança comportamental com certeza têm seu lugar em muitos ambientes ligados ao cuidado de saúde.

Em poucos anos, surgiram publicações sobre o uso da entrevista motivacional para lidar com a hipertensão, diabetes, obesidade, doenças cardíacas, adesão à medicação e uma variedade de problemas psiquiátricos e psicológicos. Atualmente, existem mais de 160 ensaios clínicos randomizados sobre a entrevista motivacional, e a quantidade de publicações sobre o método duplica a cada três anos (*ver* www.motivationalinterview.org).

Já ensinamos a entrevista motivacional para uma ampla variedade de profissionais. Ela tem sido usada por profissionais na prática familiar, na reabilitação cardíaca e cognitiva, na medicina renal, no tratamento do diabetes, na fisioterapia, no condicionamento físico, no tratamento odontológico, no aconselhamento em saúde mental, na fonoaudiologia e na educação em saúde pública. Nosso desafio é encontrar um meio pelo qual os profissionais da saúde possam usar os elementos da entrevista motivacional na "correria" da prática clínica cotidiana.

Um primeiro passo nessa direção foi um livro chamado *Health behavior change* (Rollnick, Mason e Butler, 1999). Tendo cautela para não diluir e simplificar a entrevista motivacional a ponto de não ser mais reconhecida, evitamos fazer qualquer referência a ela. O livro simplesmente descrevia estratégias práticas, muitas das quais foram desenvolvidas em ambientes de saúde que seguiam o *espírito* essencial da entrevista motivacional – usar de sintonia para ajudar o paciente a explorar e a resolver sua ambivalência em relação à mudança.

Algumas equipes de pesquisadores seguiram um caminho semelhante, desenvolvendo e testando uma variedade de adaptações da entrevista motivacional em muitos ambientes e áreas de problemas. Quando a segunda edição de *Entrevista motivacional* (Milles e Rollnick, 2002) foi publicada, haviam surgido adaptações com nomes como negociação breve, aconselhamento para mudança comportamental, *"check-up"* comportamental e entrevista motivacional breve. Por trás de todas, havia a mesma ideia de evocar as motivações dos próprios pacientes para mudar.

Este livro é uma nova síntese sobre como trazer o âmago da entrevista motivacional para a prática cotidiana em saúde. Poucos profissionais têm tempo, necessidade ou inclinação para se tornarem conselheiros. Nossa meta aqui é transmitir apenas o suficiente do método básico da entrevista motivacional para torná-lo acessível, fácil de aprender, proveitoso e efetivo na prática em saúde.

Temos tentado captar a essência da abordagem sem recorrer a jargão técnico que soe exótico. Neste livro, usamos a metáfora de um orientador. Sugerimos que o estilo do orientador é algo usado naturalmente na vida cotidiana para ajudar outras pessoas, particularmente a mudar seu comportamento ou a aprender novas habilidades. Comparamos esse estilo com dois outros estilos de comunicação diária: direcionar e acompanhar. O direcionamento é algo que passou a predominar na prática da saúde, precisamente no tratamento da drogadição durante as décadas de 1970 e 1980, e com os mesmos problemas e limitações previsíveis. A arte de orientar costuma se perder no ritmo caótico do tratamento de saúde moderno. Alguns pensam que não existe tempo para ela, mas nós acreditamos que, quando o tempo é curto e a mudança de comportamento é vital, é mais provável que orientar traga melhores resultados para os pacientes e profissionais.

Esse ponto de partida simples acarreta diversas implicações para a formação e a prática. *A entrevista motivacional é uma forma refinada do conhecido processo de orientar*. O profissional habilidoso é alguém que consegue alternar flexivelmente entre os estilos de direcionar, orientar e acompanhar em resposta às necessidades do paciente. Em outras palavras, a entrevista motivacional não substitui, mas complementa as habilidades de comunicação que você já desenvolveu.

Esse método é algo que você pode continuar a aprender e a aperfeiçoar ao longo da sua vida profissional. Isso é possível exatamente porque você pode aprendê-lo com seus pacientes. Quando você sabe o que deve escutar, cada consulta se torna uma fonte de aprendizagem e proporciona *feedback* sobre como você está indo. Quando terminar de ler o livro, você não deverá ser proficiente no estilo de orientar da entrevista motivacional. Em vez disso, se tivermos escrito bem, você saberá como aprendê-lo com seus próprios pacientes.

Na Parte I, começamos fazendo uma síntese da entrevista motivacional, sua base de evidências e como ela se encaixa no contexto mais amplo da saúde. Depois disso, descrevemos os três estilos de comunicação de direcionar, orientar e acompanhar, e apresentamos três habilidades básicas específicas: perguntar, informar e escutar. Na Parte II, demonstramos como essas habilidades podem ser refinadas e usadas a serviço do estilo de orientar da entrevista motivacional. Finalmente, na Parte III, apresentamos alguns exemplos práticos e diretrizes para aumentar o seu bem-estar e a sua habilidade no uso prático da entrevista motivacional. O último capítulo olha além da consulta individual, analisando como o ambiente também pode promover a mudança do comportamento relacionado com a saúde.

Stephen Rollnick
William R. Miller
Christopher C. Butler

REFERÊNCIAS

Miller, W. R., & Rollnick, S. (1991). *Motivational interviewing: Preparing people to change addictive behavior*. New York: Guilford Press.

Miller, W. R. & Rollnick, S. (2002). *Motivational interviewing (2nd ed.): Preparing people for change*. New York: Guilford Press.

Rollnick, S., Mason, P., & Butler, C. (1999). *Health behavior change: A guide for practitioners*. Edinburgh, UK: Churchill Livingstone.

PARTE I

Mudança de comportamento
e entrevista motivacional

1

A entrevista motivacional
Princípios e evidências

Durante o século XX, houve avanços notáveis na cura de doenças agudas. O tratamento e o controle de doenças infecciosas aumentaram significativamente a expectativa de vida. Lesões traumáticas que antes eram fatais ou permanentemente debilitantes hoje podem ser tratadas. Algumas formas de falência de órgãos podem ser tratadas com diálise, transplante e cirurgias de *bypass*. Na perspectiva das capacidades de tratamento de saúde, as populações de países desenvolvidos deveriam estar mais saudáveis do que nunca.

Ainda assim, existem sinais de que os jovens adultos de hoje talvez sejam a primeira geração na história moderna a ser menos saudável que a de seus pais. As doenças respiratórias e as diferentes formas de câncer, diabetes e obesidade, doenças cardíacas e hepáticas, além de problemas psicológicos, como a depressão, estão fortemente ligadas a comportamentos e a estilos de vida que afetam a saúde. A maioria das doenças que hoje fazem as pessoas consultar com profissionais da saúde (p.ex., médicos, dentistas, enfermeiros, quiropráticos) pode ser prevenida ou remediada por meio de mudanças no comportamento em relação à saúde.

No mundo em desenvolvimento, e na periferia das grandes cidades em toda parte, pessoas em condições de vida inadequadas também lutam contra um nível de adversidade que ameaça a sua saúde. Essas pessoas consultam os profissionais da saúde em circunstâncias difíceis, em que há uma variedade semelhante de preocupações envolvendo o comportamento em relação à saúde, e muitas observam que a sua saúde não é algo que necessariamente controlam. Ainda assim, a mudança comportamental também é aqui um componente fundamental de muitos riscos à saúde, desde o tabagismo, o uso excessivo de álcool e uma dieta inadequada, até a purificação da água, práticas alimentares de bebês e a prevenção de doenças infecciosas.

No século XXI, cada vez mais, o tratamento de saúde envolve o controle das condições de longo prazo e, assim, a mudança de comportamento – as coisas que as pessoas podem fazer para melhorar a sua saúde. Desse modo, é difícil pensar em um ambiente de tratamento ou um papel profissional, um diagnóstico clínico ou um problema de saúde, em que a mudança no comportamento do paciente não seja uma contribuição potencialmente importante para a prevenção, o tratamento ou a manutenção da saúde. Todavia, a maioria das pessoas que procuram o tratamento de saúde ainda parece estar procurando uma cura médica. Elas esperam que o profissional faça uma série de perguntas e depois prescreva um tratamento que lhes devolva a saúde ou, no mínimo, alivie os seus sintomas. Em outras palavras, não importa o quanto se maltratem, a responsabilidade por curá-las é do médico, do enfermeiro ou do sistema de saúde como um todo.

> No século XXI, cada vez mais, o tratamento de saúde envolve o controle das condições de longo prazo e, assim, a mudança de comportamento – as coisas que as pessoas podem fazer para melhorar a sua saúde.

Se você é médico, enfermeiro, fisioterapeuta, assistente social, dentista, higienista odontológico, nutricionista, quiroprático, conselheiro, psicólogo ou outro profissional da saúde, provavelmente tem muitas conversas sobre mudanças de comportamento no decorrer do seu dia típico de trabalho. O que não costuma ficar tão claro é como o profissional deve abordar esse tema. Será que você deve:

- Explicar o que os pacientes podem fazer de diferente no interesse da sua saúde?
- Aconselhá-los e persuadi-los a mudar o seu comportamento?
- Adverti-los sobre o que acontecerá se não mudarem os seus modos?
- Aconselhá-los sobre *como* mudar o seu comportamento?
- Encaminhá-los a um especialista?

Este livro foi escrito para ajudar você a ter conversas produtivas com os pacientes sobre a mudança comportamental. Em particular, descrevemos uma forma suave de aconselhamento, conhecida como entrevista motivacional (EM), que se mostrou efetiva para promover mudanças em uma ampla variedade de comportamentos relacionados com a saúde.

O método clínico da EM, descrito inicialmente em 1983, foi desenvolvido como uma intervenção breve para o alcoolismo, no qual a motivação dos pacientes costuma ser um obstáculo para a mudança. A começar na década de 1990, a EM começou a ser testada com outros problemas de saúde, particularmente doenças crônicas, nas quais a mudança comportamental fosse fundamental e a motivação do paciente fosse um desafio comum. Foram realizados ensaios positivos da EM no tratamento de doenças cardiovasculares, diabetes, dieta, hipertensão, psicose e jogo patológico, e no tratamento e prevenção da infecção por HIV. Ensaios clínicos da EM foram publicados para uma ampla variedade de problemas relacionados com o comportamento.

A EM atua ativando a própria motivação dos pacientes para a mudança e adesão ao tratamento. Em diversos ensaios, pacientes expostos à EM (em comparação com o tratamento usual) foram considerados mais prováveis de: começar, permanecer e concluir o tratamento; participar das consultas de acompanhamento; aderir ao monitoramento de glicose e melhorar o controle glicêmico; aumentar a prática de exercícios e o consumo de frutas e vegetais; reduzir o estresse e o consumo de sódio; manter diários da alimentação; evitar o sexo sem proteção e o uso de agulhas compartilhadas; reduzir o uso de álcool e drogas ilícitas; parar de fumar; e ter menos lesões e hospitalizações. Ela não é uma panaceia, é claro. Nem todos os ensaios foram positivos, e o tamanho do efeito varia bastante. Os leitores interessados na base de pesquisa podem encontrar uma bibliografia de estudos ao final deste livro e também no endereço www.motivationalinterview.org.

> A EM atua ativando a própria motivação dos pacientes para a mudança e adesão ao tratamento.

O MITO DO PACIENTE DESMOTIVADO

A discussão sobre a mudança comportamental surge em uma consulta quando você ou os seus pacientes estão considerando *fazer* algo diferente no interesse da saúde. Esse "fazer" pode ser tomar um medicamento regularmente, usar um andador, passar fio dental nos dentes, mudar a dieta, fazer exercícios, e assim por diante. Também pode envolver reduzir ou abandonar comportamentos que sejam prejudiciais à saúde: fumar, beber demais, usar drogas; trabalhar demais ou comer alimentos não saudáveis. Entre as especialidades médicas, a variedade de mudanças comportamentais possíveis que podem ser discutidas aumenta consideravelmente, incluindo temas como os sapatos do paciente (no diabetes), a ingesta líquida (em doenças renais), o uso de preservativos, o comparecimento na clínica, o uso de aparelho auditivo, entre outros assuntos. Para os propósitos deste livro, não é necessário ter uma definição rígida do que é um comportamento relacionado com a saúde.

> A discussão sobre a mudança comportamental surge em uma consulta quando você ou os seus pacientes estão considerando fazer algo diferente no interesse da saúde.

Quando um paciente parece desmotivado para mudar ou seguir o conselho dos profissionais, presume-se que haja algo de errado com ele e que não se possa fazer muita

> Quando um paciente parece desmotivado para mudar ou seguir o conselho dos profissionais, presume-se que haja algo de errado com ele e que não se possa fazer muita coisa a respeito. Essas suposições geralmente são falsas.

> A maneira como falamos com os pacientes sobre a sua saúde pode influenciar substancialmente a sua motivação pessoal para mudar o seu comportamento.

coisa a respeito. Essas suposições geralmente são falsas. Um dos pontos de partida para este livro é que a motivação para mudar é bastante maleável e formada principalmente no contexto dos relacionamentos.

A maneira como falamos com os pacientes sobre a sua saúde pode influenciar substancialmente a sua motivação pessoal para mudar o seu comportamento. Nenhuma pessoa é completamente desmotivada. Todos temos metas e aspirações. É possível fazer a diferença e ter uma influência duradoura sobre a saúde do paciente. Então, como se deve responder quando o que os pacientes precisam é mudar o comportamento e o estilo de vida?

O "ESPÍRITO" DA EM

A EM não é uma técnica para levar as pessoas a fazer algo que não querem fazer. Pelo contrário, é um estilo clínico habilidoso para evocar dos pacientes as suas boas motivações para fazer mudanças comportamentais no interesse da sua própria saúde. Ela envolve orientar mais que direcionar, dançar em vez de brigar, ouvir no mínimo tanto quanto falar. O "espírito" geral foi descrito como *colaborativo, evocativo,* e *com respeito pela autonomia do paciente.*

- *Colaborativo.* A EM se baseia em uma parceria cooperativa e colaborativa entre o paciente e o clínico. Enquanto o método centrado no paciente é uma abordagem ampla de consulta, a EM lida com uma situação específica em que é necessário que o paciente mude o seu comportamento. Em vez de uma relação de poder desigual, na qual o clínico especialista direciona o paciente passivo no que deve fazer, há uma conversa colaborativa ativa e um processo decisório conjunto. Isso é particularmente vital na mudança de comportamentos relacionados com a saúde, pois, essencialmente, o paciente é o único que pode efetuar tal mudança.

> O tratamento de saúde muitas vezes parece envolver dar aos pacientes aquilo que eles não têm – medicação, conhecimento, visão ou habilidades. Em vez disso, a EM busca evocar dos pacientes algo que eles já possuem.

- *Evocativo.* Muitas vezes, o tratamento de saúde parece envolver dar aos pacientes aquilo que eles não têm – medicação, conhecimento, visão ou habilidades. Em vez disso, a EM busca evocar dos pacientes algo que eles já possuem, ativar a sua própria motivação e recursos para a mudança. O paciente pode não estar motivado para fazer o que se quer que ele faça, mas cada pessoa tem objetivos pessoais, valores, aspirações e sonhos. Uma parte da arte da EM é conectar a

mudança comportamental com aquilo que os pacientes gostam, com seus valores e interesses. Isso pode ser feito por meio de uma compreensão das perspectivas dos pacientes, evocando as suas próprias razões e argumentos em favor da mudança.
- *Respeito pela autonomia do paciente.* A EM também exige um certo grau de desapego em relação aos resultados – não uma ausência de interesse, mas aceitação de que as pessoas podem e devem fazer escolhas sobre o curso das suas vidas. Os clínicos podem informar, aconselhar, até advertir, mas, essencialmente, o paciente é quem decide o que fazer. Reconhecer e respeitar essa autonomia também é um elemento fundamental para facilitar a mudança do comportamento relacionado com a saúde. Existe algo na natureza humana que resiste a ser coagido e forçado a agir. Ironicamente, às vezes, o reconhecimento do direito e da liberdade do outro de não mudar é o que torna a mudança possível.

> Existe algo na natureza humana que resiste a ser coagido e forçado a agir. Ironicamente, às vezes, o reconhecimento do direito e da liberdade do outro de não mudar é o que torna a mudança possível.

Essas três características descrevem o "espírito" subjacente da EM, o modelo mental com que se devem abordar as discussões sobre a mudança comportamental com os pacientes.

QUATRO PRINCÍPIOS ORIENTADORES

De maneira relacionada, a prática da EM tem quatro princípios orientadores:

1. resistir ao reflexo de consertar as coisas;
2. entender e explorar as motivações do paciente;
3. escutar com empatia;
4. fortalecer o paciente, estimulando a esperança e o otimismo.*

Resistindo ao reflexo de consertar as coisas

As pessoas que estão começando nas profissões que envolvem ajudar os outros têm muitas vezes um forte desejo de consertar as coisas, prevenir o mal e promover o bem-estar. Quando alguém toma o caminho errado, geralmente

---

*N. de R.T.: Em inglês, os quatro princípios podem ser lembrados pelo acrônimo *RULE*: *resist, understand, listen* e *empower*.

quer parar na frente da pessoa e dizer: "Pare! Volte! Existe outro caminho!". Essa motivação é louvável, e muitas vezes é o que atrai as pessoas para servir os outros. Com essa motivação, a vontade de corrigir o rumo dos outros se torna automática, quase reflexiva.

O problema é que essa inclinação inicial pode ter um efeito paradoxal. A razão não é que os pacientes sejam fracassados, resistentes, preguiçosos ou agarrados a uma nociva negação. Em vez disso, resistir à persuasão é uma tendência humana. Isso é particularmente verdadeiro quando se é ambivalente em relação a alguma coisa. Os alcoolistas, por exemplo, sabem perfeitamente bem que estão bebendo demais e que isso está tendo consequências adversas, mas também gostam de beber e não consideram que "têm um problema". Eles preferem considerar que o quanto bebem é razoavelmente normal. Praticamente todos os alcoolistas que tratamos, se pudéssemos analisar, teriam dois sentimentos em relação à bebida.

Quando um profissional toma o lado "bom" do argumento interior do paciente e tenta consertar o paciente, o que acontece? Se você disser: "acho que você está bebendo demais e deveria diminuir ou parar", a resposta natural do paciente será argumentar com o outro lado da ambivalência: "não está tão mal, e eu estou bem". A tentação, então, é aumentar o volume e argumentar com mais força que a pessoa está com problemas e precisa fazer uma mudança. A resposta do paciente, mais uma vez, é previsível.

Profissional: Bem, se você decidisse fazer mais exercícios, isso não apenas ajudaria o seu joelho como também o ajudaria a perder peso e melhoraria o seu humor. Os exercícios deixam as pessoas mais magras, em melhor forma, e as fazem se sentir melhor.

Paciente: Sim, eu sei de tudo isso. Mas não consigo deixar de pensar que, se fizer exercícios enquanto meu joelho estiver doendo, mesmo com coisas suaves como nadar, estarei piorando as coisas, mesmo com isso que você diz sobre os estudos que leu...

Temos a tendência de acreditar naquilo que nos ouvimos falar. Quanto mais os pacientes verbalizam as desvantagens de mudar, mais comprometidos serão com manter o *status quo*.

Essa atuação do dilema interno do paciente poderia ser terapêutica, não fosse por outro princípio básico e bem-documentado da natureza humana: temos a tendência de acreditar naquilo que falamos. Quanto mais os pacientes verbalizam as desvantagens de mudar, mais comprometidos serão com manter o *status quo*. Se você conversar de um modo que faça os pacientes defenderem o *status quo* e argumentarem contra a mudança, você pode inadvertidamente diminuir a probabilidade de haver uma mudança comportamental, em vez de aumentá-la.

Em suma, se você está defendendo a mudança, mas seu paciente está resistindo e argumentando contra, você está no papel errado. Você está usando todos os bons argumentos, e é o *paciente* quem deveria estar verbalizando os argumentos em favor da mudança. A EM envolve evocar esses argumentos no paciente, e isso significa, antes de tudo, suprimir o que pode parecer a coisa certa a fazer – o reflexo de consertar as coisas.

Em muitas ou quase todas as questões relacionadas com a mudança comportamental voltada para a saúde, os pacientes são ambivalentes. Eles querem; eles podem; eles enxergam boas razões; eles sabem que precisam; e, então, deparam-se com um "mas". É aí que o pensamento dos pacientes pode parar, a menos que você os conduza através da ambivalência. Felizmente, existe muita coisa que você pode fazer para que isso aconteça, a começar pelo próximo princípio orientador.

Entenda as motivações do seu paciente

São as razões do paciente para mudar, e não as suas, que são mais prováveis de desencadear a mudança de comportamento. E, assim, o segundo princípio orientador é o interesse pelas preocupações, valores e motivações do paciente. Na EM, age-se de um modo que evoque e explore as percepções dos pacientes sobre sua situação atual e suas motivações para mudar. Isso pode soar como um processo prolongado, mas não precisa ser. Ele pode ser feito dentro do tempo normal da sua consulta. De fato, acreditamos que, se o tempo da consulta é limitado, você deve perguntar aos pacientes por que eles gostariam de fazer uma mudança e como poderiam fazê-la, no lugar de dizer a eles o que deveriam fazer. É o paciente, e não você, que deve verbalizar os argumentos em favor da mudança comportamental. Trataremos dos elementos práticos, o "como" desse e de outros princípios da Parte II.

> Se o tempo da consulta é limitado, você deve perguntar aos pacientes por que eles gostariam de fazer uma mudança e como poderiam fazê-la, no lugar de dizer a eles o que deveriam fazer.

Escute o seu paciente

A EM envolve escutar pelo menos tanto quanto informar. Talvez as expectativas normais em uma consulta sejam que o profissional tenha as respostas e as dê para os pacientes. Com frequência, você tem respostas, e os pacientes o procuram em busca dessa experiência. No que tange à mudança comportamental, contudo, as respostas provavelmente estarão dentro do próprio paciente, e é necessário escutar para encontrá-las.

Escutar corretamente é uma habilidade clínica bastante complexa. Ela exige mais que fazer perguntas e fazer silêncio para ouvir as respostas dos pacientes. Em seu livro *Making the patient your partner*, o psicólogo Thomas Gordon e o cirurgião Sterling Edwards discutem como essa escuta de qualidade é uma parte vital do bom atendimento médico em geral.* Ela envolve um interesse empático em garantir que entendeu, fazer suposições sobre o significado – uma habilidade discutida em mais detalhe no Capítulo 5.

Fortalecendo o seu paciente

Está cada vez mais claro que os resultados são melhores quando os pacientes têm interesse e um papel ativo em seu próprio tratamento de saúde. O quarto princípio orientador na EM é o fortalecimento – ajudar os pacientes a explorar como *podem* fazer a diferença em sua própria saúde. Mais uma vez, as ideias e os recursos do paciente são fundamentais aqui. Sabe-se que é importante fazer exercícios regularmente, mas são os pacientes que sabem como podem embuti-los em suas vidas cotidianas. Em essência, os pacientes se tornam seus consultores sobre as suas vidas e sobre como podem realizar mudanças comportamentais. Um papel importante para você nesse processo é promover a esperança de que essa mudança seja possível e faça a diferença na saúde deles. Um paciente que é ativo na consulta, que pensa em voz alta sobre o porquê e o como da mudança, é mais provável de fazer algo a respeito posteriormente. Você, o profissional, é um especialista em facilitar que o paciente traga a sua habilidade para a consulta.

> Um paciente que é ativo na consulta, que pensa em voz alta sobre o porquê e o como da mudança, é mais provável de fazer algo a respeito posteriormente.

Incentivar a mudança do comportamento relacionado com a saúde, aplicando a EM efetivamente no decorrer de alguns minutos e em conjunto com outras tarefas do tratamento, é um processo que exige muita habilidade. Trabalhando com a saúde e observando um número incontável de consultas ao longo dos anos, desenvolvemos uma admiração profunda pelo nível de habilidade que tantos clínicos já manifestam todos os dias. Nossa esperança neste livro não é substituir essas habilidades e instintos naturais, mas oferecer a assistência que pudermos para promover o seu desejo e a sua capacidade de ajudar os pacientes a mudar.

---

* Gordon, T., & Edwards, W.S. (1995). *Making the patient your partner: Communication skills for doctors and other caregivers*. Westport, CT: Auburn House.

CONCLUSÃO

Este capítulo descreveu a fundamentação para o uso da EM ao conversar com os pacientes sobre a mudança de comportamento. Nos próximos capítulos, discutimos em mais detalhe como a EM se encaixa nos processos normais de comunicação do tratamento de saúde. O Capítulo 2 coloca o estilo de *orientação* dentro do *continuum* de estilos de comunicação que você normalmente usa na prática. Descrevemos a EM como uma forma refinada de orientação. Também discutimos três habilidades básicas de comunicação que também fazem parte da prática normal. O propósito de tudo isso é ajudá-lo a colocar a EM dentro do contexto do seu trabalho cotidiano. Na Parte II, explicamos como essas habilidades básicas podem ser usadas para orientar a mudança comportamental.

2

Como a entrevista motivacional se encaixa na prática da saúde

Como você usa a EM, desenvolvida por psicólogos para o aconselhamento, e a aplica em sua prática diária? Geralmente, o seu tempo é curto, e estamos pedindo que você absorva não apenas questões técnicas, mas um modo diferente de pensar em como promover a mudança em outras pessoas. A EM tanto pode ser algo confortavelmente familiar quanto difícil de integrar. Ela é completamente diferente daquilo que você faz normalmente? Nossa resposta é não.

> A EM tanto pode ser algo confortavelmente familiar quanto difícil de integrar. Ela é completamente diferente daquilo que você faz normalmente? Nossa resposta é não.

Este capítulo visa relacionar a EM e a prática de saúde cotidiana por meio de uma análise de três estilos comuns de comunicação no tratamento de saúde: direcionar, orientar e acompanhar. A EM é uma forma refinada de orientação. Neste capítulo, também analisamos três habilidades comunicativas básicas: perguntar, informar e escutar. Essas habilidades são simples e básicas em si mesmas, mas, quando usadas em combinação, são os instrumentos que fazem o direcionamento, a orientação e o acompanhamento serem efetivos ou não.

"MAS EU USO ESSE MÉTODO DIARIAMENTE..."

"Esse método da EM não é nada novo. Eu faço isso todos os dias." Essa é uma reação comum entre os profissionais, quando alguém lhes apresenta uma descrição da EM pela primeira vez. Talvez você reconheça as explicações e até mesmo lembre de consultas recentes caracterizadas por alguns dos mesmos princípios descritos no Capítulo 1. Talvez um paciente tenha falado da mudança de comportamento de um modo construtivo, e o seu papel tenha parecido bastante fácil. Talvez você não estivesse tentando convencer o paciente a mudar. Seu papel era mais calmo, de apoio. Conforme escreveu o polimatemático francês Blaise Pascal no século XVII em seus *Pensées*, "as pessoas geralmente são mais persuadidas pelas razões que elas mesmas descobrem do que por aquelas que ocorrem na mente de outras pessoas". De fato, evocar a motivação dos próprios pacientes para mudar não é uma ideia nova, assim como a abordagem de apoio que chamamos de orientação. A EM é construída sobre essa plataforma.

TRÊS ESTILOS DE COMUNICAÇÃO

Uma das características mais marcantes da EM é a sensação que se fica na consulta, quase tangível, de que a sua postura em relação ao paciente é tranquila e menos conflituosa. Como comentou um colega, "é como dançar no lugar de lutar". Essa experiência não é apenas um reflexo da postura e do comportamento do paciente, mas também do profissional. Ela está ligada à maneira como você aborda todo o tema da mudança comportamental. Mude o seu estilo, e a consulta parecerá diferente.

O termo "estilo" capta adequadamente essa abordagem estratégica de ajudar os pacientes. Neste livro, um estilo de comunicação se refere a uma postura e abordagem para ajudar os pacientes, um modo de conversar com eles que caracteriza o seu relacionamento com eles. Diferentes estilos de comunicação são usados para propósitos diferentes. O estilo de orientar parece particularmente adequado a conversas difíceis sobre a mudança comportamental. Todavia, outros estilos são mais adequados para outros propósitos. Eis alguns exemplos concretos.

Imagine que você está sentado com uma boa amiga para conversar sobre algo que a incomoda. Em particular, ela está dividida em relação a continuar um relacionamento com alguém de quem gostou por anos. É uma decisão com grandes implicações. Como você responderia?

Uma abordagem é escutar cuidadosamente e acompanhá-la enquanto ela conta a sua história, procurando ser solidário e simpático à medida que ela decifra o que quer fazer. Escutando e se permitindo tempo para entender o que ela está sentindo, você também a está ajudando a verbalizar e a esclarecer seus próprios sentimentos. Você não dá nenhuma resposta para ela, mas tenta ser uma boa companhia nessa jornada, que claramente é ela quem deve fazer.

Todavia, suponhamos que você tenha uma opinião bastante clara sobre o que ela deve fazer. Uma segunda abordagem seria dar um conselho direto como um amigo íntimo. Dizendo a ela como enxerga a situação, fazendo uma sugestão clara e explicando o seu raciocínio, você espera ajudar a destravá-la e ajudá-la a se mexer em uma direção mais saudável e mais feliz. Nessa abordagem, você responde a uma pessoa com problemas dizendo o que ela deve fazer (ou pelo menos poderia), ajudando-a a resolver o seu problema.

Uma terceira abordagem se encontra entre essas duas, combinando as melhores qualidades de ambas. Você escuta cuidadosamente e com empatia para entender o dilema da sua amiga. Então, pergunta quais são as opções que ela está considerando e, juntos, exploram os prós e os contras de cada uma. De vez em quando, você pode falar um pouco do que sabe sobre ela ou sobre as pessoas e os relacionamentos de um modo mais geral, reconhecendo e respeitando que é a vida dela que está em jogo e que ela é quem deve tomar a decisão. À medida que começa a surgir um pouco de clareza, você ajuda sua amiga a andar na direção que ela própria escolheu. Esses três exemplos correspondem, respectivamente, aos três estilos de comunicação que serão discutidos neste capítulo: acompanhar, direcionar e orientar. Todos os três são usados na vida cotidiana, assim como na prática da saúde, e cada estilo tem contextos em que se encaixa e funciona melhor. Portanto, não fazemos juízos de valor sobre a adequação de cada estilo. Em vez disso, sugerimos que os problemas surgem quando há incongruência entre o estilo e a tarefa. Uma maneira de pensar sobre esses três estilos é imaginá-los ao longo de um *continuum*, com o acompanhamento em uma extremidade, o direcionamento na outra e a orientação no meio. Outra é imaginar que você está sentado no meio de um círculo, capaz de usar o estilo adequado quando necessário (ver Figura 2.1).

De certo modo, cada um dos três estilos reflete posturas diferentes sobre o seu papel no relacionamento. Para um profissional da saúde, eles refletem diferentes pressupostos sobre como se deve agir no processo de ajudar em situações distintas.

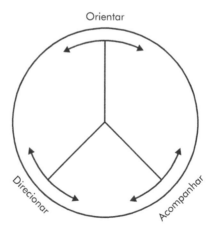

FIGURA 2.1
Três estilos de comunicação.

Acompanhamento

Todos gostam de quem sabe escutar, e a maioria das pessoas acredita que sabe. Uma pessoa que realmente sabe escutar suspende as suas próprias "coisas" para dar atenção total e entender a experiência do outro. Escutar bem não envolve instruir ou direcionar, concordar ou discordar, persuadir ou aconselhar, advertir ou analisar, e não existe agenda para cumprir além de ver e entender o mundo pelos olhos do outro.

No estilo de acompanhar, a escuta predomina, e você acompanha a outra pessoa em seu rumo. Com relação à mudança de comportamento, um estilo de acompanhar comunica que "não vou mudar ou forçar você, e vou deixar você resolver isso em seu próprio tempo e em seu próprio ritmo". Um paciente que está aos prantos depois de receber más notícias precisa que você use o estilo de acompanhar. Da mesma forma, no começo de uma consulta, um breve período de acompanhamento ajudará você a entender os sintomas do paciente e como eles se encaixam no quadro maior da sua vida e saúde.

Alguns sinônimos para "acompanhar":	
Andar junto	Seguir
Permitir	Prestar atenção
Tolerar	Ser receptivo
Ser solidário	Velar
Confiar	Entender
	Observar

Direcionamento

O estilo de direcionar evidencia um relacionamento interpessoal bastante diferente. Nessa abordagem, você toma o controle, pelo menos por um tempo. Ela implica um relacionamento desigual com relação ao conhecimento, experiência, autoridade ou poder. Às vezes, essa abordagem salva vidas. Um diretor, em essência, diz à pessoa o que fazer, explicando ou não a fundamentação para tal. Na vida cotidiana, o diretor geralmente é responsável por observar se você realizou bem sua tarefa, por julgar seu desempenho e por prever adequadamente as consequências de um trabalho bem ou malfeito. É claro que existem outros estilos de administração, mas há uma linha clara de autoridade envolvida em ser um diretor, gerente, supervisor ou chefe. Com relação à mudança comportamental, o estilo de direcionar comunica: "sei como você pode resolver esse problema. Sei o que você deve fazer". O papel complementar esperado é de adesão ou obediência. Muitos profissionais da saúde reconhecem isso como um dos alicerces da sua formação.

Alguns sinônimos para "direcionar":	
Gerenciar	Prescrever
Liderar	Dizer
Assumir o controle	Mostrar o caminho
Presidir	Governar
Reger	Autorizar
Prevalecer	Assumir as rédeas
Conduzir	Assumir o comando
Determinar	Apontar
Guiar	Administrar

Um estilo diretivo parece adequado para inúmeras situações em que o paciente depende das suas decisões, ações e conselhos. Os pacientes muitas vezes parecem esperar e querer esse tipo de abordagem de controle de você.

Orientação

Alguns sinônimos para "orientação":
Esclarecer   Cuidar
Encorajar   Levar junto
Motivar   Acompanhar
Amparar   Acordar
Apresentar   Evocar

Um orientador ajuda você a encontrar o caminho. Determinar o que você quer enxergar ou fazer não está dentro da autoridade do orientador. Você decide aonde ir, e contrata um guia ou agente de viagem experiente para ajudá-lo a chegar lá. Considere os papéis do orientador e do diretor em educação. No papel de diretores, os professores de medicina determinam o que seus alunos estudarão, quais atividades de aprendizagem são necessárias, e os padrões que constituem um desempenho aceitável. Um papel mais de orientação é como o de um tutor, que é um recurso para ajudar os estudantes em uma aprendizagem mais autodidata. Um bom orientador sabe o que é possível fazer e pode oferecer alternativas para você optar. Com relação à mudança de comportamento, o estilo de orientação comunica: "posso ajudá-lo a resolver isso por sua própria conta".

Com relação à mudança de comportamento, o estilo de orientação comunica: "posso ajudá-lo a resolver isso por sua própria conta".

Misturas e combinações

Todos os três estilos – acompanhamento, direcionamento e orientação – são usados na vida cotidiana. Eles são adequados para diferentes tipos de circunstâncias e relacionamentos, e uma mistura inadequada pode causar problemas. Um estudante que adota um tom direcionador com um professor está saindo do papel e, assim, pode ter dificuldades. Um pai que acompanha passivamente enquanto uma criança travessa causa desordem em um restaurante provavelmente será considerado irresponsável.

Todos os três estilos – acompanhamento, direcionamento e orientação – são usados na vida cotidiana. Eles são adequados para diferentes tipos de circunstâncias e relacionamentos, e uma mistura inadequada pode causar problemas.

Com frequência, esses três estilos de comunicação são misturados, e a habilidade na comunicação envolve uma alternância flexível entre eles. Observe um pai hábil e seu filho por uma hora, e provavelmente verá todos os três estilos. A criação adequada dos filhos exige uma boa capacidade de acompanhar – estar disposto e saber escutar os sentimentos e a imaginação, esperanças e medos, sucessos e aventuras da criança. A criação adequada também exige um pouco de direcionamento, como quando a criança quer correr em uma rua movimentada. O estabelecimento de limites consistentes envolve o direcionamento: "saia do banho agora!", "a tarefa primeiro, depois brincar".

Os pais habilidosos também orientam. Por volta dos 6 anos, as crianças geralmente desenvolvem a capacidade de autorregulação, de formar um plano e direcionar o seu comportamento rumo a ele sem controle externo. Contudo, as crianças variam bastante no nível em que conseguem se autorregular, e o estilo dos pais é um fator que contribui para isso. A pesquisa mostra que pais cujos filhos desenvolvem habilidades sólidas de autorregulação tendem a usar um estilo de orientação para ajudar seus filhos a aprender. Imagine um pai e uma criança de 4 anos sentados juntos à mesa. A tarefa da criança é usar os blocos de tamanhos variados que estão sobre a mesa para construir a torre mais alta possível. O que o pai faz? O pai *diretivo* fala à criança o que fazer a cada passo, corrige erros imediatamente e pode até assumir a colocação dos blocos para a criança: "deixe-me fazer isso!" O pai que *acompanha* se afasta e observa a criança tentar e errar sem oferecer ajuda. O pai *orientador* faz um pouco de cada um: observa pacientemente e com interesse, mas também intervém de vez em quando, talvez sussurrando ao ouvido da criança – "experimente colocar os maiores por baixo!" – e se afastando novamente para deixar a criança experimentar.

Um professor de arte pode fazer algo semelhante em qualquer lugar ao longo desse *continuum*. Um professor muito diretivo talvez pedisse para o aluno copiar passo a passo, ou literalmente segurasse e direcionasse a mão que pega o pincel ou o formão. Um professor que acompanha pode fornecer a matéria-prima e se afastar, deixando os estudantes explorarem livremente, sem direcionamento. Entre os dois, está o estilo de orientar, no qual o professor de arte caminha pela sala, observando atentamente, estimulando, perguntando o que o aluno tem em mente, fazendo sugestões quando o aluno pede. O mesmo professor pode usar os três estilos de forma flexível na mesma aula ou começar com mais direcionamento no início e depois se afastar para orientar e acompanhar à medida que os estudantes progridem.

Tente se lembrar do seu professor preferido – aquele em cujas classes você era particularmente motivado e envolvido, aquele que via possibilidades e tirava o melhor de você. Embora nem sempre seja o caso, essa pessoa provavelmente sabia como orientá-lo.

Entre a ampla variedade de circunstâncias que você encontra na sua prática cotidiana em saúde, existe lugar para cada estilo. Um profissional habilidoso é alguém capaz de alternar flexivelmente entre esses estilos, conforme for apropriado ao paciente e à situação. Aquilo que se descreve como "um

> Um profissional habilidoso é alguém capaz de alternar flexivelmente entre esses estilos, conforme for apropriado ao paciente e à situação.

comportamento delicado e antiquado" provavelmente reflita muito mais que um médico ou um enfermeiro simpático. É alguém com a capacidade de alternar entre estilos de comunicação e a sabedoria de procurar e entender o estio que o paciente necessita.

O uso excessivo do direcionamento

Existem muitos profissionais habilidosos, e eles geralmente se parecem com os heróis ocultos no turbilhão da prática clínica moderna. Ainda assim, um padrão perturbador parece evidente no tratamento de saúde, na prática e na administração, com o equilíbrio da comunicação se inclinando para o direcionamento, enquanto o valor de acompanhar e orientar é ignorado muitas vezes. As iniciativas bem-intencionadas de avaliar, priorizar, diagnosticar, proporcionar, mensurar, promover, acompanhar e alcançar metas por parte dos profissionais podem se expressar em um estilo diretivo que compromete a qualidade do cuidado, permeia a maioria das conversas e, seguidamente, torna os pacientes receptores passivos de cuidado. Sob a pressão de tempo para completar lacunas em fichas, fazer avaliações padronizadas, aderir a modelos de competência e reduzir custos, predomina uma cultura voltada para a ação, e o direcionamento é o estilo que expressa esse valor. Todavia, a dificuldade é que muitos problemas podem ser resolvidos mais efetivamente com uma mistura mais equilibrada de estilos. É melhor acompanhar e contemplar um pouco, amparar e orientar, antes de usar um estilo diretivo.

> Um padrão perturbador parece evidente no tratamento de saúde, com o equilíbrio da comunicação se inclinando para o direcionamento no lugar de acompanhamento e orientação.

> Stefan é um garoto de 14 anos que consulta periodicamente em uma clínica de diabetes, onde faz uma rotina de testes do peso e exames de glicose, com rostos conhecidos e amigos. Ele não trouxe seu diário de ingesta consigo (será que vinha escrevendo direito?). Sua consulta com o médico começa com uma conversa amigável, e passa para uma série de questões investigativas até a principal preocupação: um mau resultado no exame de glicose. Ele é aconselhado com firmeza a manter um diário fiel e a seguir a rotina das injeções, e vai embora se sentindo culpado. Ele não esperava que suas dificuldades com a puberdade e o diabetes fossem levantadas, e não foram, mas, pelo menos nessa ocasião, ninguém falou para controlar a dieta e fazer mais exercícios. Isso já foi um alívio.

Um estilo diretivo é adequado em muitas circunstâncias e pode ser usado com habilidade, mas não deve ser a única maneira como você interage com os pacientes. Existem momentos em que não é essencial ou mesmo possível ser o diretor especialista, e isso é particularmente verdadeiro em discussões sobre o estilo de vida e mudanças no comportamento do paciente, em que é crucial envolver a motivação, a energia e o comprometimento do paciente. Provavelmente, será necessário um estilo orientador, algo a que Stefan talvez tivesse respondido melhor. Se você quer que seus pacientes cooperem, direcionar não é sua única opção.

> Existem momentos em que não é essencial ou mesmo possível ser o diretor especialista, e isso é particularmente verdadeiro em discussões sobre o estilo de vida e mudanças no comportamento do paciente, em que é crucial envolver a motivação, a energia e o comprometimento do paciente. Provavelmente, será necessário um estilo orientador.

Orientação, EM e mudança de comportamento

A ética do cuidado em saúde enfatiza a autonomia humana, o direito da pessoa de tomar decisões informadas sobre o rumo da sua própria vida. Assim como se pode querer intervir e fazer as escolhas "certas" para o paciente (ou filho ou aluno), a capacidade do profissional para tal é limitada. Os resultados para a saúde geralmente são influenciados e dependem das escolhas comportamentais do paciente – agir de forma nova ou diferente. Fumar, beber, fazer dieta, exercícios, aderir à medicação – esses são exemplos de comportamentos importantes que podem ter um grande efeito no rumo da saúde ou da doença do paciente, e sobre os quais os profissionais da saúde têm pouco ou nenhum controle direto. Ainda assim, abrir mão do controle não significa falta de influência. Nos relacionamentos humanos, é bastante possível influenciar coisas que não controlamos pessoalmente.

> A orientação é adequada para ajudar as pessoas a resolver problemas relacionados com a mudança de comportamento. A EM é uma forma refinada de estilo de orientação.

A orientação é adequada para ajudar as pessoas a resolver problemas relacionados com a mudança de comportamento. A EM é uma forma refinada de estilo de orientação. Um profissional que usa EM conduzirá a discussão na linha do estilo de orientação, *prestando particular atenção em como ajudar o paciente a tomar suas próprias decisões sobre a mudança comportamental.* Desse modo, embora toda EM possa ser considerada uma forma de orientação, nem toda orientação é EM! Em comparação com o estilo de orientação mais geral, a EM:

- É especificamente voltada para os objetivos. O profissional tem em mente uma meta comportamental específica e orienta o paciente a considerar por que e como pode buscar essa meta.
- Presta especial atenção em certos aspectos da linguagem do paciente e busca ativamente evocar os argumentos do paciente para mudar.
- Envolve competência em um conjunto definido de habilidades clínicas e estratégias que são usadas para evocar a mudança do comportamento do paciente.

Para ajudá-lo a entender o âmago e a natureza dessa forma de falar com os pacientes, analisamos três habilidades comunicativas básicas. Usadas em combinação, essas habilidades são seus instrumentos para criar os estilos de comunicação que estamos discutindo, incluindo a EM.

TRÊS HABILIDADES COMUNICATIVAS BÁSICAS

Perguntar, escutar e informar são três habilidades comunicativas básicas, mas importantes. Elas são os meios pelos quais qualquer um dos três estilos de comunicação discutidos pode ser posto em prática. Essas habilidades são comportamentos observáveis, as coisas que você faz na prática para implementar o estilo que está adotando. Os profissionais da saúde regularmente questionam, escutam e informam os pacientes em suas consultas. O uso adequado desses instrumentos aumenta a sua liberdade para conduzir a consulta de um modo produtivo e eficiente. Eles também são o equivalente em comunicação da proficiência técnica na música. Quanto mais proficiente, maior a variedade de aplicações, habilidade e apreciação. Eis uma breve sinopse de cada habilidade:

> Perguntar, escutar e informar são o equivalente em comunicação da proficiência técnica na música. Quanto mais proficiente, maior a variedade de aplicações, habilidade e apreciação.

- *Perguntar*. A intenção do profissional ao fazer perguntas geralmente é desenvolver uma compreensão sobre o problema do paciente. Algumas nuances, funções e consequências do uso desse instrumento dentro de um estilo de orientação são descritas no Capítulo 4.
- *Escutar*. A boa escuta é um processo ativo. Ela é uma verificação de se você entendeu a pessoa corretamente, e também transmite que: "o que você está dizendo é importante para mim. Quero ouvir mais". Quando bem feita, ela também estimula o paciente a explorar e a revelar mais, e às vezes o faz em um período de tempo surpreenden-

temente curto. De muitas maneiras, a boa escuta é a habilidade básica quando se usa o estilo de orientação.
- *Informar*. O principal veículo para transmitir conhecimento para o paciente sobre sua condição e seu tratamento é informar. O profissional geralmente informa o paciente sobre uma variedade de fatos, diagnósticos e recomendações. Quando a informação não é feita adequadamente, ela pode resultar em má adesão ou olhares indiferentes dos pacientes, enquanto o profissional fala com eles.

Qual é a sua preferência?

Dessas habilidades comunicativas básicas, existe alguma que você favorece particularmente na prática? Claro que você usa as três, mas talvez tenda a se basear mais em uma do que nas outras ao conversar com seus pacientes. Os profissionais tendem a desenvolver hábitos consistentes em suas consultas. Suas consultas tendem a se inclinar mais para um desses instrumentos de comunicação, ou talvez uma combinação de dois entre os três? A mesma questão se aplica aos três estilos de comunicação descritos. Suas consultas atuais se inclinam mais para o direcionamento, a orientação ou o acompanhamento?

> Os profissionais tendem a desenvolver hábitos consistentes em suas consultas. Suas consultas tendem a se inclinar mais para um desses instrumentos de comunicação, ou talvez uma combinação de dois entre os três?

Quando perguntamos quais instrumentos os profissionais usam mais, a resposta mais comum que ouvimos é: "perguntar e depois informar", e os profissionais dizem que usam essas habilidades principalmente a serviço de um estilo diretivo. Por exemplo, "descubro o que há de errado com o paciente [perguntando e escutando], e diagnostico e recomendo o tratamento [informando]". Essa combinação um-dois-três é claramente útil na prática, mas, no que tange à mudança de comportamento, ela também contém consequências indesejadas. Falaremos mais sobre isso a seguir.

Um profissional que conhecemos reagiu com consternação à possibilidade de incorporar novas evidências sobre o tratamento de um determinado problema. "Oh, não", ele riu. "Agora vou ter que desenvolver toda uma linha nova de conversa." Então, explicou que havia desenvolvido uma rotina bastante confortável para lidar com suas consultas. Ele fazia algumas perguntas sobre sintomas específicos e apresentava informações, adequadas às circunstâncias, sobre o diagnóstico e o tratamento. Esse era o seu *modus operandi*, e envolvia principalmente perguntar e informar, que já sabia fazer até dormindo. Agora, ele se sentia obrigado a pensar em ampliar o seu repertório. A sua "linha de conversa", assim como a sua postura em relação a ajudar os pacientes, começou a mudar.

ESTILOS E HABILIDADES: SUA POSTURA E SEU COMPORTAMENTO

Todas as três habilidades (perguntar, escutar, informar) são usadas em todos os três estilos (acompanhar, orientar, direcionar), mas a mistura de habilidades usada em cada estilo pode ser bastante diferente. A principal diferença entre os três estilos está na postura subjacente e em opiniões sobre como abordar o problema do paciente. Claro que a sua postura não é expressada apenas na mistura de habilidades, mas também por sinais complementares do seu tom de voz, a qualidade do contato ocular, a linguagem corporal e coisas como o arranjo das cadeiras em seu consultório.

> Perguntar para direcionar pode parecer e soar muito diferente de perguntar a serviço do estilo de acompanhar ou orientar. O mesmo ocorre com escutar e informar.

A Figura 2.2 apresenta um modelo da relação entre estilos e habilidades. De um modo geral, o estilo diretivo tende a ter muita informação, ao passo que o estilo de acompanhar se baseia muito na escuta. Todos os três estilos envolvem uma certa quantidade de questionamento. O estilo de orientação talvez tenha o maior equilíbrio no uso dos três instrumentos.

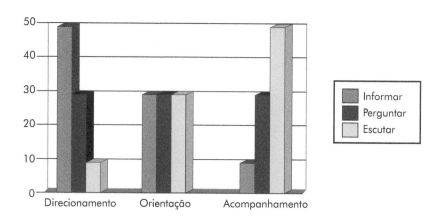

FIGURA 2.2
Estilos e habilidades: com que frequência as habilidades são usadas em cada estilo?
Adaptado sob permissão de Barbara B. Walker.

A Figura 2.2 descreve a frequência com a qual as habilidades podem ser usadas entre os estilos. Todavia, existe outra diferença importante entre os estilos: a maneira como elas são usadas e os propósitos para os quais são usadas. Desse modo, perguntar para direcionar pode parecer e soar muito diferente de perguntar a serviço dos estilos de acompanhar ou orientar. O mesmo ocorre com escutar e informar. Como exemplo da habilidade de perguntar, a pergunta "quanto você fuma por dia?" é formulada de um modo que indica um estilo diretivo, ao passo que "o que seria necessário para você parar de fumar?" pode indicar um estilo orientador. O Quadro 2.1 apresenta mais exemplos.

Direcionamento e habilidades básicas

Um estilo diretivo pode ser exatamente o que os pacientes esperam e pode ser adequado para as demandas da situação clínica. Quando bem executado, o direcionamento tem a qualidade de ser oportuno, pessoalmente relevante, claro e compassivo. Para chegar a isso, você deve começar com o estilo de acompanhar.

> Quando bem executado, o direcionamento tem a qualidade de ser oportuno, pessoalmente relevante, claro e compassivo... Ele também pode ser usado com falta de tato.

QUADRO 2.1
Perguntar, informar e escutar variam segundo o estilo usado

Perguntar
- "Quantas vezes isso aconteceu?" [direcionar]
- "Que tipo de mudança faz sentido para você?" [orientar]
- "Como você tem passado desde que o seu filho morreu?" [acompanhar]

Informar
- "Sua melhor opção é tomar essas pílulas." [direcionar]
- "Mudar sua dieta faria sentido do ponto de vista médico, mas como isso lhe parece?" [orientar]
- "Sim, é uma experiência comum. Muitos pacientes ficam bastante chocados e incomodados com coisas simples como ir ao banheiro." [acompanhar]

Escutar
- "Então você compreende o que vai acontecer hoje, mas quer que eu fale mais sobre o que vai acontecer depois." [direcionar]
- "Você está preocupado com o seu peso, e não sabe o que fazer." [orientar]
- "Isso foi um grande choque." [acompanhar]

O mau direcionamento

O direcionamento também pode ser usado com falta de tato, de um modo que deixa os pacientes se sentindo não ouvidos e insatisfeitos. Um paciente com um problema nos quadris consulta com um especialista, que tem os últimos resultados do raio X:

Profissional: Como você vai com esse quadril? [pergunta]
Paciente: Desde a operação, tem sido um inferno, para ser honesto. A dor é muito difícil de aguentar, e às vezes os remédios simplesmente não ajudam. Será que tem alguma coisa errada?
Profissional: Você já foi ver o seu clínico? [pergunta]
Paciente: Sim, ela me deu esses remédios e disse que você recomendou.
Profissional: Bom, pois acho que vão ajudá-lo. Posso dizer que o raio X mostra que você teve uma recuperação ótima e que o seu quadril parece estar em boas condições. [informação]
Paciente: Mas ainda dói muito. Estou dizendo, doutor, ontem foi insuportável.
Profissional: Vai passar com o tempo, se você fizer tudo direito, como eu falei. Tome o remédio e dê uma caminhada duas vezes por dia. Eu gostaria de vê-lo novamente em três meses. [informação]
Paciente: Está bem, mas você tem alguma ideia de por que dói tanto?
Profissional: Bem, meu exame do seu quadril e o raio X dizem que o quadril está curando, e às vezes isso leva tempo. [informação]
Paciente: Não tem outro remédio que possa ajudar?
Profissional: Bem, esse é o melhor remédio que podemos lhe dar. O processo de mobilização geralmente é doloroso no começo. Podemos fazer mais fisioterapia se você quiser. Posso ver isso. Você vai receber uma carta ou telefonema daqui a uma semana mais ou menos.

Nesse exemplo, o profissional usou exclusivamente o estilo diretivo, sem escutar. Isso sugere uma falta de interesse pelo paciente como pessoa e até transmite um certo desrespeito. Além disso, acaba com a oportunidade de obter informações diagnósticas importantes.

Um direcionamento melhor

O uso habitual de um padrão de uso de habilidades do tipo "perguntar-informar, perguntar-informar" pode ser bastante desconsertante para os pacientes, e pode ser feito de outra forma (o mesmo caso anterior):

Profissional: Como você vai com esse quadril? [pergunta]
Paciente: Bem, desde a operação, tem sido um inferno, para ser honesto. A dor é muito difícil de aguentar, e às vezes os remédios simplesmente não ajudam. Será que tem alguma coisa errada?
Profissional: Parece que você está passando por um momento difícil. [escuta]
Paciente: Terrível. Eu esperava sentir dor, mas alguma coisa não parece certa, tanto que meu filho está convencido de que algo saiu errado na operação, e ele disse que eu deveria perguntar a você.
Profissional: Honestamente, acho que não quando olho o seu quadril e o raio X [informação], mas, diga-me, quando e como dói? [pergunta]
Paciente: Veja bem, estou tomando os remédios que você e o clínico me recomendaram, mas não funciona. Quando levanto da cadeira ou da cama, é terrível. Eu não sou de reclamar.
Profissional: Vamos dar uma olhada no raio X juntos. Se você olhar aqui, o que procuramos saber é se a nova articulação está no lugar certo e se os ossos estão todos bem, e a sua parece bem.
Paciente: Então você não vê nenhum problema aí?
Profissional: Não. A mobilização depois dessas operações pode ser bastante difícil, mas, se você aguentar, acho que ficará melhor [informação]. Mas parece que você vai ficar mais tranquilo se ficarmos mais atentos em seu progresso e conseguirmos alguma ajuda extra para fazer você caminhar direito.
Paciente: Eu ficaria feliz.
Profissional: Vou pedir para a fisioterapeuta atendê-lo de novo para ajudá-lo mais com isso. Ela o orientará nessa negociação entre dor e atividade. [informação]
Paciente: Então você acha que não tem nada errado com o meu quadril?
Profissional: Com base no que eu vejo aqui, não parece, mas acho que precisamos manter um olho atento no seu progresso. [informação]
Paciente: Não tem nenhum remédio que possa ajudar?

(*O paciente e o profissional falam sobre remédios e sobre buscar uma avaliação e apoio da fisioterapia.*)

O pequeno aumento na escuta, com base em um desejo genuíno de levar em conta as preocupações e as experiências do paciente, enriquece o uso e um estilo diretivo e a tarefa diagnóstica. O uso de um estilo diretivo nesse exemplo deixa o paciente se sentindo mais compreendido e, de fato, com um plano mais produtivo para a sua recuperação.

> O pequeno aumento na escuta, com base em um desejo genuíno de levar em conta as preocupações e as experiências do paciente, enriquece o uso e um estilo diretivo e a tarefa diagnóstica.

Acompanhamento e habilidades básicas

Acompanhar e coletar informações

É fácil compreender o valor de um estilo de acompanhamento quando se trabalha com um paciente que enfrenta circunstâncias perturbadoras. Todavia, provavelmente seja mais comum usar esse estilo no início da consulta.

Profissional: Como estão as coisas?
Paciente: Para ser honesto, não estão bem. Estou sentindo muita dor.
Profissional: Conte-me o que aconteceu. [pergunta]
Paciente: Bem, um lado tem a ver com a artrite, e o outro tem a ver com isso aqui. (*Inclina-se para o lado, esfrega o joelho esquerdo.*)
Profissional: Posso ver que está sentindo dor, como você disse. [escuta]
Paciente: Sim, estou, e isso está me enlouquecendo, devagar mas com certeza.
Profissional: Uma coisa é ter a artrite que você tem há anos, mas isso é diferente. [escuta]
Paciente: Não, não é diferente, é o mesmo maldito joelho, mas a dor agora é demais.
Profissional: É difícil de aguentar, e está dominando a sua vida. [escuta]
Paciente: Exatamente. Minha esposa me trouxe até aqui, mas você tinha que ver como eu entrei na clínica mancando.
Profissional: Fale-me como é essa dor e como ela está o afetando. [pergunta]
Paciente: Bem, não sei. É difícil levantar da cadeira. Não consigo mais sair. Mesmo que chegue a algum lugar, a dor está acabando comigo...
Profissional: Na maior parte do tempo, a dor está lá e está destruindo você. [escuta]
Paciente: Essa é uma boa palavra, pois ela está sempre ali, lentamente me enlouquecendo.

(*A discussão continua, e o paciente fala de como está afetando quase toda a sua vida.*)

Profissional: (*Mudando estilo para direcionamento.*) Deixe-me perguntar sobre os remédios para a dor. Diga-me,... [pergunta]

Acompanhando um pedido de tratamento

Acompanhar também é um estilo adequado quando um paciente faz um pedido e é razoável aceitar.

Paciente: Ouvi dizer que esses adesivos podem ajudar a parar de fumar. Eu gostaria de experimentar. Você pode me receitar um?
Profissional: Você realmente quer parar. [escuta]
Paciente: Sim. Já tomei a decisão, e amanhã é o dia, se você me der os adesivos.
Profissional: Que bom. Você acha que usar adesivos é o caminho. [escuta]
Paciente: Sim, não posso parar de repente sem reposição de nicotina. Já experimentei isso. Fico doente, até vomitei uma vez, fiquei nervoso, não consegui aguentar. Outra vez, até tentei hipnose. Que desperdício de dinheiro foi aquilo. Meu namorado experimentou os adesivos e funcionaram para ele. Acho que quero tentar também.
Profissional: Então funcionou para o seu namorado e você está determinada a fazer o mesmo. [escuta]
Paciente: É. Se ele conseguiu, eu consigo. De certo modo, ele era mais viciado que eu. Ele está sendo um grande apoio agora, e juntos nós podemos vencer dessa vez.
Profissional: Ótimo. Só tenho que ver algumas coisas com você... [informação]

Acompanhando um paciente aflito

A maioria dos profissionais concordaria que acompanhar é bastante recomendável quando o paciente está perturbado, com raiva ou muito ansioso.

Paciente: Estou arrasado. Acho que você sabe que me contaram ontem que eu provavelmente vou morrer em alguns meses.
Profissional: Isso deve ter sido um choque para você. [escuta]
Paciente: Um choque horrível. Eu tinha medo disso (*cai em prantos*).
Profissional: Seu maior medo se confirmou. [escuta]
Paciente: Exatamente. Não é que eu não tivesse pensado nisso antes, mas ouvir alguém dizer desse jeito... Fiquei em choque.
Profissional: Você queria que as notícias fossem dadas de forma mais suave. [escuta]
Paciente: Não, eu já sabia, assim que vi o rosto dele. Fico ouvindo ele dizer aquilo de novo e de novo.
Profissional: Você está deitado aqui, sozinho a maior parte do tempo, com esse pensamento passando por sua cabeça. [escuta]
Paciente: É terrível. Não sei o que fazer.
Profissional: Tem alguma coisa que eu possa fazer para ajudar? [pergunta]
Paciente: Não, acho que não. É apenas um choque. Mas obrigado por perguntar.

Profissional: Bem, vou estar por aqui a maior parte do dia hoje, e passarei aqui para ver você depois. Sei que precisamos revisar o seu remédio para dor, e eu gostaria de falar com você sobre isso. [informação]

Orientação e habilidades básicas

A seguir, apresentamos um breve exemplo de como as três habilidades básicas podem ser usadas a serviço da orientação. As Partes II e III deste livro contêm muitos outros exemplos de orientação.

Incentivando ao fazer um encaminhamento

Ajudar um paciente com um encaminhamento para outro colega é um exemplo de mudança de comportamento. A motivação para uma nova consulta pode ser influenciada pelo seu estilo de comunicação. No caso a seguir, o profissional (um assistente social, enfermeiro, conselheiro, médico) gostaria de encaminhar um paciente com diabetes para um nutricionista para uma consulta sobre hábitos culinários e alimentares. Uma abordagem poderia ser simplesmente dizer ao paciente: "você deve consultar com o nutricionista para obter orientação sobre os seus hábitos alimentares. Eis o número para ligar". Como essa mesma tarefa poderia ser abordada segundo o estilo de orientação?

Profissional: A partir dos seus exames de laboratório, a sua glicose ainda está alta, e isso me preocupa. [informação] Se está disposto a tirar alguns minutos para falar sobre isso, você pode me falar dos seus hábitos alimentares? [pergunta]
Paciente: Bem, eu tento ser cuidadoso e me afasto dos doces e das porcarias.
Profissional: Você tem evitado certas comidas que elevam a sua glicose. [escuta] E com relação às comidas que faz em casa? [pergunta]
Paciente: Eu cozinho para a família. Todos gostam de coisas diferentes, então é um desafio. Eu provavelmente poderia cozinhar coisas mais saudáveis.
Profissional: Você enxerga um possível espaço para melhorar na maneira como cozinha. [escuta]
Paciente: Sim, acho que sim.
Profissional: Esse é um desafio comum para pessoas com diabetes, e um bom lugar para pensar em fazer mudanças. Você quer ajuda para pensar em maneiras de preparar comidas que ajudem a controlar o seu diabetes? [pergunta]
Paciente: Acho que sei o básico, mas claro que poderia aprender mais.

Profissional: Ótimo! Posso falar algumas coisas aqui, mas temos pessoas que são especializadas em ajudar pessoas com diabetes a pensar sobre o que cozinham e comem. [informação] Como você se sentiria em relação a falar com alguém que entende disso? [pergunta]
Paciente: Acho que está bem. Mas eu trabalho durante o dia, e tive que tirar uma folga para vir conversar com você.
Profissional: Você está disposto a tentar, particularmente se puder vir em um horário que não interfira em seu trabalho. [escuta]
Paciente: Sim. Eu não poderia vir aqui seguido durante o dia, mas depois do trabalho ajudaria.
Profissional: Ótimo. Sei que eles têm horários à noite. [informação] Vamos ligar e ver quando podem encaixar você. Fica bom assim? [pergunta]
Paciente: Claro.

Tirar um minuto a mais para negociar um encaminhamento em um estilo de orientação pode fazer toda a diferença para o paciente realmente cumprir o combinado. Fazer a ligação você mesmo ou pedir para um colega ligar enquanto o paciente ainda está no prédio também aumenta significativamente as chances do encaminhamento dar resultado. Essa interação curta ilustra três dos princípios da entrevista motivacional citados no Capítulo 1: entender a motivação do paciente, escutá-lo e fortalecê-lo. O resultado, refletido nas respostas do paciente, foi a conversa sobre mudar, um tema discutido em detalhe no capítulo seguinte. É mais provável que o paciente cumpra o encaminhamento.

FLEXIBILIDADE DENTRO DE UMA CONSULTA

Em ambientes de saúde, pode haver diversas mudanças nos estilos dentro de uma mesma consulta, e esse é um indicador da boa prática. Considere o seguinte exemplo:

Um profissional tem 20 minutos para a consulta, e decide passar os primeiros 5 a 7 minutos usando um *estilo de acompanhar* com uma mulher idosa ansiosa e distraída. As questões são abertas e proporcionam tempo para ela contar uma história sobre o que está acontecendo. Deliberadamente, ele reduz o ritmo da consulta, e ela se acalma e se envolve em contar a sua história. O objetivo de escutar é entender. Ocasionalmente, ele usa informações para reforçar o que a paciente está dizendo. Basicamente, ele está dizendo coisas como: "vejo que você está

> Em ambientes de saúde, pode haver diversas mudanças nos estilos dentro de uma mesma consulta, e esse é um indicador da boa prática.

preocupada com cair" (escuta) ou "fale exatamente quais são as suas preocupações com esse remédio" (pergunta).

Ele, então, muda firmemente para um *estilo diretivo*, e indica a mudança resumindo o que ela disse. "Você está preocupada com os efeitos colaterais dos remédios, e também se está tomando a dose certa..." A paciente se sente compreendida, e isso proporciona ao profissional a oportunidade de se envolver mais. "Eu gostaria de mudar o rumo agora e fazer algumas perguntas sobre os seus remédios e o efeito deles em você. Está bem?" Ele, então, usa as habilidades de perguntar, escutar e informar para estabelecer como fazer adaptações no regime de tratamento e medicação. As questões são muito mais diretas, as informações são claras e simples, e ele escuta para esclarecer o entendimento da paciente, de modo que possa adaptar o conteúdo e a quantidade das informações que fornece. "A que hora do dia você toma os remédios?" "O que você notou logo depois que tomou?" Ele dá conselhos e instruções. "Eu gostaria de sugerir que você experimentasse esse novo medicamento, que é um pouco mais forte, mas não acredito que os efeitos colaterais vão piorar" (informação). "Sim, é importante que você tome essas pílulas na mesma hora todos os dias" (informação).

> A alternância flexível entre estilos é um reflexo do desejo de usar o seu conhecimento efetivamente e de tirar o melhor da pessoa que você está atendendo.

Então, há uma mudança para um *estilo de orientação*, pois ele quer ajudá-la a se adaptar a um novo regime de tratamento e considerar como pode fazer em casa. O propósito e o conteúdo das questões mudam, e o uso de escuta e informação reflete a convicção de que a motivação pode aumentar se a paciente propuser o maior número possível de soluções. "Como você se enxerga melhorando agora?" "Qual será o melhor regime para você?" "O que a confunde mais?" Outras ferramentas também são usadas: "Sim, está certo, e, se as refeições forem mais frequentes, isso pode ajudar" (informação) e "Você se preocupa com a mudança, mas quer fazer com que funcione" (escuta). Ele resume o plano, e ela concorda em voltar para uma revisão.

Uma abordagem menos flexível poderia afetar o resultado. Se esse profissional tivesse agido de forma mais rígida, com um estilo diretivo na maior parte da consulta e depois voltasse para ver o que a paciente sentia e pensava, haveria menos envolvimento e seria pouco provável que houvesse comprometimento com a mudança. A alternância flexível entre estilos é um reflexo do desejo de usar o seu conhecimento efetivamente e de tirar o melhor da pessoa que você está atendendo.

CONCLUSÃO

Os pacientes raramente se apresentam com problemas definidos de forma clara e respondem a uma abordagem pronta de comunicação. Perguntar, informar e escutar parecem ser tarefas bastante simples, que talvez não merecessem o rótulo de "habilidade". Em comparação com as coisas complexas que você deve se certificar de fazer na prática, elas parecem fáceis.

Ainda assim, essas tarefas simples podem ser feitas de maneiras bastante diferentes e com finalidades distintas. Desse modo, perguntar, escutar e informar da maneira certa para alcançar seus objetivos para o paciente na situação clínica se tornam habilidades altamente especializadas. A escolha precisa das palavras, juntamente com a sua linguagem corporal, o uso do silêncio e a atmosfera geral da consulta, pode ser uma ferramenta poderosa. A maneira como você se comunica com os pacientes pode ter um efeito real não apenas em como eles se sentem, mas naquilo que fazem e na sua saúde. Suas habilidades comunicativas são a sua caixa de ferramentas para o tratamento. As ferramentas de perguntar, informar e escutar podem ser combinadas de um modo mais ou menos eficiente, efetivo e hábil. Como você as utiliza depende do seu propósito, e elas podem ser usadas de maneiras diferentes a serviço dos estilos comunicativos de direcionar, orientar ou acompanhar.

> As ferramentas de perguntar, informar e escutar podem ser combinadas de um modo mais ou menos eficiente, efetivo e hábil.

PARTE II

Habilidades básicas da entrevista motivacional

3

A prática da entrevista motivacional

Neste capítulo, apresentamos as habilidades básicas da EM. Elas não são habilidades desconhecidas, mas, pelo contrário, são habilidades que usamos na prática cotidiana. A diferença é que essas habilidades familiares são usadas de certas maneiras estratégicas na EM, com o objetivo claro de promover a mudança de comportamento. Os métodos descritos são para a situação específica (e comum) em que o caminho do paciente para a saúde exige mudanças no comportamento pessoal, uma situação em que a orientação pode ser especialmente proveitosa e efetiva. Conforme discutimos no capítulo anterior, existem formas específicas de comunicação adequadas para a orientação e, nesta parte, dedicamos um capítulo para cada uma delas.

Um bom orientador:

- *Pergunta* para onde a pessoa deseja ir e tenta conhecê-la um pouco.
- *Informa* a pessoa sobre as opções e procura ver o que faz sentido para ela.
- *Escuta* e respeita o que a pessoa deseja fazer e oferece ajuda nesse sentido.

Conforme explicado no Capítulo 1, o estilo de orientação na EM atua aumentando o comprometimento do paciente com a mudança e a adesão ao tratamento. Por que isso ocorre? Como pode uma consulta relativamente breve desencadear uma mudança duradoura no comportamento relacionado com a saúde? A chave para entender esse processo é conhecer o fenômeno da ambivalência.

AMBIVALÊNCIA

As pessoas geralmente se sentem ambivalentes em relação à mudança. Isso ocorre particularmente para mudanças que são "boas" para elas de alguma forma. A maioria das pessoas deseja ser saudável e está disposta a fazer certas coisas em nome da sua saúde. A maioria das pessoas também se sente confortável com suas rotinas familiares, e existem desvantagens em mudar. Alguns comportamentos saudáveis podem ser desagradáveis ou até dolorosos: perfurar o dedo para monitorar a glicose, fazer exercícios depois de uma cirurgia ou suportar os efeitos colaterais da adesão a um tratamento necessário. Talvez o seu paciente já tenha algumas boas razões para a mudança comportamental que você tem em mente, como fazer mais exercícios, parar de fumar ou comer alimentos mais saudáveis. Talvez o seu paciente também *goste* de como as coisas estão – um estilo de vida sedentário, fumar ou comer alimentos não saudáveis – e preveja um lado negativo na mudança. As motivações conflitantes – querer e não querer simultaneamente – são normais e comuns. Considere a ambivalência nestas declarações de pacientes:

> "Preciso perder peso, mas detesto fazer exercícios."
> "Quero levantar, mas dói."
> "Eu devia parar de fumar, mas não consigo fazer isso."
> "Eu quero tomar os remédios, mas sempre esqueço."

Um sinal claro da ambivalência é o *mas* no meio da frase.

As pessoas podem se perder e se perdem nessa ambivalência. É como se os argumentos em cada lado do *mas* se anulassem, e nada muda. A ambivalência costuma ser experimentada da seguinte maneira: pensar inicialmente em uma razão para mudar depois pensar em uma razão para não mudar, e depois parar de pensar a respeito.

Entretanto, podem acontecer coisas que aproximem ou afastem a pessoa da mudança de comportamento, e a sua consulta com um paciente pode ser uma dessas coisas. Para certas pessoas, apenas receber o diagnóstico e alguns conselhos já pode ser suficiente para levar a mudanças significativas no estilo de vida. Muitas vezes, contudo, os pacientes passam por um processo de deliberação interna, consciente ou não – pesar os prós e contras da mudança comportamental. Você pode pensar que seus pacientes avançam em uma ou outra direção durante suas consultas, conforme a Figura 3.1.

Talvez às vezes pareça que suas consultas deixam os pacientes totalmente indiferentes: "já falei para ele várias vezes, mas ele simplesmente não muda". Como essa frustração é comum no tratamento de saúde! Você explica várias vezes o que os pacientes precisam fazer, como fazer, por que deveriam fazer, e nada acontece mesmo assim. Você se lembra do "reflexo de consertar", discutido no Capítulo 1? Quando você adota um estilo diretivo com uma pessoa ambivalente, você está adotando um lado da ambivalência desse indivíduo – o lado pró-mudança.

> "Fazer exercícios e perder peso reduziria o seu risco de ter um ataque cardíaco."

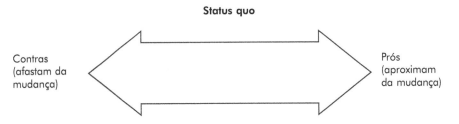

FIGURA 3.1
As pessoas podem ficar e ficam paralisadas em sua ambivalência.

"É importante que você saia da cama e se mexa."
"Quero que você pare de fumar."
"Esse remédio não vai ajudar se você não o tomar fielmente".

Uma resposta comum dos pacientes a esses argumentos em favor da mudança é preencher o outro lado da ambivalência, dizendo: "sim, mas...". Quando isso acontece, os pacientes argumentam contra a mudança e literalmente se convencem de não mudar. O que se quer em vez disso é que os pacientes se convençam a mudar, se for compatível com seus valores e suas aspirações pessoais. Em outras palavras, sua tarefa é evocar a "conversa sobre a mudança" em vez de evocar a resistência em seus pacientes.

ESCUTANDO A CONVERSA SOBRE A MUDANÇA

O primeiro passo para ajudar os pacientes a argumentar em favor da mudança é ser capaz de reconhecer a conversa sobre a mudança quando o escutar. Você já tem uma ideia intuitiva sobre ela, aprendida com suas interações sociais diárias.

> Sua tarefa é evocar a "conversa sobre a mudança", em vez de evocar sua resistência em seus pacientes.

Suponhamos que você esteja pedindo que um amigo faça alguma coisa. Existe um vocabulário rico e desenvolvido para esse tipo de negociação, que é aprendido a partir das experiências de vida. Considere as seguintes respostas possíveis que poderia receber de um amigo a quem pedisse um favor:

"Sim, é claro."
"Talvez eu consiga."
"Eu gostaria de poder."
"Vou tentar."

"Se eu posso, vou ajudar."
"Prometo que farei isso amanhã para você."
"Vou pensar."

O que cada uma dessas respostas transmite? Em particular, qual é a probabilidade de que o seu amigo *realmente* faça o que você pediu? Cada afirmação indica um nível diferente de intenção, e nós entendemos o seu significado a partir das experiências compartilhadas. Alguém de outra cultura talvez não captasse as sutilezas e não compreendesse o que está sendo dito.

Essas comunicações são proveitosas exatamente porque prevêem o comportamento. Não totalmente, é claro. As pessoas podem enganar você intencionalmente ou, por outras razões, dizer o que acham que você quer ouvir, mas, dentro de um relacionamento de boa vontade e confiança, existem informações valiosas nessas afirmações, se você souber escutar. Escutando o que os seus pacientes falam, você pode dizer o quanto são prováveis de mudar. Além disso, quando você ouve argumentos em favor da mudança, é porque está agindo certo. Quando você se encontra defendendo a mudança e o paciente defendendo o *status quo*, você sabe que está fora do rumo.

> Quando você ouve argumentos em favor da mudança, é porque está agindo certo. Quando você se encontra defendendo a mudança e o paciente defendendo o *status quo*, você sabe que está fora do rumo.

O que é exatamente uma conversa sobre a mudança? Quando você está falando com um paciente sobre mudar o comportamento, existem seis temas diferentes que pode ouvir, seis tipos diferentes de conversa sobre a mudança, que são listados no Quadro 3.1. Cada tipo diz algo sobre a motivação da pessoa.

Desejo

O primeiro tema na conversa sobre a mudança é o desejo. Os verbos que indicam desejo são *querer*, *gostar* e *desejar*, e dizem algo que a pessoa quer. Eis algumas afirmações de desejo:

"Eu *queria* perder peso."
"Eu *desejo* me livrar dessa dor."
"Eu *gosto* da ideia de fazer mais exercícios."

As afirmações de desejo nos falam das preferências da pessoa por mudar ou manter o *status quo*.

QUADRO 3.1
Seis tipos de conversa sobre a mudança

Desejo	Afirmações sobre preferência por mudança. "Eu *quero*..." "Eu *gostaria de*..." "Eu *desejo*..."
Capacidade	Afirmações sobre a capacidade. "Eu *poderia*..." "Eu *consigo*..." "*Talvez eu possa*..."
Razões	Argumentos específicos em favor da mudança. "Eu provavelmente me sentiria melhor se..." "Eu preciso ter mais energia para brincar com meus filhos."
Necessidade	Afirmações sobre se sentir obrigado a mudar. "Eu *devo*..." "Eu *tenho que*..." "Eu realmente *deveria*..."
Comprometimento	Afirmações sobre a probabilidade de mudar. "Eu *vou*..." "Eu *irei*..." "Eu *pretendo*..."
Dando passos	Afirmações sobre atitudes. "Na verdade, eu saí e..." "Esta semana, eu comecei..."

Capacidade

Um segundo tipo de conversa sobre mudança revela aquilo que a pessoa percebe como dentro da sua capacidade. O verbo prototípico aqui é *posso* e sua forma condicional, *poderia*.

> "Acho que *posso* vir duas vezes por semana."
> "Eu provavelmente *poderia* dar uma caminhada antes do jantar."
> "Eu talvez seja *capaz* de reduzir um pouco."
> "Eu *posso* imaginar essa mudança."

Observe que conversa sobre a mudança relacionada com a capacidade também indica a força motivacional. "Eu definitivamente posso" reflete muito mais confiança do que "eu provavelmente possa" ou "talvez eu seja capaz".

Razões

A conversa sobre a mudança pode expressar as razões específicas para uma determinada mudança. Não existem verbos específicos neste caso, embora as razões possam ocorrer juntamente com verbos que indiquem desejo.

"Sei que me sentiria melhor se fizesse exercícios regularmente."
"Quero estar vivo para ver meus netos crescerem."
"Essa dor me impede de tocar piano."
"Parar de fumar seria bom para a minha saúde."

Necessidade

A linguagem imperativa indica uma necessidade ou carência. Os verbos aqui são *necessito*, *tenho de*, *devo* e *preciso*.

"*Preciso* dormir um pouco."
"*Tenho* de recuperar minha energia."
"Eu realmente *necessito* fazer mais exercícios."

A ambivalência muitas vezes envolve conflitos entre esses quatro temas motivacionais: desejo, capacidade, razões e necessidade. Nos exemplos seguintes, a primeira frase favorece a mudança, enquanto a segunda, separada por um *mas*, favorece a manutenção do *status quo*:

"Eu realmente *deveria* [necessidade], mas não *consigo* [capacidade]."
"Eu *quero* [desejo], mas dói [razão]."
"Eu *gostaria* de reduzir o meu colesterol [desejo], mas *adoro* omelete de queijo [desejo]."

Esses quatro tipos de argumento em favor da mudança têm algo em comum. Eles são argumentos pré-comprometimento, levam em direção à mudança, mas, por si só, não desencadeiam a mudança comportamental.[*]

Dizer "eu quero" não é dizer "eu vou".
Dizer "eu posso" não é o mesmo que dizer "irei".

---

[*] N. de R.T.: Em inglês, oa quatro primeiros tipos de argumento em favor da mudança podem ser lembrados pelo acrônimo *DARN*: *desire*, *ability*, *reasons* e *need*.

Expressar razões para mudar não é o mesmo que concordar em fazê-lo. Dizer "preciso" ainda não é dizer "pretendo".

Para ilustrar, pense em uma pessoa fazendo o juramento como testemunha no tribunal:* "jura dizer a verdade, toda a verdade e nada mais que a verdade?". O que está faltando nas respostas seguintes?

"Eu gostaria [desejo]."
"Eu consigo [capacidade]."
"Ajudaria se eu dissesse [razão]."
"Eu devia [necessidade]."

Nenhuma das respostas é satisfatória. O que falta é a quinta forma de conversa sobre a mudança.

Comprometimento

Como soa o comprometimento? O verbo fundamental aqui é *vou*, mas o comprometimento tem muitas formas. Algumas afirmações de comprometimento forte são:

"Eu *vou*."
"Eu *prometo*."
"Eu *garanto*."
"*Estou pronto* para."
"*Pretendo*."

Entretanto, não omita os níveis inferiores de comprometimento, pois eles também são etapas ao longo do caminho. As pessoas indicam uma porta aberta com afirmações como:

"Acho que vou *pensar* a respeito."
"Vou *considerar*."
"Estou *planejando*."
"*Espero*."
"Vou *tentar*."

Essas afirmações são significativas e devem ser incentivadas. As duas últimas ("Espero" ou "Vou tentar") indicam desejo de mudar, mas assinalam que existem dúvidas em relação à capacidade de fazê-lo. A linguagem das conversas sobre a mudança é repleta desses sinais.

---

* Por este exemplo, agradecemos à doutora Theresa Moyers.

Dando passos

Existe uma sexta forma de conversa sobre a mudança que você pode encontrar, particularmente quando atende os mesmos pacientes muitas vezes ao longo do tempo. Essas afirmações indicam que a pessoa deu, mesmo que de maneira hesitante, algum passo para mudar. Ela fez algo que a coloca na direção da mudança:

"Tentei ficar dois dias sem beber esta semana."
"Peguei um livro sobre ginástica aeróbica emprestado da biblioteca."
"Comprei preservativos."
"Passei todo o mês de fevereiro sem comer nenhuma carne."
"Parei de fumar por uma semana, mas recomecei depois."
"Comprei um desses novos *kits*."
"Hoje eu subi a escada caminhando em vez de pegar a escada rolante."

Afirmações como estas podem gerar um certo ceticismo:

"Sim, mas você leu?" [o livro sobre aeróbica]
"Bom, você está usando?" [os preservativos]
"Fevereiro – o mês mais curto!" [não comer carne]

O que você não deve ignorar é que atos como esses envolvem importantes passos comportamentais experimentais rumo à mudança, e esses passos devem ser incentivados.

Não se preocupe em classificar os argumentos na categoria adequada. Como você pode ver, existe sobreposição. A mesma afirmação pode conter dois ou mais desses elementos:

"Eu gostaria de parar de fumar [desejo] pois já tive dentes mais brancos [razão]."
"Eu provavelmente perderia cinco quilos [capacidade] e teria melhor aparência [razão]."
"Vou tentar [transmite desejo, mas incerteza quanto à capacidade]."
"Tenho que fazer algo para recuperar a força, e acho que posso [necessidade, capacidade e razão]."

A questão é sintonizar os ouvidos para a conversa sobre a mudança, reconhecer e afirmá-los quando ouvir.

Como essas seis formas de conversa sobre a mudança se encaixam? O processo começa com os tipos usados antes do comprometimento. As pessoas inicialmente falam sobre o que querem fazer (desejo), por que mudariam (razões), como fariam (capacidade) e o quanto é importante (necessidade). Quando você evoca o próprio desejo, capacidade, razões e necessidade das pessoas para mudar, você está alimentando os motores humanos da mudança. Depois que as motivações pré-comprometimento são verbalizadas, o comprometimento aumenta gradualmente, e a pessoa pode dar os primeiros passos rumo à mudança. O comprometimento e os primeiros passos são o que prevê a mudança comportamental durável. Conforme indicado antes, essas afirmações em si não desencadeiam a mudança, mas são um *presságio* da força do comprometimento. A Figura 3.2 mostra como isso ocorre.

É importante lembrar que, quando explora os argumentos pré-comprometimento, você está tocando nos valores e aspirações do paciente. Quando ouve aquela linguagem, você está descobrindo algo sobre as esperanças do paciente, aquilo que importa para ele. Isso lhe dá pistas sobre valores mais profundos. Um paciente que diz "quero estar vivo para os meus netos" ou "não quero ser um fardo para a minha família" está dizendo algo sobre o lugar da família em suas prioridades. Esses são temas importantes que merecem ser explorados, em vez de apenas passarem. A razão é que um valor arraigado pode ser uma poderosa motivação para mudar. Ajude seus pacientes a falar sobre como uma mudança de comportamento é compatível com aquilo que importa para eles. Quando um comportamento como o tabagismo colide com um valor mais profundo, pode haver mudança. Essa é uma razão por que uma boa ideia é explorar os argumentos que as pessoas usam antes de se comprometerem.

"Por que você *quer* parar de fumar [desejo]?"
"Se decidisse, como você faria [capacidade]?"
"Quais são para você as três melhores razões para parar [razões]?"
"Qual é a importância de parar para você [necessidade]?"

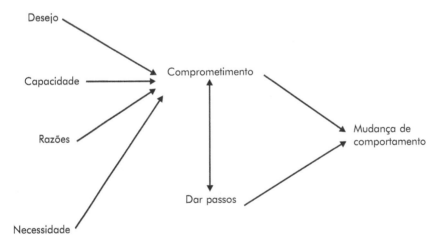

FIGURA 3.2
Como a conversa sobre a mudança se encaixa.

ORIENTANDO POR MEIO DA CONVERSA SOBRE A MUDANÇA

Imagine um campo aberto em uma clareira rodeada por uma floresta. No campo, cresce todo tipo de vegetação. Há um tapete de grama verde, da qual emergem flores coloridas. Também há arbustos de plantas verdes que, em um jardim, seriam consideradas ervas. Sua percepção da cor permite que você diferencie as flores do tapete verde e dos arbustos de ervas.

O tapete de grama é como o pano de fundo daquilo que ouve quando escuta as pessoas. As motivações das pessoas para mudar são as flores que se sobressaem na grama. As ervas são os argumentos das pessoas contra a mudança, os quais, se estimulados, podem sufocar as flores. O estilo de orientação na EM é o processo de colher um buquê. Como é o paciente que deve fazer os argumentos em favor de mudar, sua tarefa é coletar esses argumentos. Cada argumento pré-comprometimento da conversa sobre a mudança é como uma flor. Você coleta essas flores e faz um buquê, que mostra ao paciente periodicamente, e continua a acrescentar flores.

> Embora possamos lhe dar algumas diretrizes para usar a EM na prática, seus verdadeiros professores são os seus pacientes. Se ouvir mais conversas sobre a mudança, você saberá que está agindo corretamente.

Eis outra analogia: na EM bem-sucedida, a conversa sobre a mudança que você coleta com o paciente são como pequenos pesos colocados no lado "pró-mudança" de uma balança. Ajudar os pacientes a verbalizar argumentos pró-mudança gradualmente muda o equilíbrio na direção da mudança.

Esse processo de evocar a conversa sobre a mudança com os pacientes não exige muito tempo. Você pode evocar argumentos significativos no espaço de alguns minutos de conversa. Você provavelmente também terá outras chances quando atender o paciente em consultas futuras. A mudança de longa duração em comportamentos relacionados com a saúde pode ocorrer gradualmente ao longo do tempo, com a sua orientação e o seu estímulo sucessivos. O sucesso em evocar a mudança de comportamento tem mais a ver com a sua habilidade no estilo orientador do que com o tempo que você tem para fazê-lo.

Escutar os argumentos do paciente em favor da mudança traz outro benefício importante: é como você aprende a melhorar na orientação. Embora possamos lhe dar algumas diretrizes para usar a EM na prática, seus verdadeiros professores são os seus pacientes. Sempre que experimentar o estilo de orientação, você terá retorno imediato. Se ouvir mais conversas sobre a mudança, você saberá que está agindo corretamente. Quando parecer que está evocando argumentos contra a mudança, é porque seu paciente está lhe dizendo para experimentar uma abordagem diferente.

CONCLUSÃO

Por enquanto, sintetizamos, no Capítulo 1, o espírito geral da EM (colaboração, evocação e respeito pela autonomia do paciente) e seus princípios básicos. O Capítulo 2 colocou a EM no contexto de um estilo de orientação usado naturalmente na vida cotidiana. Neste Capítulo, explicamos o papel da ambivalência e como podemos ajudar os pacientes a se mexer, escutando a conversa sobre a mudança. Apresentamos seis tipos de conversas sobre a mudança e como eles se encaixam, levando à mudança comportamental. Nos próximos três capítulos, retornaremos às três habilidades comunicativas básicas de perguntar, escutar e informar para ter uma visão mais profunda de como elas podem ser usadas para ajudar os pacientes a falar, a se comprometer e a realizar mudanças em comportamentos relacionados com a sua saúde.

4

Perguntar

Perguntar parece algo simples. Você faz uma pergunta, e o paciente responde. É como você obtém informações. Se fosse tão direto assim!

Este capítulo é dividido em duas seções. A primeira lida com perguntas em geral, e a segunda se concentra em como se usam as perguntas na EM.

PERGUNTAR: ALGUMAS CONSIDERAÇÕES GERAIS

As árvores de decisão diagnósticas muitas vezes exigem que você faça as perguntas *certas* para fazer escolhas e recomendações. É uma rotina familiar. Os pacientes que procuram tratamento esperam que você faça uma série de perguntas, algumas das quais podem ser inesperadas, à medida que deduz o que está acontecendo com a saúde deles. O ato de fazer uma pergunta é uma demanda para que a outra pessoa responda. Porém, a expectativa do paciente é de que, depois que termine de fazer suas perguntas, você terá a solução. Isso é especialmente verdadeiro quando você faz uma série de perguntas *fechadas*, que evoquem respostas curtas como "sim" e "não" ou uma informação simples. Com questões desse tipo, você está assumindo o controle e, implicitamente, a responsabilidade de responder.

Perguntas fechadas

As perguntas fechadas são uma maneira eficiente de obter informações específicas. A resposta esperada para uma questão fechada é breve. Eis alguns exemplos:

"Onde você mora?"
"Onde dói?"
"Sua filha já teve febre?"

"Há quanto tempo você tem se sentido tonta?"
"As letras estão mais claras com a lente número um, ou com a número dois?"
"Com que frequência você passa fio dental?"
"Você tem tomado sua medicação?"
"Quando bebe, quantos drinques você normalmente toma?"
"Isso parece pior de manhã ou à noite?"

Perguntas abertas

As perguntas abertas proporcionam mais espaço para responder. Enquanto as perguntas fechadas pedem informações específicas que a pessoa considera importantes, as perguntas abertas permitem que o indivíduo responda o que lhe parece importante. O uso de perguntas abertas ajuda a entender o que a pessoa está sentindo e percebendo. Ambas evocam informações. Entretanto, as perguntas abertas geralmente evocam informações mais úteis do que as fechadas, e também convidam ao relacionamento.

"Como você está se sentindo hoje?"
"Conte-me desde o início como a sua dor começou."
"Como posso ajudá-lo?"
"Como você encaixa escovar os dentes e passar fio dental na sua rotina diária?"

Fazer algumas perguntas abertas e prestar atenção cuidadosamente às respostas da pessoa pode transformar a qualidade de uma consulta. Os pacientes percebem mais interesse pessoal e carinho nas questões abertas. Quando os profissionais fazem algumas perguntas abertas e escutam, os pacientes tendem a apreciar a quantidade de tempo que o médico passou com eles e a ficar satisfeitos com a interação. Para um profissional experiente, fazer perguntas abertas parece tomar muito tempo, mas pode na verdade levar a um grande progresso.

> Para um profissional experiente, fazer perguntas abertas parece tomar muito tempo, mas pode na verdade levar a um grande progresso.

Quando você faz perguntas abertas, você demonstra ao paciente um envolvimento mais ativo e uma influência sobre o rumo da consulta. As perguntas abertas também permitem que os pacientes contem coisas que você não perguntou, mas que podem ser importantes. Além disso, fazer perguntas abertas pode dar a você uma chance de respirar, para olhar e escutar no meio de um dia agitado. A etiqueta social das questões abertas é fazer contato visual ao fazer as perguntas (em vez de, por exemplo, ler ou escrever em um bloco) e escutar cuidadosamente o que a pessoa tem a dizer.

As perguntas abertas são aquelas para as quais não existe uma resposta curta óbvia. Elas convidam a pessoa a contar as suas próprias experiências e percepções. Eis alguns exemplos:

"De que maneiras isso interferiu na sua vida?"
"Conte-me sobre um dia típico em que você bebe."
"Fale-me da sua dor de cabeça."
"Antes de começarmos o exame, quais são as coisas que lhe preocupam mais?"
"Como vão as coisas em sua família?"
"O que mais o/a preocupa?"
"Que coisas você gosta e não gosta em relação a fumar?"
"Esse diagnóstico deve ter sido um choque. Como você vai lidar com ele?"

Perguntando com habilidade

Considere a diferença entre as duas consultas seguintes. Em ambas, o profissional está preocupado com o fato de que uma paciente idosa não está tomando seus remédios para asma conforme a prescrição. Ambos fazem perguntas – o primeiro com perguntas fechadas e o segundo com perguntas abertas.

Má prática: baseada em perguntas fechadas

A seguinte interação começa com o que chamamos uma questão aberta "desperdiçada" – evidente também mais adiante –, que começa aberta, mas termina fechada.

Profissional: Médico, enfermeiro.
Ambiente: Consulta ambulatorial, atenção primária ou consulta clínica de asma.
Desafio: Revisão breve do uso da medicação; promover autogerenciamento.

Profissional: Como você está se acertando com os remédios [pergunta aberta]? Você os tem tomado regularmente [Pergunta fechada]?
Paciente: Eu os tomo quase sempre, e me sinto bem, a menos que tenha uma crise.
Profissional: O inalador preventivo é o mais importante de tomar todos os dias. Você o toma regularmente [pergunta fechada]?
Paciente: Sim, quase sempre.
Profissional: E o que você quer dizer com quase sempre? Todos os dias, ou às vezes você pula um dia, por ter algum problema [pergunta fechada]?
Paciente: Eu não diria que perco muitos dias, mas nem sempre é fácil.

Profissional: Você está em um regime de dose alta, e é importante que tome todos os dias, está bem?
Paciente: Sim, sei que é importante, e tento, honestamente.
Profissional: E o que acontece quando você tem crises [pergunta aberta]? O uso do outro inalador ajuda [pergunta fechada]?
Paciente: Um pouco. Meu marido fica assustado.
Profissional: Bem, é bom que ele ajude com isso. Você vai lembrar de tomar o inalador preventivo todos os dias, e não apenas o outro quando tiver uma crise [pergunta fechada]?
Paciente: Sim.

O profissional nesse exemplo foi claramente capaz de formular boas perguntas abertas, mas conseguiu ligá-la por descuido a uma pergunta fechada, que "desperdiçou" o valor da questão aberta. Um bom exemplo desse uso desnecessário de palavras a mais é "e o que acontece quando você tem crises [pergunta aberta]? O uso do outro inalador ajuda [pergunta fechada]?". Se a segunda pergunta tivesse sido omitida, a primeira pergunta – a aberta – teria levado a paciente a dizer como o inalador foi usado e a dar provavelmente mais informações sobre outras coisas. Os profissionais em treinamento geralmente fazem uma observação interessante quando refletem sobre o uso de perguntas fechadas: "É exaustivo, sinto-me apressado, e sempre tenho que vir com a próxima questão".

Melhor prática: perguntas abertas, curtas e escolhidas cuidadosamente

Profissional: Como você vai [pergunta aberta]?
Paciente: Nada mal, obrigada. Sinto-me bem a maior parte do tempo, mas, quando tenho uma crise, é diferente. Sabe como é.
Profissional: O que acontece [pergunta aberta]?
Paciente: Bem, meu marido fica realmente assustado, e grita comigo para tomar o inalador. Ele diz que qualquer dia vai ligar para você porque fica muito assustado.
Profissional: O que você faz então [pergunta aberta]?
Paciente: Uso meu inalador de alívio, e as coisas se acalmam. Então, acho que consigo lidar, se você me entende. Não fico muito preocupada, mas também tenho que acalmá-lo!
Profissional: E você tem usado o inalador preventivo [pergunta fechada]?
Paciente: Sim, mais ou menos.
Profissional: Como você tem se saído com ele [pergunta aberta]?
Paciente: Não gosto muito, para ser honesta, pois não gosto de pensar em todo aquele esteroide entrando no meu corpo. Fico com roxões por causa do esteroide, que me deixam envergonhada. Minhas mãos parecem assusta-

doras, e os roxões assustam os meus netos, e a minha pele descasca com facilidade. Mas sei que devo usá-lo, e o meu marido reclama quando eu não tomo. Você pode imaginar como é.
Profissional: E como eu posso ajudá-la hoje [pergunta aberta]?
Paciente: Bem, pode me dizer o que aconteceria se eu não tomasse o preventivo em doses tão altas? É realmente essencial, todos os dias, tomar uma dose tão alta? E se eu experimentasse o de dose menor se garantisse que tomaria todos os dias?

Diversas qualidades caracterizam a capacidade de fazer perguntas habilmente, muitas das quais podem ser vistas no exemplo anterior. As questões são curtas, e a sua formulação é simples, parecendo para a paciente uma conversa normal sobre a sua experiência. As informações importantes (p.ex., sobre a vergonha das mãos roxas) são evocadas por meio de questões abertas, que não precisam durar necessariamente a consulta toda. Acima de tudo, as questões abertas permitem que o profissional transmita um interesse genuíno pelo paciente. O profissional no primeiro exemplo pode estar interessado na paciente, mas suas poucas habilidades de comunicação o impedem de expressar isso.

A maioria das consultas, é claro, exige questões abertas e fechadas. Uma abordagem comum é construir uma interação em torno de questões abertas básicas, usando as questões fechadas apenas para afunilar e evocar informações específicas quando necessário.

Alguns exemplos de perguntas abertas

Se você simplesmente deseja saber alguns fatos, como se certos sintomas ocorreram, perguntar pode ser algo bastante simples. Algumas questões fechadas serão suficientes. Todavia, o tratamento de saúde muitas vezes é mais complicado que isso. Boas perguntas abertas podem ter diversos propósitos. Além de esclarecer os sintomas dos pacientes, talvez você também queira saber sobre o seu grau de desconforto, sobre alguma experiência (p.ex., alívio da dor), sobre sua explicação para o que aconteceu (p.ex., uma mudança na condição de uma criança), ou sobre suas preocupações em um nível pessoal profundo (p.ex., depois de contar notícias ruins).

Eis alguns exemplos de questões que cobrem vários propósitos, que são breves e que, se acompanhadas por um processo minucioso de escuta (Capítulo 5), podem cumprir os seus propósitos de forma muito mais eficiente do que uma série de perguntas fechadas.

1. *"O que está preocupando você hoje em relação à doença?"* Essa é uma pergunta que ajuda a localizar o paciente no centro da consulta. Responder a essa questão com respeito aumentará a sua sintonia e

proporcionará uma boa plataforma para lidar com os temas da sua agenda.
2. *"O que o/a preocupa mais em relação aos remédios?"* Se o paciente não estiver tomando seus remédios corretamente ou parecer descontente com eles, uma questão como essa revelará muita coisa sobre a sua postura, o seu comportamento e onde o problema se encontra.
3. *"O que acontece exatamente quando você sente essa dor?"* Aqui, a porta está aberta para o paciente contar uma história. O uso da palavra *exatamente* indica a intenção de chegar ao fundo das preocupações do paciente. Se você escutar o relato por um tempo, podem surgir respostas para todo tipo de questão factual ou outras perguntas.
4. *"Qual foi a primeira coisa que você notou sobre a condição do seu filho?"* A palavra *notou* pode ser bastante útil. As pessoas geralmente reagem bem a ela, pois a palavra as convida a ser o comentarista especializado sobre a sua experiência e o seu comportamento. As informações costumam fluir, e eles se sentem ouvidos.
5. *"Fale mais sobre..."*

Uma questão aberta é um *convite*. "Posso lhe perguntar sobre...?" é uma questão que capta muito bem a qualidade cortês e respeitosa de um atendimento projetado para satisfazer as necessidades do paciente.

A armadilha da pergunta e resposta

É fácil esquecer o quanto os pacientes podem estar ansiosos, confusos e preocupados quando chegam para a consulta. Combine isso com a sua própria sensação de cansaço ou aborrecimento, ou de estar passando por uma rotina conhecida, e terá o potencial para uma consulta disfuncional, que pode resultar em um padrão que chamamos de armadilha da pergunta e resposta.

Fazer perguntas é fácil. Pode se tornar algo rotineiro, controlador e exagerado ao ponto de não se informar e, particularmente, não se escutar. Sua agenda assume prioridade, e o paciente pode se tornar o receptor passivo de uma investigação. Ela também coloca você na posição do especialista que dá respostas. Isso pode ser bastante apropriado em muitas formas de tratamento agudo, mas, como veremos, quando o assunto é mudar o comportamento do paciente, necessita-se de um estilo diferente e menos diretivo.

Uma manifestação comum da armadilha da pergunta e resposta em consultas sobre o comportamento relacionado com a saúde é a investigação da frequência e da quantidade, que começa com "Quanto você fuma?" e é seguida por uma família de perguntas como "Quando você começou a fumar?" e

"Seu namorado fuma?". Essa abordagem tende a evocar resistência no paciente e frustração no profissional. Ela pode parecer difícil, pois é você que tem o ônus de pensar na próxima questão para o paciente passivo. As questões seriais também tendem a evocar uma postura defensiva, muitas vezes levando a respostas que são meias-verdades como um meio de proteger a autoestima.

> As questões seriais também tendem a evocar uma postura defensiva, muitas vezes levando a respostas que são meias-verdades como um meio de proteger a auto-estima.

Em algumas circunstâncias, é claro, você precisa fazer muitas perguntas, e os pacientes costumam ser bastante tolerantes em relação a isso. Se você tiver uma série de perguntas a fazer, pode alertar o paciente de antemão, explicando que está para começar uma conversa repleta de questionamentos, por razões específicas. Isso indica que o padrão de pergunta e resposta não é o seu modo normal de se relacionar com as pessoas.

Avaliação de rotina: "Posso perguntar...?" (Bocejo)

Um dos autores (Rollnick) procurou um médico por causa de um problema agudo e perturbador, e a consulta começou assim: "Há quanto tempo você parou de fumar?". Questionado sobre o propósito dessa pergunta, o profissional ficou um pouco defensivo e disse com um sorriso estranho: "Não sou eu que quero saber realmente, é o computador!". Esse médico era obrigado a fazer avaliações de rotina sobre comportamentos relacionados com o estilo de vida.

Uma situação familiar que pode gerar uma série de perguntas é o uso de uma ficha de avaliação ou procedimento de admissão padronizado. Geralmente, existem boas razões para esses procedimentos, mas, quando são institucionalizados, podem resultar em entrevistas que ignoram as necessidades e preocupações do paciente. Ao se questionar por que os pacientes em uma clínica de diabetes haviam tirado a roupa, sido pesados e respondido perguntas *antes* de qualquer tipo de consulta mais convencional, o responsável disse: "Bem, é assim que sempre fizemos as coisas por aqui". A familiaridade da rotina pode levar o profissional a ignorar o impacto social da experiência.

Mesmo quando são necessárias questões de rotina, o atendimento pode ser projetado de modo a evitar a institucionalização do questionamento como o estilo dominante na prática. Quando se usa um formato de questionamento padronizado, deve-se reconhecer que algumas questões mais específicas virão depois. As respostas do paciente às perguntas abertas muitas vezes fornecem as respostas a perguntas fechadas específicas. Então, você pode usar perguntas fechadas para obter outras informações necessárias que não surgiram nas perguntas abertas.

Existem maneiras mais estruturadas de evitar aquilo que um profissional chamou, talvez injustamente, de "morte por avaliação". Uma maneira especialmente útil de realizar uma avaliação de rotina é usar a estratégia do "dia típico" como modelo para preencher a ficha. O Quadro 4.1 descreve o seu uso. É claro que, com a prática, o modelo pode ser usado em qualquer ponto em uma consulta quando você quiser obter informações, e não apenas no começo. Ele pode ser usado para questionar sobre um "episódio típico de dor", o "uso recente de medicamentos", ou outras coisas.

RESUMO

A capacidade de fazer perguntas de maneira criteriosa e efetiva está no âmago do atendimento de qualidade, independentemente do problema discutido e do estilo de comunicação usado. O tom, o ritmo, as palavras e a clareza do questionamento, combinados com um sentido de curiosidade e escuta adequada, são alguns dos elementos da comunicação de qualidade. Passemos agora para como se usam perguntas especificamente dentro do estilo de orientação da EM.

PERGUNTANDO NA EM

Carlos, um experiente técnico de futebol profissional, estava no parque com sua filha de 4 anos. Ela caiu com a bicicleta na grama e começou a chorar. Ele se ajoelhou para confortá-la, permaneceu nessa posição, e fez uma série de perguntas, esperando pacientemente que ela pensasse a cada vez.

"Por que você caiu?"
"Eu estava indo devagar."
"Sim, isso mesmo, você estava devagar demais. E como pode ir mais rápido?"
"Na calçada."
"E o que poderia acontecer então?"
"Eu me machucaria se caísse."
"E o que você quer fazer?"
"Vou para a calçada. Tchau, papai..."

Carlos mostrou que as soluções deveriam e poderiam vir da sua filha. Ele fez perguntas como Sócrates fazia, levando sua filha a uma solução. Criou

QUADRO 4.1
Avaliação de rotina usando um "dia típico"

Metas

Iniciar uma avaliação que seja animada e centrada no paciente, na qual muitas das nossas perguntas padronizadas sejam respondidas. Ter uma conversa normal por 2-10 minutos, em que se aumente a sintonia, os pacientes sejam quem mais fala, e você aprenda muita coisa sobre o seu contexto pessoal e social (incluindo a prontidão para mudar). A avaliação formal pode ser realizada imediatamente depois.

Princípios

1. *Transmitir aceitação.* Não transmita juízo. Considere tudo que o paciente disser ou fizer aceitável, ou pelo menos como algo que não lhe surpreende.
2. *Conheça seu protocolo de avaliação.* À medida que a conversa avança, faça uma anotação mental das áreas da avaliação que estão sendo cobertas e das que não estão.
3. *Encaixe a avaliação na entrevista, e não a entrevista na avaliação.* Deixar a papelada de lado, sobre a mesa, ajuda.
4. *Mantenha a curiosidade.* Não hesite em interromper com um pedido de ajuda e mais detalhes.
5. *Resista ao impulso investigativo.* Interromper a narrativa do paciente com perguntas sobre problemas pode acabar com a atmosfera de aceitação e curiosidade.
6. *Concentre-se tanto no comportamento* ("O que aconteceu então?") *quanto nos sentimentos* ("Quando fechou a porta, em direção às lojas, como você estava se sentindo?").

Prática

1. *Reconheça a avaliação e peça permissão.* "Tenho muitas questões nesta ficha, mas acho muito mais fácil deixá-la de lado e pedir que você passe 5 a 10 minutos me conduzindo por um dia típico da sua vida. Talvez eu volte à ficha depois que fizermos isso para completar o que faltou. Está bem para você?"
2. *Localize um dia.* "Você pode pensar em um dia recente que foi bastante típico para você, um dia médio?"
3. *Analise um "dia típico".* Preste atenção no tempo e no ritmo. Desacelere se o paciente correr demais com a história. Acelere se você acha que pode levar mais de 10 minutos.
4. *Verifique se o paciente deseja acrescentar alguma coisa.* "Existe mais alguma coisa sobre ontem que você queira falar?"
5. *Faça as perguntas que tiver.*
6. *Retorne à sua avaliação para completar as lacunas, ou faça isso depois.* A maioria dos pacientes não se importa se você fizer isso depois que eles contaram um "dia típico". De fato, se você se lembrar de manter a ficha afastada e evitar de entrar no modo investigativo, muitos pacientes ajudarão a completar as lacunas com bastante disposição.
7. *Pratique.* Você sabe que está melhorando quando interfere cada vez menos na história do "dia típico". O grau de conforto do paciente ao contar a história é o seu indicador de sucesso.

Obs.: Dados de Rollnick, S., Mason, P., & Butler, C. (1999). *Health behavior change: A guide for practitioners.* Edinburgh: Churchill Livingston.

---

uma atmosfera de apoio, evitou a tendência de resolver o problema para ela e evocou uma escolha informada, fazendo uma série de perguntas *propositadas*. É isso que queremos dizer com perguntar a serviço do estilo de orientar. É um dos alicerces da EM. É um *convite* para pesar as opções e considerar uma mudança. Fazendo essas perguntas, você está evocando as motivações da pessoa e, escutando, você passa a entender as perspectivas do paciente – dois dos princípios básicos descritos no Capítulo 2.

> É isso que queremos dizer com perguntar a serviço de orientar... É um convite para pesar as opções e considerar uma mudança.

Estabelecimento da agenda

Um bom orientador descobre primeiro para onde a pessoa quer ir. Isso pode ser particularmente importante em consultas de saúde, nas quais pode haver muitas mudanças comportamentais possíveis que o paciente poderia fazer para ter melhor saúde. Quando existem muitos caminhos possíveis para uma saúde melhor, quem escolhe o caminho a discutir?

Usamos o "estabelecimento da agenda" em referência a uma discussão breve, na qual o paciente tem o máximo de liberdade possível para tomar decisões. Pode haver temas com que você se preocupe especificamente, e um bom orientador não hesitaria em dizer quais são. Todavia, se você está no controle, e decidiu o tema por contra própria sem consultar o paciente, você perde a oportunidade de descobrir qual mudança de comportamento o paciente está pronto para discutir. Considere o seguinte exemplo de um profissional em uma consulta sobre doença cardíaca:

> "Parece que você está indo bem com a medicação. Posso perguntar sobre o cigarro? Alguma ideia de abandonar?"

Isso é o que chamamos de armadilha do foco prematuro. O profissional não deu ao paciente a chance de pensar em falar sobre outras mudanças no estilo de vida.

Em outra forma de foco prematuro, o profissional, *dentro* de uma discussão sobre um certo comportamento, concentra-se cedo demais na ação. Vamos supor que o paciente no exemplo anterior *estivesse* disposto a falar sobre o cigarro. A pergunta do profissional "alguma ideia de abandonar?" contém um foco imediato em uma determinada ação, que pode ser prematura para o paciente, se ainda não estiver pronto. Talvez fosse melhor perguntar: "Como você se sente em relação ao cigarro até agora?". Isso pelo menos dá ao paciente a chance de continuar e de se sentir confortável para falar de uma adição difícil.

> A armadilha do foco prematuro ocorre quando o profissional não dá ao paciente a chance de pensar em falar sobre outras mudanças no estilo de vida. Uma segunda forma dessa armadilha é quando o profissional, dentro de uma discussão sobre um comportamento específico, concentra-se cedo demais na ação.

Geralmente, é sensato começar com uma compreensão das perspectivas e preferências do paciente. Começar com as preocupações do paciente também tende a aumentar a sua disposição para escutar as suas. Muitas vezes, como no caso de prevenir ou reverter doenças, existe um *menu* de opções a considerar. Os comportamentos prejudiciais à saúde tendem a se agrupar em indivíduos. O paciente pode fazer mudanças saudáveis em sua dieta, exercícios, tabagismo, uso de álcool, adesão à medicação, estresse, raiva ou atividades sociais. As questões orientadoras, acompanhadas pela escuta, são a chave para resolver esse problema.

> Geralmente, é sensato começar com uma compreensão das perspectivas e preferências do paciente.

É possível proporcionar um conjunto finito de temas para o paciente escolher. Uma maneira simples de fazer isso é com uma "ficha de balões" com formas diversas, cada uma contendo um tema possível para uma conversa, incluindo balões em branco que o paciente pode preencher. Em uma clínica do coração para pacientes ambulatoriais, por exemplo, essa ficha pode conter os balões apresentados na Figura 4.1, assim como balões em branco (os que contêm um ponto de interrogação).

Ao oferecer essa ficha, o profissional pode dizer: "Se você quiser, podemos falar sobre algumas mudanças que você pode fazer para melhorar a sua saúde. Eis algumas áreas que podem ser importantes para controlar essa doença que poderíamos discutir, nas quais as pessoas em sua situação costumam fazer mudanças. Você gostaria de falar sobre alguma dessas áreas? Ou talvez existam outras coisas que você queira levantar que lhe pareçam importantes agora?".

Então, depois de alguns momentos, também é possível mencionar os temas sobre os quais se deseja falar. O estabelecimento da agenda está funcionando bem quando o paciente escolhe um tema que gere uma conversa construtiva e quando você também expõe a sua visão sobre o tema. Se o seu tema não coincide com o que o paciente escolhe, uma boa diretriz geral é começar com a prioridade do paciente. O processo de estabelecimento da agenda funciona bem quando o paciente se sente livre para dizer: "Não, obrigado, hoje não".

> Essa estratégia breve geralmente leva em torno de um minuto, antes que você e o paciente parem para falar sobre um foco decidido de comum acordo para a mudança de comportamento.

Essa estratégia breve geralmente leva em torno de um minuto, antes que você e o paciente parem para falar sobre um foco decidido de comum acordo para a mudança de comportamento. Com a prática, você não precisará de uma ficha para orientá-lo, e nem todos os pacientes gostam de materiais visuais. Você pode retornar à agenda a qualquer momento da consulta se se sentir um pou-

Entrevista motivacional no cuidado da saúde

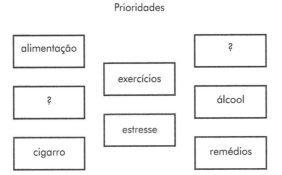

FIGURA 4.1
Ficha de estabelecimento da agenda para uso em uma clínica de tratamento cardíaco para pacientes ambulatoriais.

co perdido ou se chegar a um fechamento natural na discussão de uma determinada mudança de comportamento.

Talvez você tenha a preocupação de que seja arriscado permitir que os pacientes escolham os temas para discussão, pois, afinal, você está em melhor posição para saber quais comportamentos trazem as maiores ameaças à saúde. Você "livraria os pacientes", falando de algo que eles escolhessem (p.ex., fazer exercícios), mas que você sentisse que fosse menos problemático que outra coisa (p.ex., fumar)? Muitos pacientes têm ouvido a mesma conversa sobre o cigarro há anos, sem muitos benefícios. Se fazem progresso em uma área, não importa o quanto pareça desimportante, eles podem começar a aprender o hábito do sucesso em um contexto em que o fracasso costuma ser a norma. Pequenos passos exitosos em uma área podem levar ao progresso em outra.

> Você pode retornar à agenda a qualquer momento da consulta se se sentir um pouco perdido ou se chegar a um fechamento natural na discussão de uma determinada mudança de comportamento.

SUGESTÕES PRÁTICAS PARA FAZER AS PERGUNTAS CERTAS

Como você decide quais perguntas deve fazer para promover mudanças no comportamento relacionado com a saúde? Qual questão ajudaria determinada pessoa? Qual daria uma perspectiva produtiva sobre o seu dilema? O que evocaria uma postura defensiva em vez de uma conversa sobre a mudança? Isso é um pouco como encontrar o caminho certo através de uma floresta. Alguns caminhos seguem em círculos, levando a nenhum lugar ou até mesmo à beira de um abismo. Acerte o caminho e economizará muito tempo. Considere a diferença entre estes dois exemplos sobre o tema da dieta:

Exemplo 1: policiando o comportamento "negativo"
Profissional: Preciso perguntar, você tem seguido a ficha da dieta que recebeu?
Paciente: Sim, quer dizer, às vezes, mas eu esqueço, e é difícil fazer comidas separadas para o resto da família.

Exemplo 2: uma pergunta orientadora útil
Profissional: Você está tentando mudar a sua dieta. O que seria mais proveitoso para nós conversarmos hoje?
Paciente: É muito difícil. Eu quero encontrar comidas que sejam boas para mim *e* para a minha família, para que não tenha que fazer comida separada para mim.

O primeiro exemplo tem um tom policialesco, introduzido pela pergunta fechada, que em essência foi: "Você tem sido boa?". As perguntas fechadas podem causar uma sensação de estar sendo interrogado. A segunda consulta começa com um *convite* na forma de uma questão aberta, permitindo ao paciente espaço para decidir o que discutir. A pergunta foi feita usando um estilo de orientação, e isso ajuda o paciente a assumir o papel principal. Assim, surgiram conversas sobre a mudança.

> A pergunta foi feita usando um estilo de orientação, e isso ajuda o paciente a assumir o papel principal. Assim surgiram conversas sobre a mudança. A maneira como você responde à conversa sobre a mudança é um dos principais desafios na EM.

A maneira como você responde à conversas sobre a mudança é um dos principais desafios na EM. No exemplo anterior, cada um dos quatro princípios discutidos no Capítulo 1 é relevante quando se considera o que falar depois. Você deve evitar o reflexo de consertar as coisas, não se precipitando com sugestões práticas e entendendo as motivações do paciente para evocar soluções dele mesmo. Escutar pode ser o próximo passo mais produtivo (Capítulo 5), e você deve fortalecer o paciente, transmitindo a visão de que a mudança é possível e que, juntos, vocês podem encontrar soluções possíveis.

O restante deste capítulo se concentra em proporcionar mapas para localizar perguntas orientadoras produtivas, que efetivamente abrem a porta para as conversas sobre a mudança.

PERGUNTAS PRODUTIVAS

Uma diretriz simples é fazer perguntas abertas que possam ser respondidas com conversas sobre a mudança. Você se lembra dos tipos de conversa discutidos no Capítulo 3?

- *Desejo.* "O que você quer, deseja, espera, etc.?"
- *Capacidade.* "Quais são as possibilidades? O que você pode ou poderia fazer? O que você consegue fazer?"
- *Razões.* "Por que você quer fazer essa mudança? Quais seriam alguns benefícios específicos? Que riscos você gostaria de reduzir?"
- *Necessidade.* "Qual é a importância dessa mudança? Quanto você precisa dela?"

Eis algumas perguntas mais genéricas sobre a mudança, formuladas para evocar seis tipos de conversa sobre a mudança.

> Uma diretriz simples é fazer perguntas abertas que possam ser respondidas com conversas sobre a mudança.

"Por que você quer fazer essa mudança?" [desejo]
"Se você decidisse fazer essa mudança, como faria?" [capacidade]
"Quais são os três benefícios mais importantes que você enxerga se fizer essa mudança?" [razões]
"Quanto essa mudança é importante para você?" [necessidade]
"O que você acha que fará?" [compromisso]
"O que você tem feito para ficar saudável?" [dar passos]

Cada uma dessas perguntas sugere uma resposta que envolve a conversa sobre a mudança. Questões como essas tendem a ativar o paciente rumo à mudança, evocando as suas próprias motivações e ideias criativas. Não se sabe a resposta de antemão, ao contrário de Carlos, que conduziu sua filha a uma conclusão que já previa claramente. Por exemplo, as razões (benefícios) mais importantes que lhe ocorrem podem não ser as mesmas que motivam os pacientes. Os tipos de perguntas que profissionais frustrados às vezes tentam fazer levam a uma postura defensiva:

> Questões como essas tendem a ativar o paciente rumo à mudança, evocando as suas próprias motivações e ideias criativas.

"Por que você quer_?"
"Por que você não consegue_?"
"Por que você não fez_?"
"Por que você precisa_?"
"Por que você não_?"

A resposta a cada uma dessas questões é uma defesa do *status quo*. Pergunte às pessoas por que elas não mudam, e elas ficarão felizes em dizer e, no processo de falar, reforçam a manutenção do *status quo*.

> Nossa experiência é que os pacientes tendem a seguir direções saudáveis com esse estilo orientador, muito mais do que quando são direcionados.

As perguntas orientadoras que apresentamos neste capítulo são apenas exemplos. O princípio subjacente (Capítulo 2) é entender e explorar as motivações dos pacientes para mudar. Nossa experiência é que os pacientes tendem a seguir direções saudáveis com esse estilo orientador, muito mais do que quando são direcionados.

Você sabe que está fazendo boas perguntas orientadoras quando alguma ou todas as seguintes coisas acontecem:

- Você se sente conectado com os pacientes e interessado em suas respostas.
- Seus pacientes falam de um modo positivo sobre a mudança de comportamento.
- Seus pacientes questionam em voz alta por que e como poderiam mudar.
- Um paciente parece incomodado e engajado, e está tentando resolver as coisas.
- Um paciente faz perguntas sobre como e por que poderia mudar.
- Mesmo quando o tempo é curto, a consulta não parece apressada.

Usando uma escala

Uma escala de avaliação de 1 a 10 pode ser útil. Elas já são usadas no tratamento de saúde para avaliações subjetivas – por exemplo, da quantidade de dor que um paciente sente. Na EM, as escalas têm dois propósitos. Elas não apenas falam da motivação do paciente, como também podem evocar conversas sobre a mudança. Pode-se usar uma escala de 1 a 10 para fazer perguntas sobre diversas dimensões motivacionais, incluindo a prontidão, o desejo ou o compromisso. A maioria dos pacientes consegue fazer isso de um modo puramente verbal, embora às vezes ajude simplesmente fazer uma linha em uma folha de papel, colocar 0 e 10 em cada ponta e pedir que o paciente diga onde se encontra ao longo dessa dimensão.

> As escalas não apenas falam da motivação do paciente, como também podem evocar conversas sobre a mudança.

Por exemplo, você pode dar o primeiro passo fazendo perguntas como:

"Quanto você deseja fazer mais exercícios? Em uma escala de 1 a 10, onde 1 é 'nada' e 10 é 'muito', onde você se colocaria agora?"

"Quanto você se sente pronto para fazer essa mudança? Em uma escala de 1 a 10, na qual 1 é 'nada pronto' e 10 é 'completamente pronto', onde você se colocaria agora?"

"Quanto parar de fumar é importante para você? Em uma escala de 1 a 10, onde 1 é 'nada importante' e 10 é 'extremamente importante', o que você diria?"

O segundo passo é perguntar ao paciente por que ele disse um determinado número, digamos 5, e não um número mais baixo. A resposta a essa pergunta é uma conversa sobre a mudança, e você poderá explorá-lo detalhadamente. Outra variação proveitosa é perguntar o que teria que acontecer para fazer o número aumentar. Contudo prepare-se – a frustração ou o reflexo de consertar podem levá-lo a fazer a pergunta oposta: "Por que você está no 5 e não no 10?". A resposta a essa questão será uma defesa do *status quo*.

Mais uma advertência em relação ao uso de escalas: elas servem até onde existe sintonia entre você e o paciente. Se você começar essa avaliação de maneira investigativa, rápido demais, sem querer genuinamente entender e estimular o paciente, você pode evocar uma forma de avaliação defensiva. "Ah, sim, estou pronto para parar de fumar..." pode partir de um paciente que na verdade está dizendo aquilo que pensa que você quer ouvir. O fato de estar usando uma escala não significa que as respostas sempre sejam confiáveis. A boa sintonia e o uso de um estilo de orientação podem ajudar imensamente a melhorar a confiabilidade do exercício.

Alguns profissionais e serviços mantêm um registro dos resultados desse tipo de avaliação. Talvez você considere isso particularmente útil quando atender o mesmo paciente novamente, apenas para lembrar a você (e ao paciente) sobre como as coisas podem ter mudado.

Avaliando a importância e a confiança

Entre as perguntas mais produtivas, existem duas questões simples sobre a importância de mudar para o paciente e a sua confiança no sucesso. Nesse caso, a escala pode ser bastante útil. O objetivo é usar essas questões como plataforma para desenvolver a compreensão e para evocar conversas sobre a mudança e garantir que concentramos as energias para a área de maior necessidade. Se a sua investigação tem curiosidade genuína e se a sintonia com o paciente é boa, as motivações do paciente aparecem facilmente na conversa.

> Entre as perguntas mais produtivas, existem duas questões simples sobre a importância de mudar para o paciente e a sua confiança no sucesso. Nesse caso, a escala pode ser bastante útil.

O primeiro passo é questionar sobre a importância da mudança e, depois, se parecer adequado, obter uma avaliação numérica. "Qual é a importância de _____ para você? Diga-me, em uma escala de 1 a 10, onde 1 é 'nada importante' e 10 é 'extremamente importante', qual é a importância de _ _____ ?" Faça essa pergunta em relação à perda de peso para 100 pacientes obesos, e obterá números em toda a escala, mas principalmente entre 3 e 7. O segundo passo, conforme mencionado antes, é perguntar: "Por que você se deu um escore de _____ e não de 1?". A resposta a essa questão conterá as razões por que o paciente considera a mudança importante (i.e., conterá conversas sobre a mudança). Você verá não apenas o quanto a mudança é importante subjetivamente, mas também *por que* é importante para o paciente.

As mesmas perguntas podem ser feitas em relação à confiança em sua capacidade de mudar: "Em uma escala de 1 a 10, onde 1 é 'tenho certeza de que não consigo' e 10 é 'tenho certeza de que consigo', qual o seu grau de confiança de que você conseguiria _____ se decidisse? Que número você se daria neste momento?". Depois, após obter a avaliação, você pergunta: "E por que você se deu um _ _____ e não 1?". Aqui, o paciente demonstrará a base para a confiança em sua capacidade de mudar. Também pode ajudar subir a escala e fazer perguntas como: "O que ajudaria você a obter um escore maior?" ou "Como posso ajudar você a avançar na escala?".

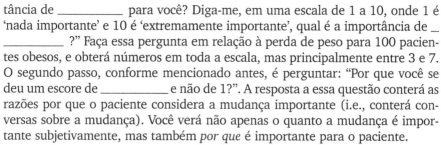

Se a sua investigação tem curiosidade genuína e se a sintonia com o paciente é boa, as motivações do paciente aparecem facilmente na conversa.

Os pacientes talvez precisem de tipos diferentes de ajuda, dependendo de suas avaliações nessas duas escalas. Considere estes dois pacientes: ambos se encontram no meio de um *continuum* de prontidão para mudar, ambos expressam ambivalência e relutância para parar de fumar, mas têm motivações subjacentes muito diferentes.

Fumante A: "Aqui estou, 55 anos, e fui diagnosticado com enfisema. Preciso parar de fumar, mas como? Já tentei tantas vezes e fracassei. Parece inútil tentar." [Importância: 9; Confiança: 2]

Fumante B: "Claro, sei que você acha que é ruim para mim, e, no longo prazo, provavelmente seja, mas fumar faz parte da minha vida social. Estou dizendo, já estive em competições internacionais como atleta e, se decido fazer algo, eu consigo. Isso simplesmente não é prioridade para mim agora." [Importância: 2; Confiança: 9]

Os pacientes com escores elevados em importância, mas baixos em confiança, como o fumante A, precisam ouvir que é possível mudar, bem como ideias específicas sobre como fazê-lo. Eles são bastante diferentes dos pacientes que têm muita confiança, mas atribuem pouca importância, como o fumante B. Se você falasse sobre o *porquê* de mudar (importância) com o fumante A e *como* mudar (confiança) com o fumante B, provavelmente estaria desperdiçando seu tempo, pois essas não são as áreas em que eles precisam da sua ajuda.

Avaliar seus pacientes quanto à importância e à confiança na capacidade de mudar permite que você use o precioso tempo que tem na consulta de um modo que seja mais congruente com a sua principal necessidade. Se o maior obstáculo à mudança é a falta de importância, usar essas questões permitirá que você entenda isso e que aborde a questão da importância de maneira eficiente. O mesmo se aplica à confiança. Longe de aumentar a duração das consultas, substituir esse tipo de abordagem por um estilo de intervenção "de tamanho único" proporciona maior eficiência e envolvimento do paciente, com mais oportunidades para evocar conversas sobre a mudança.

> Avaliar seus pacientes quanto à importância e à confiança na capacidade de mudar permite que você use o precioso tempo que tem na consulta de um modo que seja mais congruente com a sua principal necessidade.

Prós e contras

Perguntar sobre os prós e contras proporciona um conjunto de questões orientadoras que são particularmente úteis quando alguém parece inseguro em relação à mudança. Isso dá uma oportunidade para você explorar a ambivalência, e dá tempo para o paciente enfrentar a incerteza em uma atmosfera solidária, na qual suas motivações internas podem vir à tona livremente. Isso está no âmago da EM.

Antes de mais nada, pergunte ao paciente o que há de bom no modo como as coisas estão. Essa pergunta cria um espaço para perguntar sobre coisas não tão boas em relação ao *status quo*. Essas duas questões gerais podem ser aplicadas a qualquer tema relacionado com a mudança. Observe que a primeira questão evoca argumentos para não mudar e que a segunda evoca conversas sobre a mudança. O efeito mais comum de fazer uma dessas perguntas é que o paciente apresentará os dois lados da sua ambivalência.

Com relação ao cigarro, a primeira pergunta pode ser: "O que você gosta em fumar?". Veja que essa pergunta é feita sem nenhuma sombra de desaprovação ou sarcasmo. Se o seu tom de voz implica a questão "o que você *poderia* gostar em fumar?", você evoca uma postura defensiva. A primeira pergunta é feita com um interesse honesto e curiosidade sobre os benefícios percebidos de continuar a fumar. Depois que evocou as percepções do paciente sobre os aspectos positivos do comportamento, você pode seguir com uma segunda questão. Por exemplo: "Qual é o lado negativo para você? Quais são as coisas que não são tão boas em relação a fumar?".

> Perguntar sobre os prós e contras proporciona um conjunto de questões orientadoras que são particularmente úteis quando alguém parece inseguro em relação à mudança.

Uma maneira de concluir essa conversa é sintetizar brevemente a sua compreensão da narrativa do paciente sobre os prós e contras do comportamento, conforme ele enxerga, usando as próprias palavras do paciente sempre que possível. Uma pergunta-chave como "onde isso lhe deixa agora?" funciona como um convite ao paciente para levar as coisas um passo adiante, para ocupar o assento do motorista da mudança em suas vidas.

A pergunta-chave: e agora?

Uma "pergunta-chave" é aquela que testa o nível de comprometimento do paciente com a mudança. Uma pergunta-chave é um bom seguimento depois das discussões anteriores: os quatro temas da motivação (desejo, capacidade, razões e necessidade), escalas, importância e confiança ou prós e contras. A essência de uma pergunta-chave é: "e agora?". Eis alguns exemplos de perguntas-chave:

"E o que você tira disso tudo agora?"
"E o que você está pensando com relação a fumar neste momento?"
"O que você acha que fará?"
"Qual seria o primeiro passo para você?"
"O que você planeja fazer, se é que tem algum plano?"
"O que você pretende fazer?"

Observe que a resposta normal a qualquer uma dessas perguntas seria uma linguagem de comprometimento. O nível de comprometimento expressado pelo paciente propicia fazer uma leitura do quanto é provável que haja mudanças. Um nível baixo de comprometimento sugere a necessidade de explorar os quatro temas da motivação em tal consulta ou em uma subsequente.

Quando o paciente expressar intenção de mudar, talvez seja importante ser mais específico. *Quando* o paciente fará ou começará essa mudança? Exatamente *o que* o paciente fará? *Como* o paciente conseguirá? As pesquisas mostram que as pessoas são muito mais prováveis de fazer uma mudança comportamental quando expressam suas intenções em termos mais específicos de o que, quando e como. Porém, não force um compromisso que o paciente não esteja pronto para fazer. A questão é: para o que a pessoa está pronta, disposta e o que é capaz de fazer?

Para pacientes que estejam menos prontos para mudar, é menos ameaçador se você der um passo para trás com eles e falar em uma linguagem hipotética.

Usando hipóteses

Para pacientes que estejam menos prontos para mudar, é menos ameaçador se você der um passo para trás com eles e falar em uma linguagem hipotética. Isso permite maior liberdade para visualizar a mudança. Eis algumas perguntas abertas de orientação, formuladas em uma linguagem hipotética:

"O que seria necessário para você tomar a decisão de _____?"
"Se você fizesse uma mudança em _____, quais seriam alguns dos benefícios?"
"Suponhamos que você decidisse _____. Como faria para conseguir?"
"Vamos imaginar por um momento que você _____. Como a sua vida seria diferente?"
"O que seria necessário para passar de um 5 para um 8 [em importância]?"
"O que você queria que fosse diferente?"
"Suponhamos que você continue sem fazer nenhuma mudança em _____. O que você acha que aconteceria em cinco anos?"

Também é possível dar saltos imaginativos se você tem uma boa sintonia com o paciente e se ele está claramente confortável com a discussão. Considere o uso deste tipo de questão:

"Que coisa impossível, se fosse possível, mudaria tudo?"
"Se estivesse no meu lugar, que conselho você daria para si mesmo em relação a _____?"
"Como [esse comportamento] o impediu de crescer, de avançar?"
"O que você mais quer que esteja acontecendo na sua vida daqui a um ano, cinco ou mesmo daqui a dez anos?"

CONCLUSÃO

Este capítulo discutiu o uso de questões em geral e a serviço do estilo de orientar. No segundo caso, não se precipitar geralmente leva a um progresso mais rápido. As consultas relacionadas com a mudança de comportamento exigem essa postura. Alguns minutos bem utilizados podem plantar as sementes da mudança para mais adiante. Muitos profissionais já tiveram a experiência de um paciente retornar dizendo algo como: "Teve uma coisa que você disse que fez toda a diferença...". No âmago do uso da EM, está a convicção de que os pacientes têm a maior parte das respostas dentro de si. Quando você se coloca nesse modelo, as questões certas geralmente aparecem.

5

Escutar

Muito antes de haver qualquer base científica para o tratamento de saúde, já existiam profissionais da cura que haviam aprendido a escutar. Há um elemento de ser ouvido e entendido, de ser o foco de uma atenção compassiva total, que é, na essência, a cura. Esse processo de escutar, em nossa opinião, é uma das razões por que os pacientes tantas vezes procuram e gostam dos serviços de profissionais alternativos e de profissionais da saúde que escutam bem. Embora algumas pessoas pareçam ter um talento quase inato para escutar, o resultado das nossas pesquisas condiz com as nossas experiências de formação: você pode se tornar mais hábil e eficiente com essa ferramenta, e isso influencia os resultados da consulta e além dela.

Este capítulo o levará em uma viagem profunda através da habilidade de escutar. Começamos com algumas considerações gerais e analisamos o uso da escuta como estilo de orientação, uma habilidade que está no âmago da EM.

O ARGUMENTO EM FAVOR DE ESCUTAR

Certamente, as pressões do trabalho podem desestimular essa prática aparentemente "improdutiva". Ainda assim, existem boas razões para desenvolver suas habilidades de escuta.

- Escutar ajuda a obter informações importantes que você poder perder.
- Mesmo um pouco de escuta de qualidade pode promover o seu relacionamento com o paciente, podendo demorar apenas um ou dois minutos. Muito depois de os detalhes terem sido desvanecidos, os pacientes ainda se lembram de um enfermeiro, médico ou assistente social que os escutava.
- Quando os atendentes os escutam, os pacientes se sentem mais confortáveis e satisfeitos com o tratamento, estão mais inclinados a ser honestos e abertos e, em nossa opinião, mais inclinados a seguir os conselhos recebidos.

- Quando você se dedica a ouvir, *os pacientes sentem que você passou mais tempo com eles do que realmente ocorreu.* Por outro lado, uma consulta que se limita a perguntar e informar pode parecer mais curta do que realmente é, e os pacientes tendem a subestimar o tempo que você passou com eles.
- Talvez ainda mais importante, existe algo muito útil no ato de escutar. Você tem a impressão de que "não está fazendo nada", mas a boa escuta é um forte componente dos aspectos "não-específicos" importantes da cura. Apenas ouvir já pode promover a mudança.

Por trás de todos os aspectos técnicos tratados neste capítulo, há uma noção simples: escutar envolve uma postura de curiosidade e aceitação para com o paciente enquanto você está envolvido nesse processo. Quanto mais habilidade você desenvolve, mais fácil será para integrar episódios breves de escuta em sua prática diária. Isso pode lhe economizar tempo, pois você desenvolve uma rápida capacidade de entender a essência das preocupações do paciente, permitindo que avance para outro tema com mais facilidade.

ALGUMAS CONSIDERAÇÕES GERAIS SOBRE ESCUTAR

Um profissional que escuta, mesmo que por apenas um minuto, não tem outra meta imediata além de entender a perspectiva e a experiência da outra pessoa. Não existe intenção de intervir ou consertar as coisas. O profissional simplesmente está presente com a pessoa, aberto àquilo que ela está experimentando e deseja falar.

Quando você pode usar o processo de escuta? De maneira bastante simples, a qualquer momento da consulta. O processo pode e deve ser integrado à prática de rotina e formar uma parte normal da tarefa de avaliação, diagnóstico ou gerenciamento que você possa estar executando. É um instrumento que pode ser usado de maneira bastante efetiva a serviço de um estilo diretivo, combinado com perguntar e informar. Eis algumas situações para usar a escuta:

- *A primeira parte de uma consulta.* De fato, é arriscado *não* escutar no início da consulta. Interrompa essa atividade e estará plantando as sementes da disfunção rapidamente. O paciente pode se retrair, se frustrar ou trazer de volta preocupações que você ignorou no início. Muitas vezes, os pacientes precisam de uma quantidade considerável de coragem para virem a uma consulta e contar sua história ao seu profissional. Uma das críticas mais comuns dos pacientes em relação às consultas é não poder contar a sua história. Uma interrupção precoce abre caminho para a sensação de não ser ouvido.
- *Problemas breves ao longo da consulta.* Os pacientes indicam essa necessidade quando parecem confusos, ansiosos, desinteressados, incomodados ou irritados. De sua parte, quando você não tem certeza do diagnóstico ou existe alguma questão ligada ao tratamento, escutar é uma ótima maneira de descobrir o que está acontecendo.
- *Depois de fazer uma pergunta aberta.* É um convite para o paciente falar, e sua oportunidade de escutar e entender.

Existem outras situações em que o estilo diretivo pode ser deixado de lado, e o estilo de acompanhar se torna necessário. Nesse estilo, escutar é fundamental. Eis alguns exemplos específicos.

- Você entra no consultório, e o paciente diz: "Tive uma experiência horrível hoje de manhã".
- Você acaba de dar más notícias ao paciente, e é hora de deixá-lo absorver e responder.
- Você senta ao lado da cama de um paciente terminal que acaba de acordar. Ele sorri e diz "olá". Você não precisa perguntar ou fazer nada imediatamente.

Existem momentos em que a coisa mais importante e mais curativa que você pode fazer é simplesmente estar presente com seus pacientes, dedicar-se a ouvir e entender. Nesses casos, você usaria o estilo de acompanhar. Você poderia dar informações e fazer perguntas, mas o seu principal propósito é *acompanhar* as necessidades do paciente – por exemplo, ao dar más notícias ou ao conversar com alguém que está particularmente perturbado ou ansioso.

A próxima seção discute alguns aspectos práticos do processo de escutar no tratamento de saúde. Exploramos alguns usos da escuta, damos dicas e sugerimos algumas armadilhas a evitar.

Abrindo a porta

Você abre a porta para a escuta fazendo um convite. Geralmente, isso assume a forma de uma questão aberta, acompanhada por sinais de que você pretende ouvir. "Como vai?" se tornou um cumprimento superficial, feito de passagem e sem a expectativa de que o outro responda. O que, então, diferencia um simples "como vai?" de um convite verdadeiro para conversar e ser ouvido? Como sabemos a diferença em uma conversa normal?

Dois sinais básicos são o contato visual e a ausência de distração. Considere as diferenças no significado de "como vai?" quando dito por:

- Uma pessoa que passa no corredor sem parar ou fazer contato visual.
- Um enfermeiro que lê um prontuário e prepara um aparelho de pressão.
- Um médico que entra no consultório, faz contato visual, sorri, deixa de lado o que estiver carregando e puxa uma cadeira.

O último está comunicando, não apenas de forma verbal ("como vai?"), mas também de forma não-verbal, que, no momento, ouvir é a coisa mais importante na agenda. Essas pistas não-verbais são ainda mais importantes que as palavras de receptividade. Um exercício comum exige que uma pessoa fale sobre um tema no qual possa continuar por algum tempo sem o mínimo apoio do ouvinte. A tarefa do ouvinte é a mais difícil: comunicar para a pessoa que fala que está ouvindo, escutando e entendendo, *mas sem dizer uma só palavra* ou mesmo fazer sons vocais, como "ahã". O ouvinte tem apenas pistas não-verbais para comunicar que está escutando e entendendo, como o contato ocular, a expressão facial, movimentos da cabeça, e assim por diante.

A parte verbal do convite a escutar é uma abertura simples. Eis alguns exemplos:

Paciente: Tive uma experiência terrível hoje de manhã.
Profissional: Fale-me a respeito.
Profissional: (aproximando-se da cama) Olá, como você está se sentindo hoje?
Profissional: (entrando no consultório) Bom dia! Conte-me o que você tem em mente hoje.
Profissional: (com perguntas prontas para fazer) Daqui a pouco, vou precisar de algumas informações específicas de você, mas, antes de fazer isso, vamos ouvir o que o trouxe aqui hoje.

Perguntar não é escutar

O que é um bom ouvinte? Depois de você abrir a porta com um convite e estar prestando atenção, o que deve fazer?

Muitas pessoas confundem escutar com fazer perguntas, mas são dois instrumentos diferentes de comunicação. Uma pergunta é uma demanda para que a pessoa responda. A questão também coloca a pessoa em uma dada direção, virando o holofote para um determinado tema ou área que é do interesse do entrevistador. O psicólogo Thomas Gordon chama as perguntas de "obstáculos" à escuta. Para que a pessoa continue no caminho em que estava antes da questão, ela deve lidar com o obstáculo, desviar dele e voltar para o caminho. Faça duas ou três perguntas seguidas, e a pessoa certamente estará fora do seu rumo original. É você quem está no controle, e não quem fala. Isso não é necessariamente negativo, pois perguntar também faz parte do trabalho. Se alguém está com uma doença aguda e você precisa fazer o diagnóstico trabalhando com uma árvore de decisão mental, provavelmente você deverá fazer uma série de perguntas. Entretanto, para a escuta pura, a única pergunta necessária é um convite inicial.

> Perguntar e escutar não são a mesma coisa.

Silêncio

O silencia costuma ser um bom professor. Se você está em silêncio, mesmo por um breve momento, você não está verbalizando todos os obstáculos que as pessoas normalmente colocam no caminho umas das outras: concordar, discordar, instruir, questionar, argumentar, advertir, compartilhar, sugerir, analisar, persuadir, aprovar, reprovar, assegurar, interpretar, e assim por diante. Silenciar esses obstáculos falados é um bom ponto de partida para a escuta real.

> Entre os obstáculos à escuta, estão: concordar, discordar, instruir, questionar, argumentar, advertir, sugerir, analisar, persuadir, aprovar, reprovar, assegurar e interpretar.

O próximo passo é silenciar o seu discurso interior e concentrar total atenção em entender a pessoa que está com você. Mesmo sem verbalizar os obstáculos, você pode estar *pensando* neles. Como é fácil, enquanto parece estar ouvindo, você estar pensando sobre o que fará a seguir! Para ouvir plenamente, mesmo aquele discurso interior deve ser silenciado, e você deve prestar total atenção àquilo que ouve, escuta e entende. Eis um novo significado para médico *assistente*!

> Mesmo sem verbalizar os obstáculos, você pode estar pensando neles... Para ouvir plenamente, mesmo aquele discurso interior deve ser silenciado.

Respostas facilitadoras

O silêncio puro também pode deixar as pessoas desconfortáveis. Apesar da sua melhor atenção não-verbal, se você não disser absolutamente nada, alguns pacientes começarão a perguntar o que você está pensando ou se você está realmente escutando. Um passo simples é mexer um pouco com as cordas vocais e dar pequenas respostas facilitadoras, como "hu-hum", ou "sei" ou "fale mais sobre isso". É claro que essas respostas podem ser programadas em um computador e, assim, não provam que você está escutando.

> Uma prova de que você está ouvindo, escutando e entendendo é refletir para a pessoa um pequeno resumo daquilo que entendeu sobre o que ela disse. Algo que os papagaios não podem fazer – pois envolve mais que repetir.

Em palavras um pouco diferentes: escutando e refletindo

Uma prova de que você está ouvindo, escutando e entendendo é refletir para a pessoa um pequeno resumo daquilo que entendeu sobre o que ela disse. Algo que os papagaios não podem fazer – pois envolve mais que repetir. Temos observado que atores não conseguem fazer isso sem um treinamento especial. Os atores são muito bons em fazer silêncio, prestar atenção e dar respostas facilitadoras, mas refletir o que se escutou é uma habilidade que exige prática especial. Quando necessário, os atores podem *fingir* que estão ouvindo, mas a realidade é mais difícil.

Qual é, então, a realidade? Vamos começar com um exemplo em que o profissional, depois de fazer uma pergunta aberta, e por razões meramente ilustrativas, não faz absolutamente nada, mas usa escuta reflexiva:

Profissional [assistente social, médico, psicólogo, nutricionista, enfermeiro, fisioterapeuta, conselheiro]: Estamos chegando ao final da nossa sessão, mas você há pouco disse que tinha algo que não o deixava se sentir bem.
Paciente: Sim, eu não tenho me sentido muito bem. Isso começou há aproximadamente um mês ou dois, e no início eu achava que estava apenas imaginando, possivelmente porque tenho trabalhado tanto e não tenho feito muito exercício, entende?
Profissional: Você tem trabalhado demais e não se sente muito bem.
Paciente: Bem, eu achava que era só isso, mas então comecei a me sentir cansado e fraco quando fazia algum esforço, com falta de ar, e nunca tive isso antes. Nem mesmo quando estava fora de forma. Até ao subir a escada em casa eu notei isso.
Profissional: Isso sem dúvida é incomum para você.
Paciente: Sim, isso mesmo, na escada, mas também às vezes quando estou sentado sem fazer nada. No início, achei que era estresse. Agora estou pensando se não é o coração ou o pulmão.
Profissional: Você não tem 100% de certeza do que está acontecendo, e está ficando assustado.

Paciente: Sim, isso tem me apavorado, pois geralmente sou a fortaleza da família e mesmo no trabalho, e agora vem isso.
Profissional: Você está acostumado a estar no controle.
Paciente: Não necessariamente no controle, mas confiável, entende? Mas acho que está começando a ficar demais para mim, sinto que as coisas estão saindo do controle.
Profissional: Como se não tivesse tempo para cuidar de si mesmo.
Paciente: Exatamente. Tenho que resolver isso.
Profissional: Você quer saber o que está acontecendo e fazer algo a respeito.
Paciente: Bem, esse é o primeiro passo, eu disse para mim mesmo, e queria falar para você.

O que está acontecendo nesse caso? O profissional está sendo um parceiro bastante ativo no processo de comunicação e está pensando por um ou dois minutos para entender as percepções e preocupações do paciente. Para fazer esse tipo de escuta, o profissional deve prestar atenção no paciente, ouvir as palavras corretamente, e depois formar uma hipótese a respeito daquilo que o paciente quer dizer, para que possa repetir em palavras um pouco diferentes (literalmente, refletir). O profissional reflete essas "palavras diferentes" para o paciente, e ocorre uma coisa interessante. O paciente confirma ou rejeita a sua hipótese. Em essência, o paciente diz: "sim, está certo", e continua a elaborar, ou "não, não é bem assim" e continua a elaborar. Não existe punição por pensar errado. De qualquer maneira, é provável que o paciente fale mais, desde que você reflita em palavras um pouco diferentes. Mesmo a repetição direta pode ter esse efeito às vezes, mas geralmente papagaiar não é bem aceito. Às vezes, refletir envolve "continuar o parágrafo", prevendo o que o paciente pode dizer a seguir, mas que ainda não disse.

Soa complicado? E é; precisa-se de prática. A boa nova é que é uma habilidade que pode ser aprendida, e que tem muita utilidade clínica. Além disso, seus pacientes são os seus professores. Cada vez que você tentar refletir, você recebe *feedback* imediato sobre a sua visão e, assim, com o tempo, você melhora.

Eis uma consulta um pouco mais longa na qual, mais uma vez, *apenas para fins de ilustração*, o profissional também usa apenas escuta reflexiva. Se você gosta de um desafio, cubra a página com uma folha e revele

---

Cada comentário é um resumo curto do que está acontecendo naquele momento.

O profissional forma uma hipótese a respeito daquilo que o paciente quer dizer, para que possa repetir em palavras um pouco diferentes..., e então ocorre uma coisa interessante. O paciente confirma ou rejeita a hipótese.

Seus pacientes são os seus professores. Cada vez que você tentar refletir, você recebe *feedback* imediato sobre a sua visão e, assim, com o tempo, você melhora.

uma linha de cada vez. Para cada resposta do paciente, antes de olhar o que o profissional diz a seguir, considere como você refletiria o que o paciente disse.

Um paciente no hospital precisa decidir se fará uma operação, e sua colega está frustrada porque não consegue obter uma resposta clara dele. "Cada vez que eu pergunto, ele começa a chorar. Você poderia falar com ele?"

Profissional [psicólogo, assistente social, enfermeiro, médico, conselheiro]: Você disse que estava preocupado com uma possível operação.
Paciente: Preocupado não é a palavra. É tão complicado que não sei por onde começar.
Profissional: E está lhe causando muita perturbação. [continuando o parágrafo]
Paciente: Na noite passada eu mal dormi, pois estava preocupado (*começa a chorar*).
Profissional: (*fica em silêncio, alcança um lenço*) É como se as coisas estivessem chegando ao fim da linha.
Paciente: Eu não costumo chorar assim.
Profissional: Isso é muito importante.
Paciente: É o grande dia (*continua a chorar*).
Profissional: Parece que você terá que tomar uma grande decisão, de um jeito ou de outro.
Paciente: É isso; à medida que os dias passam, fica mais perto de ter que decidir.
Profissional: Mas não mais claro. [novamente continua o parágrafo com uma ideia]
Paciente: Esse é o problema, pois, se eu fizer a operação, sei que posso não durar muito. É um grande risco. É o que me disseram, simples assim.
Profissional: E, se você não fizer a operação, também não será fácil.
Paciente: Bem, não realmente, é questão de tempo. Eles dizem que eu posso ter apenas alguns meses, e tudo que sei com certeza é que quero viver para a minha família.
Profissional: É a coisa mais importante para você agora.
Paciente: Você precisa ver o meu filho (*risos*). Ele diz que eu ainda sou o mesmo velho rude, que nada mudou, mesmo que eu esteja tão doente.
Profissional: Às vezes você quase sente que voltou ao normal.
Paciente: Quando estou com ele, é ótimo, mas depois... não dá para fugir disso, na verdade.
Profissional: Você se sente preso.
Paciente: Sim, é isso, fico aqui deitado, e penso sobre correr o risco e fazer a operação, mas então imagino dando errado, e tento parar de pensar nisso.
Profissional: Você simplesmente não sabe o que fazer.
Paciente: Às vezes eu acho que, bem, vocês sempre fazem essas operações, e eu deveria confiar em vocês.

Profissional: Se você fizer a operação e sair tudo bem, será um bom resultado
Paciente: Acho que provavelmente vou fazer, mas preciso de tempo para me acostumar com a ideia, e aí eu lhe digo.
Profissional: Você precisa de tempo para resolver essa decisão sobre a operação.
Paciente: Vou decidir em seguida.
Profissional: (*fazendo uma pequena síntese do que foi dito*) Deixe-me ver se eu entendi o que você está me dizendo, e me diga se falta alguma coisa. Essa decisão não é fácil para ninguém tomar. Qualquer caminho que tomar, existe um risco de que você não esteja presente para a sua família. Disseram-lhe que, sem a operação, você só tem alguns meses, mas a operação também é arriscada. Você está mais próximo de tomar uma decisão, e precisa de mais tempo para pensar. Você se sente especialmente bem quando vê a sua família, e está pensando tanto neles quanto em si mesmo.
Paciente: É, é isso, eu não preciso de mais informações, e essa é uma decisão que você não pode tomar por mim. Mas é bom falar disso com você.

Observe certas coisas nas reflexões nesse exemplo. Primeiro, são apenas *afirmações*, em vez de questões. O profissional não está perguntando: "É isso que você quer dizer?". Se você estivesse ouvindo uma gravação, também ouviria que a inflexão da voz do profissional vai para baixo ao final de uma boa reflexão, e não para cima, como quando se faz uma pergunta. Isso pode parecer estranho a princípio, mas apenas para você, não para o paciente. Fazer reflexões na forma de afirmações no lugar de fazer de perguntas deixa os pacientes confortáveis, e eles continuam a falar. É mais provável que o paciente continue a falar se você disser:

> A inflexão da voz do profissional vai para baixo ao final de uma boa reflexão, e não para cima, como quando se faz uma pergunta.

"Você está se sentindo ansioso em relação a isso." [inflexão da voz para baixo ao final]

em vez de:

"Você está se sentindo ansioso em relação a isso?" [inflexão da voz para cima ao final]

Observe também que as respostas hábeis do profissional no exemplo anterior às vezes refletem algo que o paciente não disse realmente, mas que *poderia* querer dizer ou estar pensando. Os comentários reflexivos não precisam se restringir àquilo que a pessoa disse diretamente. Às vezes, você dá continuidade ao parágrafo, sugerindo qual pode ser a próxima sentença em vez de apenas repetir a que passou.

A habilidades de resumir

Na última resposta do exemplo anterior, o profissional reuniu os principais temas que o paciente apresentou em um resumo. De certo modo, cada comentário reflexivo é um resumo breve do que está acontecendo naquele momento, mas esse tipo de resumo geral cobre uma parte ou toda a conversa e oferece uma síntese. É necessário habilidade para saber o que incluir no resumo. Mais adiante no capítulo, daremos algumas diretrizes específicas para escolher o que incluir em resumos ao usar a escuta na EM. Aqui, o profissional apenas tentou reunir os principais temas que o paciente havia levantado.

> Fazer reflexões na forma de afirmações no lugar de perguntas deixa os pacientes confortáveis, e eles continuam a falar.

Os resumos podem ter várias funções:

- Um bom resumo mostra de maneira firme que você estava escutando cuidadosamente e lembra o que o paciente falou. Isso em si já é uma mensagem positiva, que pode fortalecer o seu relacionamento de trabalho.
- Fazer um resumo ajuda você a juntar as peças do quebra-cabeça e ver se esqueceu algo importante. Para isso, você pode dar seguimento ao resumo perguntando: "Que mais?".
- Um resumo permite que você volte a enfatizar certos aspectos daquilo que o paciente disse, incluindo e ressaltando esses temas. Esse aspecto dos resumos é particularmente proveitoso dentro do estilo de orientação.
- O resumo libera você para mudar de direção. Ele é uma maneira suave e positiva de dar um fechamento no seu período de escuta e avançar para a próxima tarefa.

Perguntando e escutando

Embora representem duas ferramentas diferentes de comunicação, perguntar e escutar se encaixam naturalmente e se complementam. Uma abordagem terapêutica conhecida como aconselhamento centrado no cliente ou centrado na pessoa, criada pelo psicólogo Carl Rogers, baseia-se principalmente em uma combinação habilidosa entre perguntar e escutar, que também é uma combinação natural para usar no tratamento de saúde.

Para a maioria das pessoas, fazer perguntas é muito mais fácil que fazer comentários reflexivos. Como resultado, mesmo quando os profissionais tentam ser bons ouvintes, é comum que eles façam uma série de perguntas com pouca ou nenhuma escuta reflexiva.

Fazemos três recomendações práticas sobre as perguntas a usar *enquanto está escutando*.

1. Tente fazer perguntas abertas em vez de fazer perguntas fechadas.
2. Tente não fazer duas perguntas seguidas.
3. Tente fazer pelo menos dois comentários para cada pergunta que fizer.

Um ritmo resultante seria uma questão aberta seguida por escutar reflexivamente aquilo que o paciente diz. Por exemplo:

Profissional [enfermeiro, médico, quiroprático]: Então você tem sentido muita dor nos pés. Conte-me a respeito.
Paciente: Às vezes dói tanto que eu tenho dificuldade para caminhar. Tenho que subir e descer escadas no trabalho, e é muito difícil.
Profissional: E essa dor é constante, todos os dias. [comentário reflexivo, opinião]
Paciente: Quase sempre, sim. Menos nos finais de semana, quando não estou trabalhando.
Profissional: Há algo diferente nos fins de semana. [comentário reflexivo]
Paciente: Bem, como eu disse, não estou trabalhando, fico mais em casa.
Profissional: Que tipo de sapato você usa no fim de semana? [pergunta fechada]
Paciente: Geralmente uso chinelos ou fico de pés descalços em casa.
Profissional: E isso é melhor. [comentário reflexivo]
Paciente: Meus pés ainda doem, mas não tanto. Mas, se eu sair no sábado, uso salto alto.
Profissional: Salto alto – mais alto do que usa no trabalho. [comentário reflexivo]
Paciente: Um pouco talvez, mas também uso salto no trabalho.

Quando estiver escutando, tente fazer pelo menos dois comentários reflexivos para cada pergunta que fizer.

Algumas preocupações sobre o escutar

É difícil causar mal quando se escuta adequadamente, quando existe um sentido genuíno de afeto e curiosidade. Se seus comentários reflexivos forem muito semelhantes àquilo que a pessoa disse, se houver muita repetição direta, você pode comentar em círculos.

Todavia, pode haver um lado negativo no processo de escutar, que você logo descobrirá. A maioria das pessoas tem tão pouca escuta de qualidade em suas vidas que sente muita fome disso. Quando encontram alguém que realmente dedica tempo para escutar e entender, é uma experiência tão gratificante que elas poderiam falar literalmente por horas. Essa, pelo que descobrimos, é uma grande preocupação entre os profissionais em relação a escutar seus pacientes. É uma preocupação compreensível, mas que pode ser administrada facilmente. A maioria dos profissionais já conhece formas suaves e adequadas de conduzir uma consulta ao encerramento quando está na hora de avançar. O resumo é apenas uma delas. Dizer a verdade também funciona: "Obrigado por dividir isso comigo. O que você me contou hoje realmente ajudou a ter uma compreensão muito maior da situação. Eu gostaria de ouvir mais, mas tenho que atender outra pessoa agora, e não gosto de deixar as pessoas esperando. Vamos falar mais sobre isso na próxima consulta".

Maneiras suaves e efetivas de dar um fechamento:
- Resuma o que entendeu e sugira uma mudança de rumo.
- Seja honesto em relação às suas limitações de tempo.
- Reconheça o valor daquilo que ouviu.

Alguns profissionais também se preocupam com o fato de que, se tirarem a rolha da garrafa, vai transbordar: "Se eu escutar meus pacientes dessa forma, eles podem se despedaçar no meio do meu consultório? Afinal, não sou psicólogo". Mais uma vez, o tempo sempre é uma preocupação. Certamente pode acontecer de, quando um ouvinte compassivo se dedica a entender um pouco, a pessoa cair em lágrimas. É uma questão de equilíbrio. Ninguém defenderia a ideia de não escutar os pacientes, mas não se justifica perder o controle do tempo e das outras tarefas que deve cumprir. Os pacientes também não querem necessariamente sentir o seu medo, raiva, tristeza ou frustração em doses elevadas.

Acreditamos que essas preocupações com não deixar o gênio sair da garrafa são compensadas pelo valor clínico de passar algum tempo apenas escutando. Já mencionamos o poder de cura da escuta para o paciente e seu impacto positivo nos relacionamentos entre profissionais e pacientes. Escutar dessa forma também pode ajudar muito a enriquecer o seu trabalho. Os bons ouvintes são tão raros que mesmo um pouco de escuta de qualidade já abrirá para você a riqueza da experiência interior das pessoas que você atende. Poucas pessoas têm o privilégio de compartilhar o mundo interior íntimo de tantos seres humanos. Uma experiência dessas pode enaltecer um dia de trabalho rotineiro. A boa escuta enriquece não apenas aquele que a recebe como uma dádiva, mas também aquele que a proporciona.

ESCUTANDO NA EM

A escuta reflexiva – a habilidade pura de escutar – pode ser surpreendentemente efetiva para ajudar as pessoas a mudar. Quando você se sente confor-

> Na EM, aquilo que você decide refletir para o paciente pode fazer a diferença.

tável com a escuta reflexiva, *você pode se tornar mais consciente e intencional em relação à maneira como escuta*, mas mantendo o afeto e a curiosidade genuína que está no âmago da boa escuta. Na EM, aquilo que você decide refletir para o paciente pode fazer a diferença. O resto deste capítulo discute o que você deve refletir e por quê, quando a sua meta é incentivar a mudança de comportamento.

Decidindo o que refletir

Quando você escuta, mesmo que por um período curto, você logo descobre que tem que tomar certas decisões. À medida que os pacientes falam sobre suas experiências, eles geralmente apresentam um material rico e variado, e não é possível refletir tudo isso. Quais comentários você deve escolher, e como decide? Considere a seguinte interação, na qual o profissional abre a porta com um convite e apenas escuta.

Profissional [enfermeiro ou médico pediatra]: Então, parece que o braço do seu filho vai ficar bem. Fiz um curativo, e deve curar em seguida. A vacina de tétano está em dia, e o enfermeiro vai liberá-lo na outra porta. Você disse que está preocupada com o seu comportamento mais geral, e eu tenho alguns minutos antes de atender outro paciente. Fale-me um pouco sobre isso.

Paciente [mãe]: Parece que ele está ficando mais difícil de controlar. Ele não ouve a gente. As tarefas da escola, as refeições, a hora de dormir – tudo é uma luta. Ele não consegue parar quieto, e às vezes parece que não presta atenção no que está fazendo. Foi assim que ele cortou o braço dessa vez. Ele não estava olhando aonde ia e bateu na cerca, que tinha um prego enferrujado. Não sei quantas vezes já pedi para o meu marido arrumar a cerca. [Qual parte disso tudo você decidiria refletir neste momento?]

Profissional: É difícil para você controlá-lo. [comentário reflexivo]

Paciente: Sim, e o meu marido e eu não concordamos em como discipliná-lo. Ele bate na criança, e eu acho isso errado. Temos tido muitas brigas ultimamente.

Profissional: Você e seu marido. [comentário reflexivo]

Paciente: Sim (*lágrimas*). Desculpe, doutor, tem sido muito difícil para mim ultimamente. Ouvi falar no TDAH. Um dos garotos da classe dele tem, e eu fico pensando se ele também pode ter isso.

No espaço de um minuto de escuta, o pediatra obtém uma rica variedade de questões para escolher. Será que deveria se concentrar nos sentimentos de perturbação da mãe, nos problemas com as tarefas e a hora de dormir, nas preocupações com o nível de atenção e de atividade, nas surras, ou talvez nos conflitos entre marido e mulher? Como você decidiria o que refletir?

Para essa situação específica, talvez fosse bom mudar da escuta para um estilo de perguntas no estabelecimento da agenda, conforme descrito no Capítulo 4. Todavia, para nossos propósitos essa conversa mostra que o profissional que escuta deve escolher o que vai refletir entre várias opções. Na EM, existem algumas regras de decisão que ajudam a decidir o que refletir.

Reflita a resistência

Ao conversar com uma pessoa que se sente ambivalente em relação à mudança, você provavelmente ouvirá uma certa resistência, alguns argumentos em favor da manutenção do *status quo*. O reflexo de consertar as coisas acarretaria refutar tais argumentos, discordar efetivamente deles e endireitar a pessoa. Porém, conforme discutimos antes, se você defender a mudança, o paciente tenderá a verbalizar os argumentos contra ela. Como as pessoas que se sentem ambivalentes têm os dois lados do argumento dentro delas, elas muitas vezes diminuem a resistência quando você a reflete sem julgamento. Mesmo que não diminuam, você terá uma visão mais clara da relutância dos pacientes. Eis um exemplo típico de nosso trabalho com pacientes com problema com álcool:

Profissional: Fale-me um pouco da bebida. [questão aberta]
Paciente: Bem, eu bebo quase todos os dias, mas não muito, na verdade.
Profissional: Você costuma beber pouco. [comentário reflexivo]
Paciente: Bem, não estou certo disso. Eu aguento bastante, mais que a maioria.
Profissional: Você consegue beber bastante, e não parece afetá-lo. [comentário reflexivo]
Paciente: Sim, é isso. Eu consigo beber muito.
Profissional: E às vezes você bebe. [comentário reflexivo, continuando o parágrafo]
Paciente: Certamente, posso tomar cinco ou seis cervejas depois do trabalho no caminho para casa.
Profissional: [Neste ponto, o reflexo de consertar já está explodindo, mas o profissional mantém o estilo de orientar para ver o que acontece.] O que você acha de beber tanto assim? [pergunta aberta]
Paciente: Não penso muito nisso.

Profissional: Às vezes você pensa, mas não muito. [comentário reflexivo]
Paciente: Bem, às vezes eu penso, sabe? Estou ficando velho e deveria diminuir.
Profissional: O que você notou? [pergunta aberta]
Paciente: Essas dores no estômago, que tenho tido, e não me sinto tão ligado de manhã. Mas não me entenda mal, eu não tenho *problema* com a bebida.
Profissional: Ela não tem lhe causado nenhum *problema*. [comentário reflexivo]
Paciente: Bem, eu não diria isso...

Os pacientes que se sentem ambivalentes têm os dois lados do argumento dentro deles, e muitas vezes diminuem a resistência quando você a reflete.

Existe uma forte tentação de usar um estilo diretivo, e, de fato, talvez isso não seja totalmente inadequado. Algumas informações e conselhos claros de um profissional da saúde podem fazer a diferença. Por exemplo, você pode falar sobre limites seguros para a bebida com esse paciente (ver Capítulo 6, sobre como informar). Porém, nós o convidamos a experimentar esse modo reflexivo de responder à relutância dos pacientes. Com frequência, é aí que o paciente usa o outro lado do argumento (pró-mudança), às vezes exatamente aquilo que você iria dizer.

Reflita a conversa sobre a mudança

No estilo diretivo, geralmente é o profissional que defende a mudança. Dentro de um estilo de orientação, quem faz isso é o paciente. A conversa sobre a mudança emerge, e é isso que você reflete.

No Capítulo 4, discutimos o uso estratégico de questões – fazer aquelas perguntas cujas respostas provavelmente serão conversas sobre a mudança. Essas questões abertas podem evocar uma mistura de conversas sobre a mudança e outras coisas. Considere a imagem do campo na floresta, que usamos anteriormente no livro. Você está procurando flores e, quando surgem, você pega algumas. Em outras palavras, aquilo que você deseja refletir especificamente, quando do escuta, é uma conversa sobre a mudança (afirmações de desejo, capacidade, razões, necessidade, comprometimento e dar passos). Quando escutar conversas sobre a mudança, pegue-as e reflita-as de volta ao paciente. No exemplo seguinte, as conversas sobre a mudança do paciente são ressaltados em *itálico*. Os locais em que o profissional usa escuta reflexiva são indicados por [R].

Profissional [audiometrista]: Bem, senhor Sanchez, terminamos o seu exame, e existem algumas faixas de frequência claras em que o senhor não está escutando bem, que deve ser o que a sua esposa tem notado. Isso não é muito incomum para a sua idade, mas o fato de haver essas lacunas específicas sugere que existe mais alguma coisa além do envelhecimento normal. Os testes da condutância dos nervos foram normais, sem nenhum problema aparente. Quando o senhor foi exposto a ruídos altos em sua vida, e quando foi a última vez?

Paciente: Quando eu era mais jovem, eu praticava tiro, e nem sempre usava os protetores de ouvido. Eu também andava de moto – ainda ando –, e isso pode ser barulhento.

Profissional: Você convivia com ruídos quando praticava tiro e andava de moto, o que ainda faz às vezes. [R] O que mais?

Paciente: Eu uso ferramentas com motor, uma moto-serra e um soprador de folhas. Eles são barulhentos.

Profissional: Certo. E você nem sempre usa os protetores auriculares. [R]

Paciente: Nunca uso, na verdade, quando estou usando as máquinas.

Profissional: [resistindo à tentação de dizer imediatamente por que ele deveria usar, mas refletindo] Nunca lhe pareceu importante. [R]

Paciente: Acho que nunca pensei muito nisso. Não é tão alto, é?

Profissional: [respondendo ao pedido de informação] Para coisas acima de 50 decibéis, eu recomendo que as pessoas protejam seus ouvidos, e essas ferramentas certamente estão nessa faixa. Mas para você é um problema colocar o protetor cada vez que quer usar a máquina. [R – ainda lidando com a resistência em vez de discordar dela]

Paciente: Bem, não é tanto assim. É simples, se for importante.

Profissional: Então você poderia usar os protetores se achasse que é importante. [R]

Paciente: Claro, eu poderia usar. [capacidade, não comprometimento]

Profissional: O problema é que você não achava que importava muito. [R]

Paciente: Ou não estava me preocupando com isso, acho. Eu não pensava nisso.

Profissional: Bem, como estamos pensando isso juntos, deixe-me perguntar uma coisa. De que maneiras a sua perda de audição tem sido inconveniente para você? [Essa questão aberta visa particularmente evocar as motivações do paciente para mudar seu comportamento.]

Paciente: Não é muito, na verdade. *Minha esposa fica frustrada comigo quando eu não a escuto.* [razão]

Profissional: Ela fica meio irritada. [R] O que mais?

Paciente: Às vezes é embaraçoso quando eu não entendo o que alguém fala e tenho que perguntar uma ou duas vezes de novo. Isso tem acontecido com mais frequência. [razão]

Profissional: Duas vezes às vezes. [R]

Paciente: Especialmente se a pessoa tem sotaque ou fala diferente, ou se estamos em um restaurante barulhento. *Às vezes, eu finjo que entendo da segunda vez, ou não pergunto nada, e fico sem saber. Não gosto disso.* [razão e desejo]

Profissional: Você me disse que a sua esposa acha que você precisa de um aparelho auditivo, e talvez também esteja pensando nisso. [R]
Paciente: Não, isso seria uma vergonha. Não quero andar por aí com um negócio no ouvido.
Profissional: Você não gosta da aparência do aparelho auditivo. [R – ainda trabalhando com a resistência em vez de contrariar]
Paciente: Eles deixam você velho, e também são incômodos, as baterias e tudo aquilo. Às vezes, fazem barulhos em público, e as pessoas olham.
Profissional: Parece que você espera nunca ter que usar um. [R]
Paciente: Bem, mais cedo ou mais tarde eu provavelmente vou precisar, mas que seja mais tarde. [necessidade]
Profissional: Então você estaria interessado em fazer coisas agora para proteger a audição que ainda tem. [R]
Paciente: Sim, certamente. [início do comprometimento com a mudança comportamental]

Quando ouvir conversas sobre a mudança, pegue-as e reflita-as de volta para o paciente.

Profissional: Como usar protetor auricular em situações ruidosas – que não era por vergonha, mas por não pensar, por não entender que é importante. [R]
Paciente: Certo. Posso fazer isso se me proteger de ter que usar um aparelho auditivo. [capacidade]
Profissional: Valeria a pena para você. Parece um preço baixo a pagar. [R]
Paciente: Está bem, vou fazer isso. [comprometimento]

Resolvendo a ambivalência

Por que gastar esse tempo para refletir as próprias motivações do paciente para mudar? A razão é que os padrões de estilo de vida têm uma grande inércia, e o normal é se manter inalterado. O comportamento passado prevê o comportamento futuro. Não estamos sugerindo ser pessimista em relação à mudança de comportamento, pois vemos isso o tempo todo, mas, a menos que algo interrompa um padrão de comportamento atual, é provável que ele continue.

Isso não seria, então, um argumento para confrontar os pacientes com as consequências do seu comportamento, para discutir e persuadi-los a mudar? Embora pareça lógico, na verdade, é mais provável que esse ataque frontal fortaleça em vez de interromper um comportamento estabelecido, como fumar, por exemplo. Quando se usa escuta reflexiva dentro de um estilo de orientação, é mais provável que haja mudança de comportamento.

A ambivalência pode ser um atoleiro, e as pessoas podem se atolar por algum tempo. Conforme discutido antes, é comum pensar em uma razão que torne mudar uma boa ideia, e depois pensar em uma desvantagem correspondente da mudança, para finalmente parar de pensar a respeito. O processo de orientação na escuta ajuda a pessoa a continuar a falar e a avançar em uma direção rumo à mudança. Você ajuda a pessoa a se manter pensando e explorando as razões (e desejo, capacidade e necessidade) para mudar, no lugar de ficar indo e vindo entre os prós e contras e então desistir.

> Quando se usa escuta reflexiva dentro de um estilo de orientação, é mais provável que haja mudança de comportamento.

Como isso acontece? Quando você reflete sobre algo que uma pessoa disse, você demonstra interesse e convida a pessoa para falar mais a respeito, para elaborar. Demonstrando estar particularmente interessado e concentrado nas motivações da pessoa para mudar seu comportamento – as flores no campo –, você estimula a pessoa a continuar explorando e ampliando suas motivações.

Não há como saber de antemão quais flores abrirão, mas elas certamente desabrocham quando você faz perguntas e escuta. Quando você faz perguntas que evocam conversas sobre a mudança, os pacientes verbalizam suas próprias motivações para mudar e escutam a si mesmos expressando e explorando tais argumentos. Depois, quando você reflete a conversa sobre a mudança dos pacientes, eles o escutam dizê-lo de novo (em palavras levemente diferentes), e exploram ainda mais o que eles próprios já haviam dito. Isso cria a base para mais um uso da escuta para facilitar a mudança.

Resumos: o buquê

Lembre-se de que, quando escuta, você periodicamente reúne o que a pessoa disse em um resumo. Na EM, esses resumos têm uma função particularmente importante, pois contêm as motivações da pessoa para mudar. Você junta essas flores, as afirmações da conversa sobre a mudança do próprio paciente, como em um buquê e, periodicamente, as devolve a ele. É particularmente importante que

> Quando escuta, você periodicamente reúne o que a pessoa disse em um resumo. Na EM, esses resumos têm uma função particularmente importante, pois contêm as motivações da pessoa para mudar.

a pessoa escute suas motivações acumuladas para mudar como um conjunto, talvez pela primeira vez. Isso é diferente do processo imobilizador usual da ambivalência: pensar em um argumento para mudar, depois em um argumento contra mudar, e parar o processo.

Tudo isso significa que você deve ser capaz de reconhecer uma flor em favor da mudança quando vê uma (Capítulo 3). Na EM, usam-se perguntas para evocar conversas sobre a mudança (e, às vezes, comprometimento), e se escuta para refletir seletivamente as conversas sobre a mudança e reuni-los em resumos. Eis um exemplo de resumo, depois da consulta com o audiometrista apresentada anteriormente neste capítulo:

Profissional: Vamos ver se eu ouvi bem, senhor Sanchez. O senhor está com falhas na audição, e me contou algumas situações de exposição a ruído no passado que poderiam explicar isso. O senhor notou que está tendo mais dificuldade para entender as pessoas, especialmente se falam com sotaque ou se está em um lugar barulhento. Às vezes, o senhor precisa pedir para as pessoas repetirem o que disseram uma ou duas vezes, e não gosta disso. Essa tem sido uma fonte de atrito entre o senhor e sua esposa, pois ela fica frustrada por ter que repetir. Ela acha que talvez o senhor precise de um aparelho auditivo, mas o senhor não quer usar ainda, pois se sente envergonhado, pode fazê-lo parecer mais velho e tem alguns problemas práticos. O senhor acha que talvez venha a precisar, mas quer postergar o máximo possível. Então, o que precisa fazer é preservar a audição que ainda tem da melhor maneira que puder e pelo tempo que puder, antes que precise usar o aparelho. Até aqui tudo bem?

Paciente: É isso, sim. Muito bem! Não há nada de errado com a sua audição (*sorrisos*).

Profissional: Então, o que faz sentido é cuidar da sua audição usando protetores auriculares sempre que estiver perto de barulho. Isso o protegerá de mais danos e ajudará a impedir que esses problemas e embaraços piorem. É isso que o senhor vai fazer?

Paciente: Sim, vou começar a usar proteção nos ouvidos. [comprometimento]

Profissional: Ótimo! Faz sentido para mim. Agora, como posso ajudá-lo nisso? Existe alguma informação que possa ajudar, em relação ao tipo de proteção que pode usar, como saber quando deve usar, algo assim? [pedindo permissão para informar, uma habilidade que discutiremos no próximo capítulo]

CONCLUSÃO

Este capítulo descreveu uma parte da profundidade e da amplitude do processo de escutar, com ênfase em seus usos a serviço do estilo de orientar. É uma habilidade prática que exige atenção, paciência e a capacidade de captar a experiência do paciente em algumas palavras bem escolhidas. O que se *faz* é bastante simples – uma afirmação reflexiva da escuta –, mas os pacientes apreciarão a sua atenção aos detalhes e nuances do sentimento, e isso lhes proporciona a liberdade para resolver a sua ambivalência com relação à mudança de comportamento.

6
Informar

A informação provavelmente seja a ferramenta mais usada para a comunicação no tratamento de saúde, compondo a trama da maioria das consultas. Este capítulo começa com algumas considerações gerais sobre o processo de informar e depois aborda o seu uso na EM.

ALGUMAS CONSIDERAÇÕES GERAIS

O processo de informar é usado em uma ampla variedade de situações. Eis alguns exemplos:

- Contar o que aconteceu
- Explicar o que vai acontecer ou pode acontecer
- Esclarecer o significado de alguma coisa
- Dar más notícias
- Mostrar evidências
- Obter consentimento informado
- Aprender algo, como usar aparelhos médicos
- Dar conselhos

"Alguns pacientes parecem ouvir, para outros, eu falo e repito, mas aquilo não parece entrar." Quão difícil pode ser dar informações aos pacientes? Infelizmente, as coisas podem sair errado nessa tarefa. Você dá informações que parecem perfeitamente claras, mas o paciente não toma os remédios conforme a prescrição ou não aparece para a próxima consulta. Você repassa o que está ou pode estar envolvido em um procedimento, mas o paciente se mostra insatisfeito e reclama mais tarde que você não explicou corretamente. Muitos casos de litígio no tratamento de saúde ocorrem a partir de problemas de comunicação. E, geralmente, as informações que você fornece não correspondem às expectativas ou às esperanças do paciente. "Então você não vai me dar nada para isso?", diz o paciente, depois de uma longa explicação sobre como lidar com o problema. "Você não vai me dar nada?"

Uma diretriz que faz sentido é ser solidário e fornecer informações de um modo claro e conciso. Décadas de pesquisa sobre o processo de dar informações e sobre a adesão ao tratamento identificaram alguns ingredientes essenciais à clareza ao informar: não sobrecarregue os pacientes, forneça informações simples em grupos, tenha cuidado para não usar termos técnicos, verifique para garantir que o paciente entendeu, e assim por diante. Os profissionais da saúde com pouco ou nenhum treinamento para melhorar a sua capacidade de informar seguem muitas vezes essas diretrizes, mas observam que as coisas logo se tornam mais complicadas.

> Você dá informações que parecem perfeitamente claras, mas o paciente não toma os remédios conforme a prescrição ou não aparece para a próxima consulta.

Dito de forma simples, os pacientes podem não estar prontos para ouvir o que você tem a dizer, ou podem não concordar com você em relação à importância das informações. Eles vêm de culturas, origens e grupos linguísticos diferentes, e existe uma ampla variedade de forças que afetam o seu interesse e a sua capacidade de absorver as informações que você oferece. Essas forças são as seguintes:

- *Surpresa*. Você fornece informações, e o paciente se mostra confuso e surpreso. Será a velocidade do processo de informação, o funcionamento cognitivo do paciente, a atitude do paciente em relação a você, as palavras que usou, ou alguma outra coisa?
- *Passividade*. Tudo parece estar indo bem até que você observa com mais cuidado aquele paciente cujos olhos estão vitrificados em um estado de passividade, jogado na cadeira, esperando que você acabe a sua rotina. Seus deveres às vezes exigem que você transmita grandes quantidades de informação para os pacientes – por exemplo, quando deve informar os pacientes por razões médico-legais ou outras razões importantes. No processo de "se fazer compreender", você pode se desligar um pouco, ficar ansioso, apressado ou entediado. Nesse processo, é fácil não enxergar as pistas de que o paciente "se desligou", que você o perdeu em algum ponto do caminho. Enquanto fornece informações, você pode descobrir que o paciente não está mais com você.
- *Emoção intensa*. Informar é mais fácil quando tudo está calmo na consulta e você tem tempo para pensar e fazer um bom trabalho. Se houver muita emoção em você ou em seu paciente, isso pode mudar. O paciente pode sentir raiva, medo ou uma expectativa ansiosa, e você pode estar com pressa, cansado, preocupado ou irritado. A emoção intensa bloqueia a compreensão.

- *Humor e distração.* Da mesma forma, pacientes que estejam deprimidos podem não ouvir ou entender claramente o que você está dizendo. Outros podem estar distraídos com acontecimentos ou com preocupações recentes e ter dificuldade para se concentrar. (O mesmo pode acontecer com você, é claro.) Os efeitos do álcool, da idade, de remédios ou drogas ilícitas podem prejudicar a capacidade de o paciente entender e lembrar.

Trabalhando dentro do relacionamento

A comunicação bem-sucedida envolve não apenas a transmissão de conhecimento técnico, mas também de habilidades interpessoais. Um relacionamento, mesmo que não dure mais que alguns minutos, está no centro do processo de informar. As outras duas ferramentas, perguntar e escutar, também são necessárias para manter a sintonia com o paciente, cujas preocupações, aspirações e confusões se expressam de muitas maneiras na consulta e afetam o seu progresso. "Fornecer informações" é uma descrição inadequada para o que acontece na verdade na prática. "Troca de informações" é uma expressão mais precisa, na qual você se dedica a melhorar a sua compreensão, melhorar a compreensão do paciente e chegar a um consenso sobre o problema em questão. É um processo bidirecional.

Eis algumas diretrizes práticas para melhorar a troca de informações.

Desacelere, e o progresso pode ser mais rápido

Quanto mais pressa você tiver, menos provável será que você consiga entender e responder aos desafios que o paciente apresenta. Uma tendência comum e compreensível é ligar o "piloto automático" e simplesmente fazer o básico, dando aos pacientes as informações que você considera seu dever fornecer. Todavia, se você desacelera um pouco e cria a oportunidade para ambos serem reflexivos, você passará a considerar os pequenos silêncios bastante úteis para dar espaço ao paciente e para se dar tempo para fazer boas avaliações sobre a melhor maneira de transmitir informações.

Boas avaliações podem economizar tempo. As perguntas e as informações escolhidas cuidadosamente conferem uma qualidade de seriedade, à qual os pacientes prestam atenção. Um dos autores (Rollnick) assistiu a uma consulta ambulatorial com o preocupado cônjuge de uma paciente; o obstetra fez um exame e abordou todas as nossas preocupações e questões em uma consulta *aparentemente* impecável, que durou em torno de dez minutos. Parecia que ele havia passado muito mais tempo conosco. Sua postura era lenta e pensativa. Um colega uma vez descreveu essa abordagem como um pato ou um cisne nadando pacificamente sobre a água, mas com as pernas trabalhando arduamente sob a superfície. O processo de informar está no centro do repertório do obstetra.

É uma pessoa, não um depósito de informações

Esse princípio é tão ignorado no mundo apressado da prática cotidiana que justifica o risco de se dizer o óbvio. As iniciativas bem-intencionadas de "ser compreendido" e "fazê-los entender", para que as informações "entrem", muitas vezes criam a infeliz impressão do paciente como um receptor passivo de informações. A considerável habilidade dos profissionais que apresentam informações adaptadas perfeitamente às necessidades dos pacientes muitas vezes não é notada.

Considere as prioridades mais amplas do paciente

Inevitavelmente, sua preocupação é com a sua área de conhecimento, mas as prioridades do paciente são muito mais amplas. Ele deve integrar as informações e aplicá-las à vida cotidiana. O que pode ser uma informação clara para você pode representar muito mais para o paciente. Simplesmente transmitir a sua aceitação dessa realidade pode fazer uma grande diferença no resultado. Como as informações que você fornece se aplicam à vida e à perspectiva do paciente?

As mensagens positivas são importantes

Muitas vezes, pode-se dividir o tratamento de saúde em notícias boas e notícias não tão boas. Por exemplo, quando você está informando um paciente de um novo diagnóstico, provavelmente haverá uma mistura de informações perturbadoras com certas mensagens positivas. Como você acerta o equilíbrio entre as duas? Alguns profissionais se preocupam com a possibilidade de que as mensagens positivas possam "maquiar os fatos difíceis" e comprometer a franqueza. Entretanto, incluir mensagens verdadeiramente positivas pode na verdade aumentar a receptividade do paciente aos fatos difíceis. Considere a diferença entre:

"Se você continuar a fumar, será mais difícil para respirar."

e

"Se você parar de fumar, verá que será mais fácil para respirar."

Considere a quantidade de informação

As pessoas variam amplamente em seu desejo por informações. Quando enfrentam um procedimento cirúrgico, alguns pacientes querem muitos detalhes sobre o que farão. Eles querem saber exatamente o que devem esperar, e o fato de terem mais informações reduz a sua perturbação. Algumas clínicas contam com uma biblioteca de vídeos que demonstram procedimentos comuns para emprestar a pacientes que desejem esse nível de detalhamento. Outros pacientes preferem saber o mínimo possível de detalhe, e o fato de terem mais informações os assusta. Desse modo, faz sentido perguntar aos pacientes as suas preferências em relação a ser informados. Em um determinado tema, quanto já sabem? O que gostariam de saber, e com que nível de detalhe? Ocultar ou fornecer informações não é uma decisão que você deve tomar sozinho. Descubra os desejos do paciente.

Forneça informações com cuidado

Dê o recado de um modo acessível. Se o meio de instrução é a palavra falada, certifique-se de que suas palavras sejam compreensíveis para o paciente. Evite as abreviaturas que os profissionais da saúde adoram. Evite termos técnicos sempre que possível e, quando não for possível, verifique se o paciente sabe o significado. Evite palavras que o paciente possa considerar "infantis" e, se usar material escrito, ele deve ser adequado ao nível educacional, à visão, ao tempo e ao estado de ansiedade do paciente.

Às vezes, a instrução verbal funciona mais. Em outras, uma combinação de meios é melhor. Um folheto, uma página da internet e um livro, por exemplo, podem complementar uma instrução verbal inicial. Certos pacientes podem valorizar a oportunidade de gravar suas instruções. Verifique com o paciente o meio ou combinação de meios que mais se aplica a ele.

Sempre use informações em combinação com perguntas e escuta. Pergunte: os pacientes estão recebendo as mensagens? Eles ouviram você? Eles entenderam o que você está tentando transmitir? O ritmo das informações é adequado para os pacientes? Uma pergunta simples como "como você tem passado até agora?" pode ajudar a decidir como proceder.

Direcionando com cuidado

O estilo diretivo pode ser usado na prática de rotina para trocar informações. Isso envolve mais que apenas ser agradável e claro, e os incontáveis exemplos de boas práticas observados em consultórios movimentados testemunham esse fato. Isso também acarreta prestar atenção e responder adequadamente ao seu humor e às suas necessidades e aos do paciente.

> Informar de forma hábil envolve mais que apenas ser agradável e claro, envolve prestar atenção e responder adequadamente ao seu humor e às suas necessidades e aos do paciente.

INFORMANDO NA EM

A EM se baseia em um estilo de orientação, e um orientador competente fornece boas informações, mas o faz de um modo específico. Esta seção traz algumas diretrizes sobre como informar dentro da EM.

Peça permissão

Fornecer informações *com a permissão* do paciente é fundamental para o uso do estilo de orientação. É mais provável que o ato de informar dê errado e cause resistência quando o paciente não está pronto ou não está disposto a aceitar as informações. Dentro do princípio de respeitar a autonomia do paciente (Capítulo 2), o profissional apenas informa ou aconselha quando tem permissão para isso. Existem três maneiras de obter essa permissão.

A primeira e mais simples forma de permissão envolve o seu paciente lhe *pedir* informações ou conselhos. Nesse caso, o paciente abre a porta para você. Às vezes, nessas circunstâncias, você ainda está um pouco cauteloso e pergunta o que o paciente já sabe (informação) ou que ideias o paciente pode ter sobre como proceder (conselhos). De um modo geral, todavia, não há problema em dar informações quando o paciente pedir.

Uma segunda maneira é pedir permissão para informar. Isso é análogo a bater na porta antes de entrar. Antes de começar a informar ou a aconselhar, pergunte se está bem para o paciente.

"Você gostaria de saber as coisas que os outros pacientes fizeram?"

"Está bem para você se eu falar uma coisa que me preocupa com esse plano?"
"Existem várias coisas que você pode fazer para manter o nível de açúcar no sangue sob controle. Você quer ouvir, ou gostaria de falar sobre outra coisa primeiro?"
"Posso fazer uma sugestão?"

Pedir permissão desse modo tem vários efeitos positivos. Primeiramente, respeita e reforça diretamente a autonomia e o envolvimento ativo do paciente no seu tratamento. Enfatiza a natureza cooperativa do seu relacionamento, e também reduz a resistência. O fato de se pedir permissão para dar informações ou conselhos deixa muitas vezes o paciente mais disposto a ouvir. Além disso, pode lhe trazer informações importantes. Se houver algo mais urgente na mente do paciente, você provavelmente ficará sabendo.

> Pedir permissão desse modo tem vários efeitos positivos. Respeita e reforça diretamente a autonomia e o envolvimento ativo do paciente no seu tratamento. Enfatiza a natureza cooperativa do seu relacionamento, e também reduz a resistência.

Na maioria das situações, essas duas primeiras maneiras de dar permissão serão suficientes. Resta a situação menos comum em que você se sente levado a dar informações e conselhos e não está disposto a aceitar um "não" quando pede permissão. Nesse, caso, existem várias coisas que pode fazer:

- *Anunciar.* Uma boa opção é simplesmente dizer a verdade. "Tem uma coisa que eu preciso lhe falar."
- *Primeira opção.* Outra possibilidade é perguntar ao paciente se você deve fazer isso agora ou se existe alguma coisa que ele deseja falar *antes*. Isso implica que mais cedo ou mais tarde você irá informar ou aconselhar, mas deixa o paciente decidir quando acontecerá.
- *Prefaciar.* Outra boa opção é prefaciar as informações ou conselhos com um comentário que reconheça diretamente a autonomia do paciente. Por alguma razão, dizer que eles podem desconsiderar o que você vai falar os deixa mais dispostos a ouvir.

"Não sei se isso vai fazer sentido para você ou não..."
"Isso pode ou não o interessar, mas..."
"Diga-me o que pensa dessa ideia..."

Obviamente, esses três componentes podem ser usados em combinação:

"Tenho uma preocupação com o seu plano, que você pode ou não compartilhar, mas sinto que preciso dizer isso. Tudo bem se eu falar agora, ou existe alguma coisa que você queira perguntar antes?"

Obter a permissão do paciente de uma dessas três maneiras é um elemento fundamental ao informar na EM.

Ofereça opções

Ao informar, ofereça opções sempre que possível. Isso promove a autonomia dos pacientes. Por exemplo, um guia de alpinismo, comprometido com ajudar as pessoas a aprender a fazer suas próprias avaliações, pode dizer: "Se você olhar acima à esquerda, verá aquela rocha pontuda, que pode ser instável. Uma opção é experimentá-la. Outra é andar para a direita, onde poderá passar por aquela laje. Qual ideia faz mais sentido para você?". Usa-se uma informação especializada para ajudar a pessoa a fazer uma escolha informada. É isso que fazemos quando informamos para orientar. Não se diz à pessoa o que fazer, mas se apresentam opções úteis e bem-pensadas.

> "Um medo comum é que fazer exercícios possa causar outro ataque cardíaco. Se fizer algo leve, não existem indícios de que isso possa ser prejudicial. A questão é o que é adequado para você. Alguns dos nossos pacientes caminham longas distâncias todos os dias, alguns usam uma esteira em casa, e outros vêm até aqui para usar as nossas esteiras. A escolha é sua. O que faria sentido para você agora, ou é muito cedo?"

Isso ilustra uma diretriz mais ampla para oferecer opções na EM. Quando discutir opções, ofereça várias simultaneamente. Existe uma armadilha óbvia em discutir as opções uma de cada vez. Você apresenta uma possibilidade, e o paciente diz o que está errado nela. Então você levanta outra opção, e o paciente diz por que não vai funcionar. Logo, você cai na armadilha da persuasão, na qual defende a mudança e o paciente a combate. Em vez disso, ofereça opções variadas, e peça para a pessoa escolher entre elas. Dizer "pegue uma carta, qualquer uma" cria uma ideia diferente de "o que você acha dessa possibilidade?".

Quando discutir opções, ofereça várias simultaneamente.

Converse sobre o que os outros fazem

Ao dar informações, particularmente se contiver implicações para a ação, considere o valor de falar sobre como isso afetou *outros* pacientes, e evite sugerir o que os pacientes devem fazer. Esse é um exemplo de evitar o reflexo de consertar as coisas. Os pacientes têm a liberdade para dizer o que pode funcionar para eles, geralmente na forma de uma conversas sobre a mudança.

Isso deixa você em uma posição de neutralidade. Em outras palavras, você apresenta, e o paciente interpreta. Por exemplo, há uma diferença entre:

> "Você precisa reduzir claramente o seu consumo de alimentos gordurosos, e parar de fumar também é uma prioridade."

e

> "Alguns pacientes em sua situação reduzem o seu consumo de alimentos gordurosos, outros lidam com o cigarro. O que faria sentido para você?..."

> Evite o reflexo de consertar as coisas falando sobre como isso afetou outros pacientes, e evite sugerir o que os pacientes devem fazer. Isso deixa você em uma posição de neutralidade. Em outras palavras, você apresenta, e o paciente interpreta.

Duas estratégias para informar

Informar-verificar-informar (chunk-check-chunk)

Um conselho comum na formação de estudantes em saúde é usar a abordagem de "informar-verificar-informar" para fornecer informações para os pacientes. Você fornece algumas informações, verifica se o paciente entendeu, fornece mais informações, e assim por diante. O valor está em verificar de forma respeitosa para ver se o paciente entendeu antes de avançar para as próximas informações. Isso é mais usado a serviço do estilo de direcionar, onde a fase de "verificar" é usada simplesmente para garantir que o paciente entendeu as informações, o que pode ser adequado em muitas circunstâncias. Com relação à mudança de comportamento e ao uso do estilo de orientação, a etapa de "verificar" envolve um pouco mais que perguntar "entendeu?". No lugar disso, você pára e busca a perspectiva do paciente. O que o paciente pensa sobre essas informações? Existe alguma parte que o paciente não tenha entendido ou que queira saber mais?

> A abordagem de informar-verificar-informar é mais usada a serviço do estilo de direcionar, o que é bastante adequado em muitas circunstâncias. Todavia, pode ser adaptada para usar a serviço do estilo de orientação, para falar sobre a mudança de comportamento.

Profissional: Então parece que você teve alguma lesão nos nervos dos pés, e existem coisas que você pode fazer para proteger os pés. Recomendo que você não caminhe de pés descalços, mas use chinelos, mesmo em casa. Tenha cuidado com a água quente. Use meias acolchoadas, e examine os pés uma vez por dia em busca de algum corte, bolha ou outros machucados. Use um espelho, se precisar, para enxergar as solas dos pés. [informação] São várias recomendações que posso fazer. Elas fazem sentido para você? [verificação]

Paciente: Sim, acho que sim.
Profissional: Tem alguma coisa nisso que você queira me perguntar? [mais verificação]
Paciente: Bem, você disse para ter cuidado com a água quente. Quer dizer que eu não devo tomar banho quente? A água quente faz mal aos pés?
Profissional: Que bom que você perguntou. Não, não é que a água quente seja ruim para você. O perigo é que às vezes as pessoas usam os pés para testar a temperatura da água no banho. Isso pode ser um problema. Já vi pacientes com diabetes queimarem muito os pés antes de entenderem que a água estava quente demais. Os pés ficam insensíveis, e as pessoas se queimam antes que se dêem conta. [informação] Isso faz sentido? [verificação]
Paciente: Ah, tá. É só para garantir que eu não queimo os pés sem notar. Está bem, vou tomar cuidado. Acho que vou usar a mão.
Profissional: Ótimo! Agora, se você encontrar algum corte, bolha ou outro machucado nos pés, ou se tiver alguma outra preocupação com os pés, venha me procurar imediatamente. [informação] Pode fazer isso? [verificação]
Paciente: Sim. Não quero ter problemas com os pés, então devo conferir todos os dias e avisar se encontrar alguma coisa.
Profissional: Isso. Muito bem. E você concorda com a ideia das meias acolchoadas? [verificação]

Esse ritmo de buscar as respostas dos pacientes entre as informações é adequado, por várias razões. Primeiro, continua a envolver os pacientes ativamente em seu tratamento, mesmo quando você está informando. Transmite paciência e respeito ao paciente, e também ajuda a detectar e corrigir mal-entendidos que você possa não notar de outro modo. Muitas vezes, o processo de dar informações no tratamento de saúde ocorre principalmente em uma direção, do profissional para o paciente. O paciente se torna um receptor passivo, o que torna fácil ignorar falhas na comunicação e inibe a exploração e expressão da motivação para mudar. Informar-verificar-informar pode transformar o processo de informação em uma conversa, em vez de uma palestra, pelo menos quando "verificar" significa uma verificação genuína do entendimento e perspectivas do paciente.

Evocar-fornecer-evocar

Essa expressão proporciona uma diretriz diferente para a troca de informações, que é mais congruente com os princípios da EM. Ela coloca considerável valor em tirar dos pacientes aquilo que eles precisam e querem saber, de forma crítica, o que as novas informações significam para eles. Mais uma vez, isso enfatiza o envolvimento ativo dos pacientes em seu tratamento e visa aumentar a motivação para mudar o comportamento. O processo de evocar-fornecer-evocar informações não deve ser uma sequência linear de etapas, mas um processo cíclico de orientar por meio da troca de informações. Embora gire em torno do ato de informar, esse processo também exige perguntar (às vezes, na forma de questões) e escutar.

> Concentre-se inicialmente em informações, mais que em sua própria interpretação do que elas significam para o paciente. Talvez você queira falar sobre a experiência de outros pacientes como parte dessa etapa de fornecer informações.

No processo de evocar-fornecer-evocar, a troca de informações começa quando você faz uma pergunta aberta e se concentra em informar. Sugerimos duas formas gerais para essa questão inicial. A primeira é perguntar: "O que mais você gostaria de saber sobre _____?". Aqui, você convida o paciente a dizer o que parece mais importante saber em sua perspectiva. Uma segunda forma é perguntar: "O que você já sabe sobre _____?". Essa última forma tem diversas vantagens. Ela pode economizar o seu tempo e prevenir que você faça uma palestra para os pacientes sobre algo que eles já saibam, permitindo que você corrija concepções incorretas que pode ignorar de outro modo. Além disso, quando o paciente verbaliza esse conhecimento, isso pode servir como uma forma de conversa sobre a mudança, afirmando pelo menos implicitamente a necessidade de mudar o comportamento, bem como as consequências de não fazê-lo.

A segunda parte do ciclo de evocar-fornecer-evocar – fornecer – envolve fornecer informações que sejam administráveis. Se tiver perguntado o que o paciente gostaria de saber, você já tem permissão para informar. A segunda questão inicial – o que o paciente já sabe – também leva a um pedido para que você informe, mas, se houver qualquer dúvida, você pode simplesmente pedir permissão: "O que você gostaria que eu contasse sobre...?". *Concentre-se inicialmente em informações, mais que em sua própria interpretação do que elas significam para o paciente. Talvez você queira falar sobre a experiência de outros pacientes como parte dessa etapa de fornecer informações.*

A terceira parte do processo de evocar-fornecer-evocar é fazer outra pergunta aberta para evocar a resposta do paciente às informações que forneceu. Algumas possibilidades são:

"Como você entende isso?"
"O que isso significa para você?"
"O que mais você gostaria de saber?"

A diferença entre usar um estilo diretivo e o modelo de evocar-fornecer-evocar está em sua postura. Muitas vezes no modelo de informar-verificar-informar, a ideia é que existe uma certa quantidade de informações que você, o especialista, quer fornecer ao paciente. As questões de "verificação" são principalmente para garantir que o paciente entende o que você diz. Você dá as informações, e o trabalho do paciente é entender.

> Você tem conhecimento considerável sobre aquilo que tem sido bom para outros pacientes em circunstâncias semelhantes. Seus pacientes, por outro viés, geralmente sabem mais sobre o que funciona para eles.

O modelo de evocar-fornecer-evocar envolve uma postura mental mais colaborativa, que é adequada quando o tema é a mudança do comportamento relacionado com a saúde. A questão em sua mente não é tanto como transmitir informações, mas como ajudar o paciente a tirar sentido delas e tomar decisões adequadas sobre seu comportamento e aderir a elas. Para fazer isso, é preciso descobrir as preocupações, a base de conhecimento atual e os interesses do paciente em saber mais. Uma maneira de chegar a esse equilíbrio é lembrar o seguinte: Você tem conhecimento considerável sobre aquilo que tem sido bom para outros pacientes em circunstâncias semelhantes. Seus pacientes, por outro lado, geralmente sabem mais sobre o que funciona para eles. Ter isso em mente pode ser bastante produtivo. Preencha as lacunas nas informações e veja como os pacientes entendem o todo.

Uma das primeiras aplicações da EM envolveu usar exatamente essa abordagem de evocar-fornecer-evocar. Anunciamos a disponibilidade de um "exame gratuito para pessoas que bebem que questionam se o álcool os está prejudicando de algum modo". O anúncio deixava claro que não era um programa de tratamento e que a pessoa estaria livre para decidir o que, se alguma coisa surgisse, fazer a respeito das informações fornecidas sobre a saúde. Um número surpreendente de pessoas respondeu, procurando esse "exame para

> Você fornece informações, e o cliente as interpreta.

quem bebe", que incluía uma variedade de medidas de funções fisiológicas e psicológicas que tendem a ser afetadas inicialmente com o beber excessivo. Um conselheiro se reunia uma vez com o paciente para apresentar os resultados do exame, comparando os escores da pessoa com resultados normais. Em vez de dar conselhos e concluir o que o paciente deveria fazer, o conselheiro pedia a interpretação da pessoa sobre os resultados, fornecendo outras informações solicitadas. Praticamente todos aqueles que responderam eram bebedores pesados e já estavam experimentando consequências nocivas. Em ensaios randomizados, os pacientes que fizeram o exame apresentaram reduções significativas na bebida sem outra intervenção, em relação aos colocados em uma lista de espera para o exame. Também foi importante a maneira como o conselheiro fez comentários. Dentro de um estilo empático de evocar-fornecer-evocar, os pacientes falaram duas vezes mais e apresentaram a metade da resistência, em relação a um estilo mais diretivo e confrontador. De fato, quanto mais o conselheiro confrontava, mais o cliente estava bebendo no seguimento.

Uma boa diretriz é considerar a diferença entre um "momento para ensinar" e uma "oportunidade de aprender". O primeiro costuma ser motivado por uma abordagem de inserção na forma de dar informações, ao passo que o outro caracteriza muitas das qualidades embutidas no modelo de evocar-fornecer-evocar.

Cuidado com o reflexo de consertar as coisas

Mais uma vez, é importante dominar o reflexo de consertar as coisas ao fornecer informações. Alguns profissionais acreditam que, se alguém estiver suficientemente assustado, poderá mudar ou prestar mais atenção nas informações fornecidas. Contudo, o medo é uma motivação complexa, e as táticas de assustar podem dar errado. Uma resposta comum ao medo é se tornar defensivo e se fechar, conforme ilustrado por pacientes cuja resposta a más notícias sobre sua saúde é beber ou acender um cigarro na primeira oportunidade. Um paciente que entrevistamos disse: "Cada vez que entramos lá, ele me diz que fumar é ruim para mim, como se estivesse me contando algum segredo fantástico, mas eu vejo o aviso na carteira cada vez que acendo um cigarro". Existem poucas evidências para a visão de que as pessoas mudarão se você fizer que se sintam mal (com medo, com vergonha, humilhadas). Pelo contrário, o profissional solidário, compassivo e empático é mais efetivo para inspirar a mudança de comportamento.

> Existem poucas evidências para a visão de que as pessoas mudarão se você fizer que se sintam mal (com medo, com vergonha, humilhadas). Pelo contrário, o profissional solidário, compassivo e empático é mais efetivo para inspirar a mudança de comportamento.

Outro problema com o reflexo de consertar é o foco prematuro, que pode desconectar o paciente quando você se apressa em apresentar a sua perspectiva ou a solução: "Você tem que usar um inibidor da bomba de prótons para controlar o refluxo gastroesofágico". Alguns problemas talvez não sejam grandes problemas do ponto de vista do profissional, mas são para o paciente, e vice-versa. Em muitas situações, as melhores soluções vêm dos pacientes, e não dos profissionais que correm para resolver o problema: "Bem, na verdade, não gosto de tomar remédio, e já comecei a perder peso, e meu refluxo está muito melhor, obrigado!".

EXEMPLOS PRÁTICOS

Eis alguns exemplos da prática cotidiana. A abordagem de informar-verificar-informar é usada com um estilo diretivo, para enfatizar a sua vulnerabilidade ao reflexo de consertar as coisas quando se fala sobre mudanças de comportamento, e para proporcionar um contraste forte com a abordagem de evocar-fornecer-evocar.

Promovendo a adesão

As pesquisas sobre a adesão medicamentosa apontam para a importância da comunicação clara sobre o uso de medicação e a necessidade de considerar as preocupações do paciente. Isso é particularmente difícil quando se está com pouco tempo, sabendo que se tem pouco controle sobre forças externas à consulta que influenciam a adesão, como valores culturais, condições sociais, hábitos pessoais, a memória, e assim por diante. O modelo de evocar-fornecer-evocar visa aumentar a sua capacidade de absorver e responder construtivamente a esses desafios. A hipótese diz que a adesão aumentará, pois o estilo diretivo e o uso desse modelo evocam as motivações do paciente para lidar com esses problemas.

Eis um exemplo que ilustra o contraste entre a abordagem de informar-verificar-informar usada a serviço do estilo diretivo e a estratégia de evocar-fornecer-evocar usada a serviço do estilo de orientação.

Informar-verificar-informar

Profissional: Enfermeiro, conselheiro, médico, farmacêutico ou representante do paciente.
Ambiente: Tratamento para HIV/AIDS.

Profissional: É muito importante para a sua saúde que você tome os remédios corretamente. [informação] Você tem tomado direito? [verificação; questão fechada]
Paciente: Sim, bem, é difícil tomar tudo na hora certa, e eu estou começando a me sentir melhor, e isso é bom.
Profissional: Você sabe que precisa tomá-los todos os dias, na hora exata, e que não deve deixar de tomar nenhum, mesmo que esteja se sentindo melhor [informação]. Com que frequência você tem tomado os remédios? [verificação; questão fechada]
Paciente: Sim, mas é difícil. Se a minha mãe me vir tomando, ela vai descobrir o que está acontecendo, e isso vai ser ruim para mim. Ela não sabe.

Profissional: Talvez você possa tomá-los no banheiro. [informação]
Paciente: Sim, mas eu também tenho o bebê, e é muita coisa para fazer na hora certa.
Profissional: Com que frequência você deixa de tomar os remédios? [verificação; questão fechada]

Comentário: O reflexo de consertar as coisas tem suas limitações, apesar dos esforços bem-intencionados de profissionais preocupados. De fato, quanto mais preocupado você se sentir, é mais fácil cair nessa armadilha. Com uma mudança de estilo, a abordagem de informar-verificar-informar pode ser adaptada construtivamente para uso nesse tipo de consulta. No exemplo a seguir, ilustramos o uso da estratégia de evocar-fornecer-evocar.

Evocar-fornecer-evocar

Profissional e ambiente: Mesmos do anterior.

Profissional: Como você está se sentindo em relação aos remédios que está tomando? [evocando; questão aberta]
Paciente: Eu tomo como você falou.
Profissional: Muitas pessoas em sua situação consideram difícil tomar na hora certa. [fornecendo informação; o que outros fazem] Qual é a melhor maneira para você tomar? Como você faz? [evocando; questão aberta]
Paciente: Eu tento tomar como você disse, mas não é fácil, com a minha mãe na volta o tempo todo. Ela não sabe.
Profissional: Deve ser difícil para você manter esse segredo e tomar o remédio na hora certa. [escutando]
Paciente: Isso mesmo. Não posso contar para ela agora. Vai ser um problema grande se eu pular alguns comprimidos?
Profissional: Na verdade, isso é um problema. Para que esses remédios funcionem, as pessoas devem continuar tomando fielmente, e é importante que você tome na hora certa. [fornecendo informação após a pergunta do paciente pedindo permissão] Isso faz sentido para você? [evocando; questão aberta]
Paciente: Então você está dizendo que, mesmo que eu me sinta melhor, eu devo tomar os remédios sempre?
Profissional: É isso mesmo, é muito importante que você os tome fielmente, mesmo que comece a se sentir melhor. [fornecendo informação] Qual é a melhor maneira para você fazer isso? [evocando; questão aberta]
Paciente: É que a minha mãe está sempre me olhando, e, se eu disser que tenho HIV, vai ser ruim. Ela pode me botar pra fora, ou tentar me tirar o bebê.
Profissional: Você não se sente pronta para conversar isso com ela. [escutando; refletindo a resistência]

Paciente: Não, agora não. Talvez depois, mas não me sinto forte o suficiente.
Profissional: Imagino se você vai conseguir tomar os remédios como deve. [evocando conversas sobre a mudança]
Paciente: Uma coisa que eu faço é ir para o meu quarto e fechar a porta quando está na hora do remédio. [conversa sobre a mudança]
Profissional: Isso parece ser uma possibilidade. Posso dizer o que outras mães fazem? [pedindo permissão para fornecer informação; falar sobre o que outros fazem]

Comentário: O segundo exemplo levou um pouco mais de tempo, talvez um minuto mais. Porém, esse processo não precisa se tornar um aconselhamento demorado. A maioria dos pacientes entende que você é muito ocupado. Depois de alguns minutos evocando e fornecendo informações, você geralmente pode resumir o que eles disseram e mudar para outro tema ou problema. Nesse caso, deve ser a difícil questão de revelar o *status* soropositivo.

Compartilhando resultados de exames

Outro exemplo do uso do modelo de evocar-fornecer-evocar informações é ao informar resultados de exames para os pacientes. Existem várias oportunidades para discutir os resultados dos exames no tratamento agudo e em condições de longo prazo, que têm implicações para o uso de medicamentos, a adesão e a mudança de comportamento relacionado com a saúde. No Capítulo 2, descrevemos o caso de Stefan, um garoto de 14 anos que foi atendido em uma clínica de diabetes para receber os resultados de seu exame de sangue com um profissional que acredita firmemente – e tem uma preocupação genuína – que essa informação pode influenciar o seu bem-estar e a sua saúde no futuro. A abordagem de informar-verificar-informar usada a serviço de um estilo diretivo restringe muitas vezes a atenção apenas àquilo que interessa ao profissional. O paciente geralmente sente isso e responde de maneira correspondente. A experiência de Stefan com as abordagens opostas é ilustrada a seguir.

Informar-verificar-informar

Profissional: Médico ou enfermeiro.
Ambiente: Tratamento para diabetes.
Desafio: O profissional acredita que o resultado do exame tem importantes implicações para a saúde.

Profissional: [depois de uma conversa preliminar sobre o cotidiano] Stefan, se possível, eu gostaria de passar para os resultados do exame de sangue, que acabam de chegar do laboratório. Sei que já passamos por isso antes, mas é importante prestar atenção neles para ver como você está indo. [informando] Está bem para você? [verificando]

Paciente: Sim, está bem.

Profissional: Bem, estamos em 11,5. É um aumento, portanto, desde a última vez que o atendi. Vamos ver, foi três meses atrás, e estava em 9,2; então é um aumento grande. [informando] Você entende? [verificando]

Paciente: Sim.

Profissional: Agora, precisamos conversar sobre o que podemos fazer a respeito disso, pois não queremos que você volte para o hospital quando for maior, cheio de problemas. Ou seja, não é que eu não goste de atendê-lo (*risos*), mas você sabe o que eu quero dizer. Esse resultado nos diz que as coisas não estão boas com o seu diabetes. [informando] Você entende o que eu estou dizendo? [verificando]

Paciente: Sim, bem, eu tento, eu tomo as minhas injeções como você me disse.

Profissional: O mais importante é que você realmente monitore o açúcar e aplique a insulina exatamente como combinamos, quatro vezes por dia. Da última vez, concordamos que faríamos um controle rígido, pois isso é a sua melhor chance de evitar problemas posteriores, com os seus olhos e outros órgãos. [informando]

Paciente: Sim, eu faço o máximo que posso.

Profissional: Bem, temos um problema. Esse resultado está maior que da última vez. [informando] Você entende o que significa? [verificando]

Paciente: Sim, às vezes acontece, mas estou tentando.

Comentário: Nesse exemplo, um profissional claramente preocupado, com pouco tempo, sacrificou alguns minutos de escuta e construção de sintonia no início (o estilo de acompanhar) para usar a abordagem de informar. Todavia, o reflexo de consertar as coisas prevaleceu, e o paciente se fechou, ante uma consulta que seria como uma ida à sala do diretor da escola. A abordagem de informar-verificar-informar pode funcionar melhor escutando mais o que o paciente tem a dizer na fase de "verificação". A sequência de evocar-fornecer-evocar informações é muito mais gratificante.

Evocar-fornecer-evocar

Profissional e ambiente: Mesmos do exemplo anterior.

Profissional: [depois de um acompanhamento preliminar para a narrativa do paciente sobre a sua vida cotidiana] Eu gostaria de falar sobre o resultado do exame, mas podemos falar primeiro sobre algum aspecto da sua

vida e do diabetes. A escola, em casa, como estão as coisas. [estabelecimento breve de uma agenda]
Paciente: Está bem. Estou indo, mas fico com vergonha na escola, pois tenho que pedir ao técnico de futebol para sair para comer algo.
Profissional: Lembro que você gostava de futebol. Então isso é embaraçoso para você. [escutando]
Paciente: É normal, a maioria dos meus amigos entende, mas o técnico cria caso com isso.
Profissional: Ele faz você se sentir anormal e diferente. [escutando]
Paciente: É, então eu tento não fazer nada a respeito.
Profissional: E isso nem sempre é fácil. [escutando]
Paciente: A maior parte do tempo é tranquilo, mas às vezes eu tenho que parar, e ele reclama, e eu fico com vergonha.
Profissional: Ajudaria se eu conversasse com esse professor, ou você prefere lidar com isso sozinho?
Paciente: Não, vou dar um jeito.
Profissional: Bem, então o que você gostaria de saber sobre os resultados do exame [evocando]?
Paciente: Nada, pois eu sabia que daria alto hoje.
Profissional: Você estava nervoso com esse. [escutando]
Paciente: É. (*ri com nervosismo*)
Profissional: Qual você acha que é o número, se deu 9,2 da última vez?
Paciente: 10?
Profissional: Um pouco maior!
Paciente: Tão mal assim?
Profissional: 11,5. É um pouco acima do usual. Você vinha controlando muito bem. Uma boa ideia para alguns jovens é pensar em algumas coisas pequenas que sejam fáceis para ajudar a ter maior controle. [fornecendo informação]
Paciente: Ah.
Profissional: Você não ficou muito chocado. Como entende tudo isso? [evocando]
Paciente: Eu não tenho comido direito, e não tenho monitorado o açúcar com frequência. Eu detesto fazer isso, odeio ter que ir ao banheiro na escola para monitorar.
Profissional: Você tenta lidar com o diabetes, e quer se sentir normal. [escutando]
Paciente: É, sabe, é difícil, não estou muito bem, e a minha alimentação não está certa.
Profissional: Você sabe que não tem se cuidado bem. [escutando] Como posso ajudá-lo? [evocando]
Paciente: O que você acha de...?

Comentário: Com as preocupações do paciente em primeiro plano, o profissional agora tem uma oportunidade para ajudá-lo a encontrar maneiras de lidar com a situação sem parecer diferente dos amigos. Talvez não haja soluções fáceis, mas o atendimento oferecido ao garoto pelo menos está sintonizado às suas necessidades. Fornecer informações foi uma parte central desse processo.

O que essas informações significam para *mim*?

Às vezes, os pacientes sentem que já têm informações suficientes, mas não têm certeza das implicações pessoais. É aí que a sua capacidade de evocar o seu próprio raciocínio sobre as informações se torna crítica, e isso pode ser feito em apenas um ou dois minutos. A diretriz a seguir é esta: você fornece as informações, e estimula o paciente a interpretá-las:

Profissional: Médico ou enfermeiro.
Ambiente: Atenção primária, resultado de exame de colesterol.
Desafio: As soluções simples na mente do profissional parecem mais difíceis para o paciente. Como levar a decisões sobre a mudança comportamental em uma consulta breve?

Profissional: Bem, senhor Brazier, o exame de colesterol chegou, e ainda está um pouco elevado. Para que eu não me concentre em algo errado, pergunto se o senhor poderia me contar o que já sabe sobre colesterol alto e o que gostaria de saber. O senhor quer discutir isso neste momento? [evocando] Ou seria melhor se eu lhe desse algo para ler por agora, e nós discutíssemos as coisas da próxima vez, talvez com a sua esposa?
Paciente: Não, podemos conversar agora. Na verdade, eu já sei bastante coisa sobre o colesterol. Meu irmão fez um exame, e o seu colesterol estava um pouco alto, e nós pesquisamos juntos na internet.
Profissional: O senhor entende os problemas com o colesterol alto. O que acha que esse resultado significa para o senhor? [evocando]
Paciente: Bem, não tenho certeza do que é melhor fazer a respeito.
Profissional: O que o confunde em relação a isso? [evocando]
Paciente: Está bem, está alto, mas como posso abaixá-lo, sem parar de fumar ou mudar a minha alimentação, ou entendi isso mal?
Profissional: Não, entendeu bem. Essas mudanças podem fazer uma grande diferença. [fornecendo informação]
Paciente: Mas eu estou preocupado com o efeito que parar de fumar possa ter na minha dieta.

Profissional: Então o senhor está preocupado que parar de fumar possa aumentar o seu peso e ser ruim. [escutando]
Paciente: Sim, é isso. Meu peso disparou quando eu parei no ano passado. É melhor parar de fumar, mesmo que eu ganhe um pouco de peso, ou eu posso me concentrar apenas na comida por agora e deixar o cigarro para depois?
Profissional: Bem, em média, o maior risco de ter um derrame ou ataque do coração para a maioria das pessoas, especialmente quando têm colesterol alto, é fumar. Os fumantes que têm colesterol alto, mesmo quando comem bem, têm um risco muito maior de ter um ataque cardíaco ou derrame. [fornecendo informação] O que o senhor tira disso? [evocando]
Paciente: Bem, acho que sabia que, mesmo que a dieta seja importante, de um modo geral, fumar provavelmente seja pior que comer. E, mesmo que ganhe peso, se cortar o cigarro, ficarei melhor. Meu pai morreu de infarto. Tudo bem, ele era velho, mas agora com o meu irmão também com colesterol alto, e agora eu...
Profissional: Posso contar como outros pacientes como você pararam de fumar e o que pode ajudar. Isso seria do seu interesse?
Paciente: Está bem, acho que sim.

Comentário: Alternando entre evocar e fornecer informações, o profissional conduz a discussão para a mudança de comportamento, levando em conta as preocupações do paciente.

Mensagens de esperança em 60 segundos[*]

Na prática cotidiana, geralmente existe muito a discutir com o paciente, e não se deve omitir completamente o tema da mudança de comportamento. No Capítulo 1, mencionamos quatro princípios básicos da EM, cujo último é proporcionar otimismo e esperança de mudar. Mesmo quando o paciente não está pronto para mudar, simplesmente falar sobre o que ele poderia fazer já pode ajudar. Você estará plantando uma semente de esperança.

Profissional: Médico ou enfermeiro.
Ambiente: Atenção primária.
Desafio: Depressão e mudança no estilo de vida: um homem que mora só e trabalha em um lugar que descreve como insuportável se apresenta em uma clínica de atenção primária com humor deprimido. Ele concorda em tomar medicação e volta para uma consulta de retorno. Você discute a sua situação e,

---

[*] Agradecemos aos doutores Gary Rose e Chris Dunn, por ajudarem a construir este diálogo.

como ele também é obeso, decide aconselhá-lo em 60 segundos a mudar o estilo de vida, enquanto ainda está no estilo de orientação.

Profissional: Você vinha falando de sentir pouca energia, e eu fiquei pensando em perguntar sobre a sua alimentação e exercícios. [evocando]
Paciente: Tudo bem.
Profissional: Pequenas mudanças, pequenos novos hábitos em qualquer uma dessas coisas ajudam na motivação, e também vão lhe ajudar a perder peso, que é uma preocupação minha. [fornecendo informação] Essas coisas são todas conectadas, se você me entende.
Paciente: Sim, entendo.
Profissional: Na verdade, a escolha é sua, e eu espero que você não se importe por eu levantar a questão. Fiquei pensando, como você se sente em relação a isso? [evocando]
Paciente: Eu entendo o que você está falando, mas não sei. Na verdade, é tudo que posso fazer para levantar da cama e aguentar o dia.
Profissional: Você gasta muito da sua energia apenas para aguentar o dia. De fato, você não sente que tem muitas opções. [escutando]
Paciente: É, o esforço para fazer tudo isso... Não consigo me ver mudando.
Profissional: Você queria ter mais energia, mas não consegue. [escutando]
Paciente: É exatamente isso.
Profissional: Talvez haja coisas que você possa fazer para se sentir melhor e ter mais energia, mas você saberá quando chegou a hora de experimentar. Você concordou em voltar e me ver e, por enquanto, não tem certeza de como fazer mudanças na alimentação e nos exercícios. Não quero que você se sinta culpado por não fazer mudanças. Nós temos tempo, e talvez você possa pensar sobre as mudanças pequenas que fazem sentido para você. Podemos conversar mais na próxima vez, e eu farei o que puder para ajudá-lo a atravessar esse momento difícil.
Paciente: Muito obrigado.

Comentário: Se você dedicasse mais alguns minutos, poderia evocar e explorar mais algumas das motivações do paciente para melhorar a sua alimentação e exercícios, mas apenas plantar a semente já ajuda.

DENTRO DO SEU ALCANCE

Grande parte dos tratamentos de saúde modernos se concentra em proporcionar informações aos pacientes, mas muitas vezes de um modo que não evoca mudanças de comportamento. Existe uma busca por novos meios e tecnologias para transmitir informações para os pacientes de maneira mais efetiva e eficiente. Enquanto isso, a resposta pode estar dentro do seu alcance

– uma mistura de informar com escutar e perguntar quais são as perspectivas do paciente. Você tem o potencial para mudar do estilo de direcionar para orientar, quando for adequado. Isso exige que não se sinta responsável pela mudança de comportamento do paciente, mas que o ajude a entender (e verbalizar) as suas razões e meios para mudar. A prescrição "você deve fazer essas mudanças" é vazia, pois, de fato, os pacientes não têm que fazer aquilo que lhe dizem. Eles fazem escolhas. Informar a partir da sua experiência ainda é uma parte importante da EM, a partir da qual você ajuda os pacientes a se perguntarem: "O que essas informações significam para mim? Que mudanças eu devo e posso fazer?". Vistas sob essa luz, as informações realmente podem representar um instrumento poderoso. Quanto mais ativo o paciente estiver nessa discussão, melhor.

CONCLUSÃO

Este capítulo descreveu a base para usar as informações em uma boa prática de EM. O modelo de evocar-fornecer-evocar informações foi apresentado como um meio de conduzir a discussão para que o paciente seja um participante ativo das decisões relacionadas com a mudança de comportamento. Na Parte III, abordamos a integração dessas habilidades na entrevista motivacional (Capítulos 7-9) e concluímos discutindo como o método pode se encaixar no atendimento mais amplo que você presta aos pacientes (Capítulo 10).

PARTE III

Reunindo tudo

7
Integrando as habilidades

Já discutimos como as habilidades de comunicação que você geralmente usa na prática diária – perguntar, escutar e informar – podem ser aplicadas para orientar os pacientes para a mudança de comportamento. Também discutimos como o reflexo de consertar as coisas e o estilo diretivo, adequados em tantas situações, podem dar errado quando você quer que um paciente pense sobre fazer mudanças em seu comportamento. Trocar para um estilo orientador permite que você explore as motivações do paciente para comportamentos saudáveis e incentiva o paciente a verbalizá-las para você. Isso não precisa levar muito tempo, é apenas um método diferente e muitas vezes mais efetivo de se comunicar quando o desafio é estimular a mudança comportamental.

Dentro da EM, que é um uso especializado do estilo de orientação, cria-se uma agenda e depois *se pergunta* sobre coisas específicas (Capítulo 4), ou seja, o desejo, a capacidade, as razões e a necessidade do paciente para fazer uma mudança, como parar de fumar. Em vez de perguntar aos pacientes por que eles não param de fumar, você está interessado em saber por que eles poderiam querer, como fariam, quais seriam as suas razões e o quanto seria importante para eles.

> Na EM, pergunte sobre o desejo, a capacidade, as razões e a necessidade do paciente para fazer uma mudança, como parar de fumar. Pergunte por que eles poderiam querer mudar, como fariam, quais seriam as suas razões e o quanto seria importante para eles.

Cada uma dessas questões é seguida por um período de *escuta*, em que se reflete em palavras um pouco diferentes aquilo que a pessoa contou e talvez prevendo o que pode estar abaixo da superfície daquilo que você ouviu ("continuar o parágrafo"; ver o Capítulo 5). Você escuta principalmente em busca das "flores", das afirmações do pacientes sobre seus desejos, capacidades, razões e necessidades. Cada vez que escuta, você guarda tudo isso na memória, para depois devolver à pessoa na forma de um "buquê" resumo (Capítulo 5). Você também estará informando, mas provavelmente menos do que na prática normal. No estilo do orientador, o ato de informar deve ocorrer com a permissão do paciente, ajudando-o a expressar aquilo que as informações significam para ele (Capítulo 6).

COMBINAÇÕES CRIATIVAS

Ninguém trabalha exclusivamente com uma única habilidade comunicativa. Na consulta, alterna-se flexivelmente entre perguntar, escutar e informar. Considere as seguintes combinações entre as três habilidades básicas. O objetivo aqui não é sugerir que essas combinações sejam diretrizes para estruturar a consulta. Pelo contrário, é simplesmente incentivar você a reconhecer diferentes padrões de uso das habilidades.

Informando e perguntando

Profissional: Enfermeiro, médico, conselheiro.
Ambiente: Trauma.
Desafio: Incentivar o paciente, uma mulher jovem, a considerar o papel que o álcool desempenhou em um acidente de carro.

Profissional: [ao lado da cama da jovem] Vamos estabilizar você agora, Heather, mas você ficará em uma unidade especializada por um ou dois dias, e provavelmente no hospital por alguns dias depois, até que esteja pronta para ir para casa. [informando] Conte-me o que aconteceu que causou a batida? [perguntando]
Paciente: Não me lembro do acidente em si. Simplesmente acordei aqui com as pernas desse jeito. Lembro-me de entrar no carro. Estávamos em uma festa, procurando rapazes, e, quando voltamos para casa, já era mais de meia-noite. Não bebi demais, apenas duas ou três cervejas, mas sei que Lisa tomou muito mais. Eu devia ter pego o carro [*chorando*].
Profissional: Vocês duas se machucaram bastante, mas as suas lesões são piores. Já mandamos Lisa para casa, e ela vai ficar bem. Você teve várias lesões internas, e sua pernas quebraram em vários pontos. Por isso você terá que andar de muletas no mínimo por alguns meses depois que for para casa. [informando] Existe alguma coisa que eu possa fazer por você? Como está a sua dor? [perguntando]
Paciente: Estou bem – sinto-me bastante drogada. Só peço que me tirem daqui.
Profissional: Você vai para casa assim que der. Vejo muito isso, sabe – gente andando com alguém que não devia estar dirigindo. [informando]
Paciente: É, a Lisa não devia estar dirigindo.

Profissional: Você pensou isso naquela hora, quando entrou no carro com ela? [perguntando]
Paciente: Acho que sabia. Ela bebeu muito mais do que eu.
Profissional: Eu me preocupo com você. Não apenas por causa de suas lesões. Elas podiam ser muito piores. Mas, de todas as pessoas, quantas você acha que voltam em um ano, machucadas de novo? [perguntando, permissão implícita para informar]
Paciente: Não sei. Não devem ser muitas, eu acho.
Profissional: Uma em cada quatro nós vemos de novo aqui na unidade de trauma dentro de um ano. [informando]
Paciente: Puxa! É mesmo? Por quê?
Profissional: As pessoas que dirigem quando bebem também tendem a correr outros riscos, mas o principal risco é de que sofram outro acidente. E isso não é só com quem dirige. Como você, aqueles que pegam carona com pessoas bêbadas, mesmo que estejam sóbrios, também acabam aqui como motoristas. [informando] O que você tira disso? [perguntando]
Paciente: Estou vendo. Poderia ser eu. Tenho bebido muitas noites antes de voltar para casa de carro.

Perguntando e escutando

A conversa com Heather continua, com o traumatologista agora intercalando perguntas e escutando. Lembre-se de que escutar, conforme discutido no Capítulo 5, não é um processo passivo, mas um processo em que o ouvinte reflete ativamente aquilo que a pessoa disse. Observe também que esse processo de refletir não é limitado pelo que o paciente realmente disse. Pode-se continuar o parágrafo do paciente com afirmações relacionadas com o que se escutou ou fazer suposições sobre o significado oculto.

Profissional: Fale mais sobre isso. [perguntando; pergunta aberta]
Paciente: Bem, na noite passada – foi na noite passada, não foi? –, eu não estava com muita vontade de beber. Tomei, então, apenas umas cervejas.
Profissional: Apenas umas cervejas, pois não estava se sentindo bem. [escutando, e uma suposição]
Paciente: Eu não me sentia mal, tipo doente ou algo assim. Eu apenas estava meio pra baixo.
Profissional: Com o quê? [perguntando; pergunta aberta]
Paciente: Com meu namorado. Ele está com problemas porque eu chamei a polícia. Ele vinha me batendo.
Profissional: Batendo em você. [escutando]
Paciente: Mais ou menos. Ele me dava tapas e me empurrava, e eu fiquei com medo.

Escutar não é um processo passivo, mas um processo em que o ouvinte reflete ativamente aquilo que a pessoa disse. Pode-se continuar o parágrafo com afirmações relacionadas com o que se escutou ou fazer suposições sobre o significado oculto.

Profissional: Isso já tinha acontecido antes? [perguntando; pergunta fechada]
Paciente: É. Ele já me machucou antes, mas nunca desse jeito.
Profissional: Está piorando, ficando mais sério, e isso assusta você. [escutando]
Paciente: Ele também bebe, e estava bebendo naquela noite quando me bateu. Eu não sabia o que ele ia fazer e aí chamei a polícia.

Escutando e informando

Agora o profissional muda para uma mistura entre escutar e informar.

Profissional: Você fez o que devia fazer. Vejo garotas aqui que não colocam limites a tempo. [informando] Você decidiu que já era demais. [escutando]
Paciente: É, nós ainda estamos juntos, mas ele está bravo comigo.
Profissional: Isso deve assustar. [escutando]
Paciente: Você quer dizer por que ele está bravo comigo?
Profissional: Bem, estou achando que esse cara já batia em você antes, e agora está bravo porque você chamou a polícia. Esse tipo de ciclo tende a continuar crescendo. Não vai simplesmente passar. [informando]
Paciente: Eu sei. Eu devia romper com ele e encontrar alguém que me tratasse melhor.
Profissional: Você deve pensar nisso. [escutando]
Paciente: De fato, eu estava procurando no bar na noite passada.
Profissional: Eu gostaria que você cuidasse melhor de si mesma, para não vê-la aqui de novo. Você se tem colocado em situações bastante perigosas. [informando]
Paciente: É, acho que esse foi como um alarme do despertador.
Profissional: E chamou a sua atenção estar amarrada aqui desse jeito. Você está pensando que talvez seja hora de acordar. [escutando]

A conversa anterior se encaixa claramente no estilo orientador da EM que vínhamos descrevendo, mas outros usos dos mesmos instrumentos de comunicação não se encaixariam. Considere este exemplo, também perguntando, informando e escutando, mas com um estilo diretivo e cético.

Profissional: Médico, enfermeiro, fisioterapeuta.
Ambiente: Reabilitação cardíaca ou atenção primária.

Desafio: O paciente tem um estilo de vida que o coloca em risco de ter problemas futuros.

Profissional: Olá, senhor Bell. Passaram-se três meses desde a sua cirurgia de *bypass*, e estou contente com os resultados dos seus exames. Parece que o seu coração está funcionando bem neste ponto. [informando] Mas vejo pelos seus registros que o senhor ainda está fumando. É isso mesmo? [perguntando]
Paciente: Sim, estou.
Profissional: Bem, isso é ruim, pois, como sabe, fumar faz mal para o coração. [informando] O senhor ainda não parou? Tenho certeza de que alguém lhe disse para parar. [perguntando]
Paciente: É difícil parar. Já tentei, de verdade, mas não consigo.
Profissional: O senhor enxerga que isso aumenta muito o seu risco de ter outro ataque cardíaco? [perguntando]
Paciente: Tenho caminhado quase todos os dias, como você me disse.
Profissional: Quase todos os dias. [escutando] E ainda está fumando. E a dieta que lhe dei? [perguntando]
Paciente: Ainda tenho em casa e estou tentando comer melhor.
Profissional: O senhor está fazendo a dieta? [perguntando]
Paciente: Uma parte, sim.
Profissional: O senhor está seguindo a dieta? [perguntando]
Paciente: Experimentei algumas receitas, mas não gostei, pois dá muito trabalho cozinhar daquele jeito. Vou demorar um pouco para me acostumar.
Profissional: Então o senhor está se esforçando, e isso é bom. [escutando] Existem outras mudanças que eu recomendaria se o senhor quer se manter saudável. O senhor não quer ter outro ataque cardíaco, quer?
Paciente: Não.
Profissional: Então o senhor deve tentar parar de fumar, usar a dieta que eu lhe dei e começar a fazer exercícios assim que possível. [informando]

Esse clínico também está perguntando, informando e escutando, mas o tom da consulta é distante do estilo orientador da EM. A interação tem um tom confrontador, com o clínico no assento do motorista, dizendo ao paciente o que fazer e por que fazer. Ainda que faça perguntas, o clínico assume a responsabilidade por fazer a mudança acontecer e não parece interessado em entender as perspectivas do paciente. As questões não evocam as motivações do paciente para mudar seu comportamento. O clínico escuta pouco, apenas o suficiente para ouvir a resposta do paciente e argumentar.

O que falta aqui é respeito pela autonomia do paciente, juntamente com o estilo colaborativo e evocativo descrito no Capítulo 1. É dentro desse "espíri-

> As três ferramentas de comunicação se unem para orientar em vez de ordenar, incentivar em vez de envergonhar, negociar em vez de ditar.

to" da entrevista motivacional que as três ferramentas de comunicação se unem para orientar em vez de ordenar, incentivar em vez de envergonhar, negociar em vez de ditar. O estilo de orientação é consideravelmente mais efetivo do que fazer um discurso quando se necessita mudar o comportamento, e é muito mais interessante e agradável para o clínico.

RESOLVENDO A AMBIVALÊNCIA

De que modo a exploração colaborativa da ambivalência dá início ao processo de mudança comportamental? Ao falar e refletir sobre suas próprias motivações para a mudança, algo ocorre com o paciente. Pode-se pensar nisso como a inclinação de uma balança ou ligar um botão. Quando se discute por que a mudança é importante, os pacientes decidem que ela *realmente* é importante. Verbalizando as boas razões para mudar e como podem fazê-lo, os pacientes tornam a mudança possível. Há uma fagulha, e eles tomam a decisão interna de que a mudança de comportamento pode valer todo o esforço. Eles literalmente se convencem de mudar.

> Quando se discute por que a mudança é importante, os pacientes decidem que ela *realmente* é importante. Verbalizando as boas razões para mudar e como podem fazê-lo, os pacientes tornam a mudança possível.

Isso não costuma vir acompanhado de muito estardalhaço. De fato, talvez lhe pareça que nada aconteceu. Já passamos por processos de orientação com pacientes que pareciam não se mexer e, na consulta seguinte, contam-nos que fizeram uma mudança. Um profissional nos contou a seguinte história:

> "Eu vinha atendendo um paciente que não trabalhava havia anos e estava deprimido. Tentei quase tudo com ele: medicamentos, conselhos, incentivei a fazer exercícios, conseguir um emprego e participar de círculos sociais. Nada parecia ajudar. Ele parecia travado, e eu também estava me sentindo travado e desestimulado. Ciente de como estava desanimado, olhei para ele e pensei que ele devia estar se sentindo muito pior. Sem saber o que fazer, fiz uma reflexão simples: 'Você deve estar farto de tudo isso'. Tudo que ele disse foi: 'É', parecendo desinteressado como sempre, e logo deixou o consultório.
> "Alguns meses depois, eu o atendi por causa de um pequeno problema médico, e perguntei como ele andava de forma mais geral. 'Maravilhoso!', ele disse alegremente. 'Consegui um emprego como motorista de ônibus e estou me sentindo ótimo!' Até eu fiquei surpreso.
> 'O que aconteceu?', perguntei.

'Foi algo que você disse da última vez.' Eu não tinha ideia do que havia dito que poderia ter tido esse impacto. 'Quando deixei o seu consultório, entendi que você estava certo: eu estava farto de como a minha vida estava, e precisava fazer algo a respeito. Encontrei um anúncio no jornal, procurando motoristas de ônibus para treinar, e telefonei, e agora tenho uma rota regular e me sinto ótimo'."

Escutando em busca do comprometimento

Essas surpresas acontecem, mas lembre que também existem pistas tangíveis a procurar enquanto se conversa com os pacientes. Em particular, existe um indicador razoavelmente confiável de que a mudança está ocorrendo: *linguagem de comprometimento*, conforme descrita no Capítulo 5. Esse tipo de linguagem pode ocorrer espontaneamente à medida que se pratica EM ("acho que vou tentar"), e também existe um meio de avaliar se a pessoa está pronta para avançar. Depois de apresentar um resumo das motivações que apresentou para mudar (o buquê de flores dos desejos, capacidades, razões e necessidades), faça uma pergunta simples, cuja essência é: "O que você está pensando neste momento? O que vai fazer?".

Existe sutileza aqui na maneira de perguntar. Ao avaliar o grau de comprometimento, use linguagem como:

"O que você *vai* fazer?"
"O que você *se dispõe* a fazer?"
"O que você *pretende* fazer?"
"O que você *está preparado* para fazer?"

Isso é diferente de fazer perguntas que simplesmente evoquem afirmações sobre desejos, capacidades, razões e necessidades:

"O que você *quer* fazer?" [desejo]
ou
"O que você *pode* fazer?" [capacidade]
ou
"O que você *precisa* fazer?" [necessidade]

Considere o seguinte exemplo, que um colega nos descreveu:

"Eu estava tratando um homem cuja esposa ameaçava abandoná-lo e levar os filhos por causa da bebida. Ele era um pai comprometido, tinha um bom negócio e, de um modo geral, havia tido poucas crises com a bebida. Seus exames do fígado estavam normais, exceto a gama-glutamiltransferase (GGT), que costuma ser o primeiro a subir em bebedores pesados. Contudo, ele vinha bebendo uma quantidade assustadora diariamente, e isso estava causando conflitos em casa. Experimentei uma entrevista motivacional com ele, e ouvi vários temas relacionados com a mudança. Todavia, sua principal preocupação era com a perda da esposa e dos filhos e, enquanto falava dessa possibilidade, disse: 'Acho que preciso parar de beber'. Depois de alguns minutos escutando, fiz o seguinte resumo:

'Você certamente não se considera um alcoolista, ou mesmo um bebedor pesado. O maior problema é em casa, onde você e a sua esposa têm brigado muito, principalmente, mas não apenas, por causa da bebida. Quando ela disse que estava pensando em deixá-lo com as crianças, aquilo realmente o sacudiu. Perdê-los, você disse, seria a pior coisa que poderia lhe acontecer. Você também ficou surpreso de ver o quanto vinha bebendo, depois que somou tudo. Também observamos que você tem dirigido legalmente intoxicado pela manhã, devido ao tempo que leva para decompor o álcool que toma à noite. E, acima de tudo, você quer manter a sua família, e essa é a principal razão por que veio. Parece que você decidiu que precisa parar de beber, pelo menos por meio ano, para ver como se sente. É isso que você quer fazer?'

'Não', ele disse.

Não? Não? Maldição! Meus pensamentos voavam. Eu tinha feito meu melhor resumo orientador, usando exatamente sua conversa sobre a mudança, e conduzindo até onde ele disse que era o seu plano. Como ele podia estar dizendo não?

'Não', ele disse novamente. 'Não é o que eu *quero* fazer. É o que eu *vou* fazer.'

E fez."

A resposta que você procura enquanto escuta é uma certa linguagem de comprometimento, como um sinal do que está acontecendo internamente com relação à prontidão para mudar. Em essência, você está escutando para ver se o paciente está pronto, disposto e é capaz de agir rumo à mudança do comportamento relacionado com a saúde. Porém, não pressione. Apenas dê oportunidades para o paciente chegar lá. Se o paciente não estiver pronto, é provável que pressionar acabe evocando resistência. Em vez disso, se você tem um pouco mais de tempo, continue explorando temas ligados aos desejos, capacidades, razões e necessidades de mudança e deixe a porta aberta. Se atender o paciente novamente, você sempre poderá retomar a discussão em sua próxima consulta.

Você sabe que está indo bem com o estilo de orientação quando seus pacientes continuam a conversar com você alegremente, quando expressam

---

Em essência, você está escutando para ver se o paciente está pronto, disposto e é capaz de agir rumo à mudança do comportamento relacionado com a saúde. Porém, não pressione. Apenas dê oportunidades para o paciente chegar lá.

seu desejo, capacidade, razões e necessidade de mudar o seu comportamento. Quando bem feito, o estilo de orientação abre os pacientes para que considerem o que podem fazer de diferente em nome da sua própria saúde e se comprometem a dar esses passos. Os clínicos não podem tomar essas decisões pelos seus pacientes. Se não fosse assim, muitos provavelmente tomariam. Contudo, é possível passar algum tempo catando as flores no campo da ambivalência, compartilhar o buquê e, no processo, ajudar os pacientes a encontrar o caminho para uma vida mais saudável.

Provavelmente, ao considerar esse estilo de orientação, você pensa sobre alguns dos seus pacientes que "apenas querem que se lhes diga o que fazer". Certamente existem pacientes assim. Eles estão assustados, e estão prontos, dispostos e são capazes de fazer o que for necessário para melhorar. O que buscam não é conselho, mas um direcionamento claro sobre o que podem fazer para recuperar ou melhorar a sua saúde. Talvez seja contraproducente gastar tempo discutindo *por que* mudar com um paciente que já decidiu fazê-lo. Quando alguém diz: "Preciso parar de fumar. Como posso fazê-lo?", a resposta adequada seria um conselho sobre as estratégias mais efetivas. De forma clara, é isso que o paciente está pedindo. Mesmo assim, existem muitos outros pacientes que ainda não alcançaram esse ponto da ação comprometida. Para cada paciente que diz: "Estou planejando parar de fumar", existem pelo menos outros cinco fumantes que ainda não chegaram a esse ponto. Em algum nível, os pacientes sabem as mudanças que precisam fazer em nome da sua saúde, mas...

CONCLUSÃO

A EM serve para ajudar a maioria dos pacientes que são ambivalentes quanto a procurar as motivações para mudar dentro de si mesmos. No próximo capítulo, apresentamos alguns exemplos de casos. Depois disso, analisamos maneiras como você pode melhorar as suas habilidades em EM (Capítulo 9), e concluímos o livro enfocando como é possível melhorar as coisas fora da consulta individual (Capítulo 10).

8

Exemplos de caso com o estilo de orientação

Neste capítulo, apresentamos alguns estudos de caso, a partir de nossa própria experiência clínica, para mostrar como pode ser o estilo de orientação na prática cotidiana. Se você gosta de estudos de caso, leia. Se não, sinta-se à vontade para passar para o Capítulo 9.

CASO 1: "MEU ESTÔMAGO ESTÁ DOENDO"

Ambiente: Uma enfermaria de um hospitalar geral.
Profissional: Médico, conselheiro, enfermeiro, assistente social, psicólogo, especialista em drogadição.
Duração da consulta: 4 minutos.
Desafio: Uma mulher casada de 52 anos é admitida no hospital com dor abdominal e vomitando sangue. O profissional encontra um GGT elevado (uma enzima hepática que costuma aumentar com o uso excessivo de álcool) no exame de sangue e suspeita de que há envolvimento com bebida. Eles já se encontraram antes. Essa mulher pode se sentir desafiada e defensiva se a confrontarem com o problema da bebida. Prevenir uma readmissão e promover a saúde são objetivos louváveis, mas como levantar o assunto? O profissional acaba de fazer uma revisão da sua condição e continua...

Profissional: Bem, você teve um choque, mas espero que pelo menos esteja repousando aqui	*Abre com uma declaração empática.*
Paciente: Sim, obrigado, estou me sentindo um pouco melhor. Não descanso muito em casa – sempre andando de carro, sempre andando, como uma missão, cuidando das crianças, do trabalho, da comida, o que for.	
Profissional: Você faz muita coisa, e produz muito.	*Escutando.*

Paciente: Engraçado você dizer isso. Eles me chamam de supermãe, e no trabalho sou eu que tenho que resolver as coisas quando tudo fica louco com o estresse e as brigas sobre quem vai fazer isso ou aquilo, e como vamos cumprir os prazos.

Profissional: Eu queria lhe perguntar sobre o seu estilo de vida. Não tenho certeza, mas parece que pode haver uma conexão aí com o que está acontecendo em seu estômago. Podemos falar disso por alguns minutos?

Breve estabelecimento da agenda: levanta o tema do estilo de vida em geral. Pedindo permissão.

Paciente: Não, tudo bem. A supermãe aterrissou com dificuldade. O que você está pensando?

Primeira menção de conversa sobre a mudança.

Profissional: Não tenho certeza. Dieta, álcool, correndo demais? Não estou certo. Você é a melhor pessoa para avaliar, mas parece que você tem uma vida bastante caótica.

Apenas informando suavemente. Promove autonomia e volta à história sobre o estilo de vida.

Paciente: Caótica não é a palavra.

Profissional: Você deve gostar de andar na pista rápida.

Escutando: uma suposição.

Paciente: Gosto de fazer as coisas. É uma correria, voando de uma coisa para outra.

Profissional: Você alguma vez passa para a pista da direita, a lenta?

Perguntando: uma questão orientadora, fazendo uso da metáfora de dirigir.

Paciente: É difícil – não é brinquedo, pois tem tanta coisa, e eu não relaxo.

Ela parece muito mais emotiva.

Profissional: Que coisas você faz para cuidar de si mesma?

Perguntando: uma questão orientadora, buscando entender onde o álcool pode se encaixar.

Paciente: À noite quando as crianças estão na cama, às vezes eu olho filmes e abro uma garrafa de vinho. É o meu momento. O único tempo que eu tenho, na verdade.

Ela levanta o tema da bebida dentro de um contexto do cotidiano normal.

Profissional: Isso a ajuda a desacelerar, talvez relaxe uma pouco à noite.

Escutando.

Paciente: E, às vezes durante os fins de semana, eu saio com minhas amigas, e a gente toma alguns drinques.

Profissional: Beber é uma maneira de relaxar. Diga-me, o que você sabe sobre como o álcool pode afetar o estômago?

Escutando. Troca de informações: evocando ao perguntar o que ela sabe.

Paciente: Pode deixá-lo com fome, como um aperitivo. Você acha que é o que está causando isso? É isso que você está dizendo?

Um pouco defensiva.

Profissional: Talvez seja uma parte do que está acontecendo. Notei em seus exames de sangue que um dos resultados estava acima da faixa normal, um exame do fígado que costuma ser elevado pelo álcool.

Troca de informações: fornece.

Paciente: Ah, que ótimo! A única coisa que eu faço para mim mesma, e você quer me tirar.

Defensiva.

Profissional: Não quero tirar conclusões precipitadas; de qualquer maneira, a escolha é sua. Não posso decidir isso para você.

Evita foco prematuro e enfatiza escolha e autonomia.

Paciente: Só quero ter uma vida normal. Quero que meu estômago pare de doer, e quero sair daqui.

Profissional: Você tem tido uma vida dura. E eu também quero essas coisas para você – uma vida que funcione para você e que não a traga de volta para o hospital.

Escutando e incentivando.

Paciente: E esses exames de sangue que você mencionou? Isso me assusta um pouco.

A pergunta dá permissão para informar.

Profissional: É um parâmetro que aumenta quando a pessoa tem bebido mais que o corpo pode segurar. Você é bastante magra, o que significa que um pouco de álcool tem um grande impacto. Além disso, as mulheres não decompõem o álcool no fígado tão bem quanto os homens.

Troca de informações: fornece.

Paciente: Então você está me dizendo que eu preciso diminuir?

Profissional: A decisão é sua, mas parece que o seu corpo está dizendo para fazer isso. Além disso, uma vida estressante pode fazer mal para o estômago, e acrescentar álcool a tudo isso pode causar problemas.

Enfatizando escolha e autonomia. Informando.

Paciente: Como isso funciona?

A pergunta dá permissão para informar.

Profissional: O álcool irrita o esôfago e o revestimento do estômago. Você já bebeu destilado puro e sentiu queimando?

Informando.

Paciente: Claro.

Informando.

Profissional: Essa queimadura é o efeito do álcool. Ele também libera ácido do estômago, que é por que aumenta o apetite, e isso pode aumentar o problema se o seu estômago já está fraco por causa do estresse, e você pode acabar com úlceras. O que você está pensando neste momento?

Troca de informações: evoca interpretação pessoal.

Paciente: Não quero ter úlcera. Você acha que é o que eu tenho?

Conversas sobre a mudança – razão para fazer alguma coisa.

Profissional: Pode ser. Existem exames que podem avaliar isso. Se for, o que você pensa que fará?

Pergunta aberta.

Paciente: Creio que você me dará remédios para tomar. Mas acho que vou ter que diminuir a bebida, mesmo que não tenha uma úlcera.

Conversas sobre a mudança (necessidade).

Profissional: Isso seria muito difícil para você?

A pergunta orientadora – procurando a conversa sobre a mudança (capacidade).

Paciente: Na verdade, não. Eu teria que encontrar outra forma de relaxar.

Conversa sobre a mudança – capacidade.

Profissional: Então você *poderia* diminuir a bebida se quisesses. Até parar de beber?

Escuta reflexiva. Pergunta orientadora.

Paciente: Não tenho certeza.

Profissional: Então por que você quereria diminuir ou parar? — *Pergunta orientadora.*

Paciente: Pela minha saúde! Parece que eu tenho um buraco no estômago, e meu fígado está anormal. Acho que está na hora. — *Conversa sobre a mudança.*

Profissional: Também me parece. O que você vai fazer? — *Procurando comprometimento.*

Paciente: Posso não guardar mais bebidas em casa para não ter tentação. Acho que é o que eu vou fazer. — *Conversa sobre a mudança. Primeiro indício de comprometimento.*

CASO 2: PROMOVENDO SEXO SEGURO

O próximo cenário descrito ocorre em todo o mundo. Em locais onde os índices de HIV/AIDS são elevados, o profissional enfrenta um desafio na promoção da saúde, que pode ser uma questão de vida ou morte não apenas para os pacientes, mas também para indivíduos com quem eles têm contato sexual.

Ambiente: Uma movimentada clínica de atenção primária em uma área com elevado índice de ocorrência de HIV/AIDS.
Profissional: Médico, enfermeiro.
Duração da consulta: 5 minutos.
Desafio: Um homem chega com uma infecção bacteriana sexualmente transmissível, é examinado e recebe antibióticos. O profissional pensa no fato de ele ser HIV-positivo e na possibilidade de ter parceiras múltiplas e no valor de usar preservativos. Esse homem está na faixa dos 40 anos, é solteiro, geralmente está desempregado e vive com muitos parentes na periferia de uma grande cidade. O profissional usa principalmente a troca de informações para levantar a preocupação com o sexo desprotegido.

Profissional: Bem, acho que podemos controlar essa infecção se você tomar esse remédio fielmente pelos próximos dez dias. Você pode fazer isso? — *Buscando comprometimento.*

Paciente: Claro.

Profissional: Ótimo! É importante terminar a caixa. Posso falar com você por mais alguns minutos? Não estou interessado apenas em ajudá-lo a lidar com problemas médicos, mas também em mantê-lo saudável. Está bem? — *Pedindo permissão.*

Paciente: Está bem, claro. Sobre o que você quer falar?

Profissional: Faz parte do meu trabalho conversar com você sobre como evitar todo tipo de infecção, incluindo HIV/AIDS. O que você já sabe sobre o HIV? — *Estabelecendo a agenda, levantando um tema difícil. Perguntando (troca de informações: evocando).*

Paciente: Se pegar, você morre. Mas sou bastante cuidadoso. Só não usei a camisinha dessa vez. Aquelas coisas que acontecem.

Profissional: Ótimo! Então você geralmente usa o preservativo. Às vezes acontece de não usar, e pegou essa infecção. — *Afirmando. Escuta reflexiva.*

Paciente: Má sorte, creio eu. Eu conheci uma garota, e ela não parecia doente. Quem sabe de onde ela pegou.

Profissional: Isso dá o que pensar. Talvez nem ela soubesse. — *Escutando.*

Paciente: Então eu tive azar e peguei dela. Acontece.

Profissional: Você mencionou isso várias vezes – que é questão de sorte ou azar. Essas infecções estão por aí. — *Escutando.*

Paciente: É, olha, eu nunca tive um problema desses antes. Tenho uma namorada fixa, e foi apenas uma noite com essa outra garota.

Profissional: Espero que você não se importe com eu perguntar sobre isso. Eu não quero lhe deixar desconfortável fazendo perguntas sobre a sua vida pessoal, mas me importo com a sua saúde. — *Pedindo permissão e respeitando a autonomia.*

Paciente: Não, está tudo bem.

Profissional: Então você fez sexo sem proteção com essa única garota e tem uma namorada fixa. Que tipo de proteção você usa com a sua namorada? — *Escutando. Perguntando.*

Paciente: Sempre usamos a camisinha, ou na maior parte das vezes, pelo menos.

Profissional: Às vezes não usa, mas na maior parte das vezes, sim. Está bem. Agora, fale-me o que sabe sobre como infecções piores como o HIV se espalham.

Paciente: Oh, Deus! Você deve estar brincando. Você acha que eu tenho AIDS?

Profissional: Não tenho ideia se você pode ter pego HIV ao longo do caminho. Podemos fazer um exame para descobrir enquanto você está aqui hoje, se você quiser. O que estou perguntando é o que você sabe sobre como as pessoas pegam HIV e AIDS.

Paciente: Bem, você dá azar e fica muito doente, eu já vi isso. mas eu não levo esse tipo de vida, dormindo por aí com garotas sujas.

Profissional: Não sei se isso fará sentido para você, mas posso dizer que infecções como HIV costumam se disseminar silenciosamente entre diversas pessoas que parecem saudáveis por muitos anos antes de ficar doentes. A infecção pode ser transmitida sem que nenhum dos dois saiba. O que vicê pensa sobre isso?

Paciente: Eu passei apenas uma noite com outra garota!

Profissional: E não está preocupado com isso.

Paciente: Bem, talvez eu deva ter mais cuidado.

Profissional: De que maneira?

Paciente: Acho que não devia dormir com tanta gente, e sempre usar camisinha quando fizer.

Profissional: Certamente, pois é verdade que ter apenas um parceiro diminui o risco. Assim como os preservativos, se usar sempre. Qual é a importância disso para você?

Paciente: Não sei.

Escutando. Perguntando (troca de informações: evocando).

Evitando foco prematuro. Reconhecendo escolha. Evocando mais.

Pedindo permissão.

Escutando, continuando o parágrafo (sem tom de sarcasmo).

Primeira conversa sobre a mudança.

Perguntando.

Conversa sobre a mudança.

Informação. Buscando a conversa sobre a mudança.

Profissional: Deixe-me fazer uma pergunta. Em uma escala de 1 a 10, onde 1 significa sem importância e 10 é extremamente importante, quanto você diria que é a importância de usar preservativos todas as vezes, mesmo com a sua namorada? — *Usando uma escala de importância.*

Paciente: Provavelmente 8 ou 9. — *Conversa sobre a mudança.*

Profissional: Está bem, você tem um pouco de dúvida, mas é bastante importante para você, para sua saúde, para se proteger. E também está protegendo outras pessoas. — *Escuta reflexiva.*

Paciente: É, espero que não tenha passado essa infecção para a minha namorada. Ela ficaria louca.

Profissional: Sim, as infecções podem ser transmitidas rapidamente e sutilmente entre pessoas que parecem e se sentem perfeitamente saudáveis. Então você fez sexo sem usar proteção com a sua namorada depois da outra garota. — *Informando. Escutando.*

Paciente: É, bem, nós usamos a camisinha, mas nem sempre, entende?

Profissional: Elas não são 100% efetivas, mas dão uma boa proteção. Se ela tiver sintomas, posso tratá-la também. — *Informando.*

Paciente: Espero que essa garota não tenha HIV.

Profissional: Eu também. Só precisa de uma vez, como você viu. O resultado demora um pouquinho, mas o exame para HIV é fácil. Vamos fazer? — *Informando. Perguntando.*

Paciente: Ah, cara, não sei. Não acho que seja provável.

Profissional: Talvez não. Não se pode dizer apenas olhando a pessoa, e muita gente pode permanecer saudável por bastante tempo antes de adoecer. Existem tratamentos muito melhores atualmente, e saber logo quando se é — *Resistindo à tentação de discutir. Informando.*

soropositivo pode ajudar a planejar o tratamento.

Paciente: Acho que prefiro saber. — *Conversa sobre a mudança.*

Profissional: Bom. Vou colher uma amostra de sangue e marcar uma consulta para você retornar, quando poderemos discutir o que o exame significa e esse tipo de coisa. Para resumir, você tem usado preservativos na maior parte das vezes, mas nem sempre. Você pegou essa infecção em uma vez que não usou, e espera que não tenha passado para a sua namorada. É desagradável pensar nisso, mas você quer fazer o exame de HIV para saber. E com relação a usar preservativos? — *Fazendo um resumo breve.* / *Buscando comprometimento.*

Paciente: Eu devo usar sempre, acho. — *Conversa sobre a mudança.*

Profissional: Qual é o grau de confiança de que irá conseguir? — *Buscando comprometimento.*

Paciente: É, vou tentar. Às vezes, é difícil. — *Comprometimento moderado. "Vou tentar" transmite dúvida em relação à capacidade.*

Profissional: Que bom! Fico feliz. E talvez, quando você voltar, possamos falar um pouco sobre as vezes em que é mais difícil usar proteção. — *Afirmando. Abrindo o caminho para a discussão para aumentar a capacidade em circunstâncias mais difíceis.*

CASO 3: UMA QUESTÃO DO CORAÇÃO

Ambiente: Uma clínica de reabilitação cardiovascular para pacientes ambulatoriais. Esta mesma discussão também poderia ocorrer em uma clínica de atenção primária ou em um ambiente de internação.
Profissional: Enfermeiro, médico, terapeuta ocupacional, fisioterapeuta, conselheiro, psicólogo.
Duração da consulta: Por volta de 20 minutos.
Desafio: O paciente teve um ataque cardíaco há doze semanas e está sendo atendido para acompanhamento. O profissional talvez queira incentivar mu-

danças em muitos comportamentos interrelacionados: fumar, fazer exercícios, dieta ou consumo de álcool. O paciente tem uma disposição alegre, trabalha como balconista, aproveita a vida (com cigarros, álcool e boa comida!) e está rodeado por uma vida familiar movimentada, incluindo dois filhos adolescentes.

Profissional: Podemos conversar um pouco sobre como você está indo em casa, pois várias coisas podem afetar a saúde do seu coração. Não é apenas a medicação que importa. Tudo bem?	*Começa a estabelecer uma agenda.*
Paciente: Sim, acho que estou precisando de um discurso sobre como tenho sido um mau garoto e tenho que parar com tudo que gosto. (*risos*)	
Profissional: Bem, na verdade, não é o que vou fazer. Prometo. Está totalmente na sua mão o que você quer fazer com a sua saúde. Porém, parece que você está esperando que os comprimidos façam tudo por você.	*Ela evita a tentação de defender uma mudança no estilo de vida, enfatizando a autonomia e escutando.*
Paciente: Bem, eu disse que estou tendo uma boa recuperação e que o remédio parece estar certo.	
Profissional: Sim, certamente, fico feliz com o quanto você se recuperou da cirurgia de *bypass*. O que importa agora é o que você quer fazer entre as coisas que podem reduzir as suas chances de ter outro ataque do coração e ajudá-lo a ter boa qualidade de vida. Posso lhe apresentar alguns fatos e números que poderiam surpreendê-lo e incentivá-lo, mas, para começar, vamos dar uma olhada no quadro mais amplo da sua vida e ver o que faz sentido para você.	*Informando e estabelecendo agenda.*
Paciente: Tudo bem. O que você acha que eu devo fazer primeiro?	*Convite.*
Profissional: Isso realmente é *você* quem tem que decidir. Você está no controle da sua vida. Podemos falar sobre exercícios, cigarro, dieta, monitorar a pressão sanguínea, reduzir o es-	*Ela rejeita o convite inicial, enfatiza a autonomia e estabelece uma agenda, oferecendo diver-*

tresse, meditar, ou apenas tomar os medicamentos fielmente. O que faz sentido para você?	sos temas possíveis para o paciente escolher.
Paciente: Bem, onde você acha que eu devo começar?	*Dá permissão para informar e aconselhar.*
Profissional: Tenho algumas informações que posso lhe dar, se você quiser, e minha opinião sobre as mudanças que podem ajudar mais. Mas você provavelmente já as conhece. O que você imagina que eu direi?	*Oferece-se para dar informações e conselhos, mas tenta mais uma vez evocar a opinião do paciente.*
Paciente: Garanto que você começaria dizendo para eu parar de fumar.	*E consegue.*
Profissional: Boa ideia! Eu acredito que parar de fumar é uma das coisas que você poderia fazer que provavelmente teria o maior e mais rápido impacto sobre o seu risco de morrer prematuramente. Mas o que você acha disso?	*Afirmando.* *Informando.* *Uma pergunta-chave para orientar.*
Paciente: Fumar é uma parte importante da minha vida.	
Profissional: Fumar é uma parte difícil para você – um ponto difícil para começar.	*Escuta reflexiva.*
Paciente: Sim, sei que é difícil para mim, e perguntei o que você pensa.	*Conversa sobre a mudança.*
Profissional: Você tem seus próprios sentimentos com relação ao cigarro, independentemente do que os outros pensam.	*Afirmação que indica escuta.* *Evita tentação de assumir lado contra cigarro.*
Paciente: Eu sinto que, olha, não vai acontecer agora. Estou passando por uma época difícil, tentando me refazer.	
Profissional: Parar de fumar simplesmente será difícil demais para você agora, e você tem outras prioridades.	*Escutando. Resiste à tentação de assumir posição a favor de parar.*
Paciente: Isso. Tenho que voltar a trabalhar, pelo menos algumas horas por semana. E quero reduzir meu nível de estresse enquanto volto às atividades normais.	*Conversa sobre a mudança.*
Profissional: Essa é a sua prioridade máxima no momento – voltar a trabalhar e controlar o estresse.	*Escutando.*

Entrevista motivacional no cuidado da saúde **145**

Paciente: Bem, quero voltar a trabalhar. Mas, para ser totalmente honesto, às vezes eu sinto que poderia ter outro ataque a qualquer momento e, zás!, estaria acabado. — *Conversa sobre a mudança.*

Profissional: Então você acha que apenas precisa descansar agora. — *Escutando.*

Paciente: Não exatamente. Não estou descansando o tempo todo. Ando por aí, faço isso e aquilo, tento fazer um pouco de exercícios. — *A visão do profissional não estava certa, e o paciente corrige.*

Profissional: Você está tentando equilibrar. — *Escutando – tentando novamente.*

Paciente: Isso mesmo, equilíbrio.

Profissional: Então você me disse que está tomando os remédios, repousando um pouco, mas que também está tentando fazer exercícios, que faz bem para o coração. Você já sabe que parar de fumar é uma das melhores coisas que pode fazer pelo seu coração, mas isso parece impossível no momento. E está ansioso para voltar ao trabalho assim que possível, pelo menos em meio expediente, e colocar a sua vida de volta no equilíbrio. Faltou alguma coisa? — *Montando o resumo, enfatizando os temas da conversa sobre a mudança.*

Paciente: Bem, não *de volta* no equilíbrio. Não acho que tinha um bom equilíbrio antes do ataque cardíaco, e isso era parte do problema. Não tenho certeza de onde começar. — *Conversa sobre a mudança.*

Profissional: Você também mencionou reduzir o nível de estresse. Como poderia fazer isso? — *Perguntando.*

Paciente: Creio que isso me dá uma chance de reduzir. Acho que preciso começar a passar algumas coisas para outras pessoas. Sou do tipo que sempre pensa: "Se quiser algo feito corretamente, faça você mesmo". Então fico estressado com o quanto tenho que fazer.

Profissional: Seria bom tirar algumas coisas da sua bandeja. — *Escutando.*

Paciente: Lá vem você dando discurso sobre a minha dieta! (*risos*) Não, é isso que preciso fazer – — *Conversa sobre a mudança.*

confiar que as pessoas ao meu redor vão fazer o seu trabalho, e me concentrar naquilo que realmente importa. Não posso mudar tudo ao mesmo tempo.

Profissional: Se você pudesse fazer só isso – reduzir o fardo que deve carregar –, isso já ajudaria.

Um momento importante foi alcançado na consulta, um tipo de uma encruzilhada. O que você diria agora? Esse homem já falou bastante, e o material é honesto. Suponhamos que você queira escutar um pouco mais. Para onde iria agora? Se olhar o que ele disse, poderia se concentrar em:

1. seu retorno gradual para o trabalho,
2. planos mais específicos sobre fazer exercícios,
3. quando ele pode estar pronto para parar de fumar,
4. controlar o estresse,
5. como delegar as responsabilidades que tem carregado, ou
6. responder ao convite para falar sobre a dieta. Ou você poderia partir para uma direção totalmente diferente.

Refletir sobre qualquer um desses temas concentraria a discussão e levaria para uma direção específica. É isso que queremos dizer com escutar a serviço da orientação. A escolha é sua, e a diferença está naquilo que escolher.

À medida que o exemplo continua, o profissional experimenta uma direção diferente, respondendo a uma intuição de que o paciente não parece ter algo *pelo que* viver, exceto talvez o seu trabalho. É uma investigação de valores básicos. O profissional então questiona por que ele *desejaria* fazer mudanças em seu estilo de vida. O que o motivaria para isso?

Profissional: Sabe, eu realmente gosto da ideia de que esse ataque cardíaco é uma oportunidade para você fazer algumas mudanças e considerar o que é realmente importante. Posso perguntar quais são as coisas mais importantes na sua vida? *Pelo que* você está vivendo?	*Afirmando.* *Pedindo permissão.* *Questão aberta.*
Paciente: Ah, essa é uma boa pergunta. Gosto do meu trabalho, minha família – quero ver meus filhos na direção certa. De fato, eu queria estar aqui quando meus netos chegarem. Parece divertido.	
Profissional: Seu trabalho, seus filhos, talvez netos algum dia. Que mais? O que mais *importa* para você?	*Escutando.* *Pergunta aberta.*

Paciente: Pensei nisso na cama do hospital. Como estou vivo, o que quero fazer com a vida que ainda me resta?

Profissional: Sim. O que você quer fazer? — *Pergunta aberta.*

Paciente: Ajudar os outros, minha família, e estar presente para eles, se você me entende.

Profissional: Isso é o que importa para você, viver por alguma razão, e para ajudar os outros. — *Escutando.*

Paciente: Pensar em algo além de mim mesmo. Lembrar aquilo pelo qual devo ser grato.

Profissional: Sabe, você quase brilha quando fala nisso. — *Escutando.*

Paciente: Bem, eu estive afastado, mas tem muita coisa que posso fazer pela minha família e outras pessoas, mesmo em um clube onde eu era voluntário. — *Conversa sobre a mudança.*

Profissional: Já falamos sobre muita coisa, e você está desenvolvendo uma ótima lista de coisas que pode fazer para sua vida ser mais longa e mais feliz. Existe mais alguma coisa da lista que eu lhe dei, que você gostaria de comentar? — *Resumo. Ela decide mudar o rumo e ver onde a mudança de comportamento pode se encaixar no quadro maior. Retorna à agenda.*

Paciente: Talvez dieta e exercícios.

Profissional: O que lhe preocupa em relação a isso? — *Faz uma pergunta orientadora.*

Paciente: Não estou preocupado. Estou apenas pensando o que deveria estar fazendo nessa área. — *O profissional escolheu uma palavra, "preocupado", que não se encaixa bem.*

Profissional: Existe muita coisa que você *poderia* fazer. Fazer pequenas mudanças graduais naquilo que come. Aumentar o consumo de frutas e legumes para cinco por dia. Colocar alguns exercícios modestos em sua rotina diária. Alguma coisa assim seria possível para você? — *Oferecendo um menu de opções.*

Escutando.

Paciente: Bem, talvez a parte dos exercícios, mas não quero ir a uma academia ou nada do gênero. Não quero ter outro ataque do coração! — *Pergunta orientadora.*

Profissional: Acrescentar algum tipo de exercícios pode ser bom para você, mas definitivamente ainda não a academia. Que tipo de exercícios você faz atualmente?

Paciente: Não muito. Eu caminho um pouco algumas vezes por semana. Às vezes, quando caminho, tenho sensações no peito, e me preocupo de que possa estar forçando demais.

Profissional: Essa é uma preocupação importante, e nossa experiência sugere que, desde que as pessoas façam as coisas gradualmente, não existe perigo para elas. Podemos ajudá-lo a desenvolver um programa gradual, passo a passo, para aumentar os exercícios. Se você se sentir melhor com ele, podemos até usar as instalações daqui, e podemos monitorar a sua frequência cardíaca no início para garantir que é seguro.   *Informando.*

Paciente: Isso parece bom. Mas acho que caminhar é o que vai funcionar para mim. Posso caminhar mais.   *Conversa sobre a mudança.*

Profissional: E é isso que importa – encontrar o que você pode fazer que funcione para você e se encaixe na sua vida normal. E, se você tiver essas sensações quando estiver caminhando sozinho, pare, descanse e as controle como conversamos antes.   *Informando.*

Paciente: Está bem. Talvez você possa monitorar enquanto eu faço exercícios aqui.   *Conversa sobre a mudança.*

Profissional: Ótimo! Podemos marcar. Bem, já cobrimos muita coisa hoje, em pouco tempo. Ajude-me a lembrar de tudo. Antes de tudo, você está decidindo pensar sobre o ataque do coração como uma oportunidade para fazer algumas boas mudanças na sua vida e acertar as suas prioridades. Você se dedica ao seu trabalho e também à sua família, e quer estar vivo para ajudar seus filhos e talvez netos a tomar um bom rumo na vida. Você também está sentindo o desejo de se envolver mais e   *Encerrando o resumo.*

Depois fala sobre as mudanças específicas que discutiram.

ajudar os outros, em casa e em outros locais, como no clube. Para isso, existem mudanças que está planejando fazer no seu estilo de vida. Uma delas, quando voltar gradualmente a trabalhar, é diminuir o volume de trabalho que assume e talvez encontrar outras maneiras de diminuir o seu estresse e equilibrar a sua vida. Fumar é algo que discutiremos depois, pois agora parece difícil demais para mudar. Se você decidir fazer isso mais adiante, tenho maneiras de ajudá-lo. Você já está fazendo um bom trabalho tomando os medicamentos, e está caminhando pelo menos um pouco, mas pode aumentar. Podemos marcar para você fazer exercícios modestos monitorados aqui – podemos fazer isso quando você sair hoje. Parecem muitas mudanças até aqui. Espero atendê-lo de novo nos próximos meses para ver como você está indo com isso e ajudá-lo da maneira que puder com essas e outras mudanças. É isso que você vai fazer? Esqueci alguma coisa?

Aceita e reconhece o problema com o cigarro, deixando a porta aberta.

Afirmando.

Busca comprometimento.

Paciente: Parece tudo certo. Acho que estou na direção certa, e existe algo que eu posso fazer.

Argumento em favor da mudança.

CONCLUSÃO

Não existe uma única maneira "correta" de conduzir uma consulta. Portanto, se você encontrou lugares em que teria agido de forma diferente, considere isso como um estímulo à criatividade em suas próprias consultas. Nossa intenção aqui era ilustrar o estilo subjacente da EM, difícil quando se usa apenas a palavra escrita, e indicar onde foram usadas habilidades e estratégias relevantes como escutar e estabelecer a agenda. O próximo capítulo discute algumas das coisas mais sutis a procurar à medida que refina suas habilidades de EM.

9

Aprendendo a orientar melhor

ACOSTUMANDO-SE COM A ORIENTAÇÃO

Orientar não diz respeito apenas àquilo que se diz aos pacientes, envolvendo também como se *é* com eles. Isso foi ilustrado corretamente em *workshops* recente que fizemos com agentes penitenciários. As simulações estavam indo bem com os participantes de pé, mas, quando começamos uma sequência de orientação, um deles disse: "Não posso fazer isso de pé. Preciso sentar com essa pessoa".

Uma observação comum dos profissionais é que "não parece natural". De fato, essa maneira de trabalhar com os pacientes muitas vezes é diferente da prática anterior, desde seguir o reflexo de consertar as coisas até dizer a alguém o que fazer e por quê. Experimente esse estilo primeiramente em situações mais fáceis, quando o tempo parece administrável e seus pacientes, mais envolvidos. À medida que se tornar mais proficiente, você poderá avançar para desafios mais difíceis.

Talvez demore um pouco para que o estilo orientador comece a parecer natural. É um pouco como aprender a dirigir um carro. Em sua primeira vez atrás do volante, provavelmente você estava bastante intimidado, e isso é compreensível. Você dirigia devagar, com maior consciência, tentando não cruzar para a pista ao lado. Você tinha que se concentrar em tarefas dentro do carro, mas também devia manter um olho para fora, para garantir que não atropelasse ninguém. Você precisava pensar sobre onde estava indo e prestar atenção em muitas coisas novas simultaneamente. Mesmo assim, você não desistiu de aprender a dirigir simplesmente porque não parecia natural no início.

> Experimente esse estilo primeiramente em situações mais fáceis, quando o tempo parece administrável e seus pacientes, mais envolvidos.

À medida que se torna mais confortável com as habilidades que compõem uma nova atividade – seja dirigir ou orientar –, você não precisa pensar nelas conscientemente. As habilidades se tornam quase automáticas, e você pode se concentrar em onde está indo, como chegará lá, e o que vai fazer quando chegar. Aprender é assim, e aprender o estilo de orientação não é diferente. No início, você se sente intimidado, particularmente quando está sendo observado. Você está fazendo perguntas abertas ou fechadas? Você está escutando reflexivamente? Concentrar-se diretamente nas diretrizes é necessário no início, mas também impede que se veja aonde se está indo. Com o tempo, a prática com essas habilidades abre caminho para outras liberdades. Torna-se mais fácil notar outras coisas que também são importantes para a orientação.

Pense sobre o papel do instrutor de direção. Ele deve pegar o volante em uma emergência, mas, de um modo geral, a tarefa é incentivar o aprendiz a avançar com o mínimo de intervenção do instrutor. Isso é semelhante ao papel de orientar o paciente. É o paciente que deve fazer a mudança, enquanto você abandona o controle cada vez mais.

À medida que você se torna mais confortável com as técnicas específicas envolvidas na EM, sua atenção é liberada para monitorar o processo de orientação. Sua atenção pode alternar entre três aspectos da consulta: sua relação com o paciente, aquilo que ele está dizendo, e onde você pode ir a partir daí. Com prática, você pode alternar entre esses dois papéis com relativa facilidade. Eis alguns exemplos desses três processos.

Cuidando do relacionamento

Sua consciência do relacionamento é um barômetro da habilidade e dos bons resultados. Manter um olho atento no relacionamento ajudará a decidir para onde e como proceder. Verifique consigo mesmo, perguntando: Como estamos avançando nesta discussão? Como o paciente está reagindo? Ele está confortável, ou talvez assustado? Estou forçando essa pessoa demais? Estou sendo genuíno e franco?

Mantendo-se no presente

Os psicoterapeutas referem-se a viver "o momento" com o paciente. Existem períodos importantes, quando suas próprias aspirações, sentimentos e reações pessoais são deixados de lado e você concentra toda a sua atenção na experiência do paciente. Quanto mais você consegue fazer isso, mais efetiva a sua resposta provavelmente será, seja na forma de escuta reflexiva, uma pergunta bem-escolhida, seja fornecendo informações importantes.

> Aceitar a experiência de um paciente não significa o mesmo que concordar. É algo relativamente livre de juízo de valor – seja positivo, seja negativo –, e aí está o potencial para você ser um bom orientador.

Alguns profissionais comentam que essa atenção em si é uma poderosa rota não-específica para a cura, levando a um relacionamento empático que liberta a pessoa para mudar. Quando os pacientes sentem uma compreensão clara da própria experiência vindo do profissional, as coisas começam a acontecer, e a mudança ocorre em seguida. Aceitar a experiência de um paciente não significa o mesmo que concordar. É algo relativamente livre de juízo de valor – seja positivo, seja negativo –, e aí está o potencial para você ser um bom orientador.

Olhando à frente

Às vezes, sua atenção avança para onde a consulta está se dirigindo, como ela terminará e, de fato, como será quando o paciente sair para a vida cotidiana. Com o aumento na habilidade, você verá que consegue pensar antecipadamente e cuidar os obstáculos, geralmente durante pausas na conversa. Nesses momentos, você pode aprender a procurar atalhos, o tipo de pergunta orientadora ou afirmação da escuta reflexiva que mais se aproxima daquilo que o paciente precisa, e também economizará tempo.

> "Entendi. Não há necessidade de se preocupar com o controle. Em vez de empurrar para esse lado e puxar para aquele, é apenas cutucar, escutar e resumir, cutucar, escutar, e resumir...".

À medida que você começa a confiar que os pacientes podem assumir o controle, você dá mais espaço para que eles falem, e isso lhe dá liberdade para se concentrar aonde eles estão indo. Esse abandono do controle não é uma questão de tudo ou nada. Um clínico saiu de um exercício simulado e disse: "Entendi. Não há necessidade de se preocupar com o controle. Em vez de empurrar para esse lado e puxar para aquele, é apenas cutucar, escutar e resumir, cutucar, escutar, e resumir...". Depois de um tempo, você entende que não perde a sua capacidade de incentivar a mudança, pelo contrário. Orientar começa a parecer natural.

"Mas eu não posso abrir mão da responsabilidade"

Muitas discussões sobre a habilidade envolvida em orientar acabam no tema da responsabilidade. "Está tudo muito bem", alguém geralmente diz, "mas tenho um trabalho a fazer. Devo levantar esses temas. É minha responsabilidade. Não posso apenas deixar que eles decidam por conta própria!" Isso pode levar à armadilha do pensamento "ou isso ou aquilo", da falsa escolha limitada entre direcionar e acompanhar. "Posso dizer a eles o que fazer [direcionar] ou deixar que resolvam por si mesmos [acompanhar]." Ficar no meio, entre direcionar e acompanhar, significa assumir a responsabilidade pela estrutura e direção da consulta e incentivar os pacientes a criar suas próprias soluções para problemas ligados à mudança de comportamento. À medida que melhora na orientação, você será mais capaz de sentir quando está na hora de avançar na consulta, de resumir e mudar o rumo, ou mesmo de adotar um estilo diretivo e considerar outro tema. Enquanto está ouvindo os pacientes, tente não se concentrar naquilo que está acontecendo no momento, mas em como poderá captar a sua compreensão do dilema dos pacientes de um modo produtivo. Reflexões breves ou resumos longos são particularmente úteis nesse caso. Muitas vezes, alguns minutos nesse tipo de atividade podem deixar ambas as partes com mais clareza sobre o caminho à frente. Visto sob essa luz, você é o guardião da jornada como um todo, assim como o instrutor de direção, mas o paciente é o guardião dos motivos e das estratégias para mudar o comportamento. Um bom orientador promove a liberdade de escolha e proporciona apoio e conselhos de qualidade quando necessários.

> Ficar no meio, entre direcionar e acompanhar, significa assumir a responsabilidade pela estrutura e direção da consulta e incentivar os pacientes a criar suas próprias soluções para problemas ligados à mudança de comportamento.

SUPERANDO OBSTÁCULOS

Os obstáculos à orientação estão em toda a parte! À medida que se torna mais hábil, você desenvolve a capacidade de superá-los, não por meio de um esforço vigoroso ou engenhoso, mas pelo estabelecimento de uma agenda clara, pela curiosidade, e por uma genuína preocupação e respeito pela capacidade dos pacientes de esclarecer o que é melhor para eles, um solo fértil para o uso de habilidades de escuta. Abrem-se novos caminhos, e as coisas ficam mais fáceis.

Uma das origens da EM advém do entendimento de que, quando as coisas estão difíceis na conversa, pode haver uma tendência improdutiva de culpar o paciente. Quando a sintonia está prejudicada, que invariavelmente é o caso quando as coisas ficam difíceis, o que se pode fazer para consertar isso e retornar ao tipo de conversa construtiva descrito anteriormente?

A discussão a seguir se concentra em desafios comuns de três perspectivas sobrepostas: a do paciente, a do profissional e a relação entre as duas. Às vezes, a maneira como o paciente reage (p.ex., postura defensiva) e sua resposta (p.ex., irritação) proporciona um sinal claro de que nem tudo está bem. Responder de forma flexível e criativa é um desafio que pode trazer recompensas de forma bastante imediata.

Os pacientes: suas dificuldades

Os pacientes podem se sentir confusos, frustrados, defensivos, passivos e sobrecarregados pelas circunstâncias. Pode ser difícil falar sobre a mudança, e a tentação de rotular e culpar a pessoa pode atrapalhar as suas melhores intenções de usar um estilo de orientação. Considere os seguintes cenários comuns.

"Não consigo ver por que preciso mudar"

"Eles vivem em completa negação" é uma frase que costuma ser usada em muitos ambientes de saúde. Os pacientes aparentemente se fecham quando enfrentam tentativas de fazê-los pensar em mudar ou considerar a seriedade da situação. Se você usa um estilo de orientação nessa situação, defendendo a mudança, o progresso pode se congelar completamente. Quanto mais se força alguém a olhar alguma coisa, mais essa pessoa resistirá e se defenderá. Se você anda junto com a pessoa, e esclarece o que *é* importante para ela em alguma forma de agenda (ver Capítulo 4), a negação diminuirá, e você poderá fazer algum progresso. A negação não é uma propriedade fixa dentro da pessoa, mas uma reação que surge durante a comunicação entre duas pessoas em uma determinada circunstância, geralmente quando a auto-estima está sob ameaça.

A recusa em considerar uma mudança pode ocorrer mesmo quando você usa um estilo de orientação, talvez porque você se concentrou prematuramente na mudança de comportamento. Alguém que acaba de fazer uma cirurgia ou que teve uma crise médica aguda pode se sentir tão preocupado a ponto de não desejar ou de não poder absorver tentativas cuidadosas ou bem-intencionadas de levantar o tema da mudança de comportamento. Isso é comum na reabilitação cardíaca, no diabetes e no cuidado de todas as condições de longo prazo. Existe algo de maior preocupação, ou a experiência do paciente com a doença está oculta atrás da conversa que se desenrola. Alguns pacientes com asma, por exemplo, resistem às tentativas de incentivar o uso de medicamentos profiláticos porque não compartilham de sua visão sobre qual é exatamente o problema. A chave para destravar esse impasse é você usar a escuta. Cinco minutos em busca de clareza podem abrir o caminho para a mudança de comportamento e prevenir o desperdício de tempo e de consultas.

> A negação não é uma propriedade fixa dentro da pessoa, mas uma reação que surge durante a comunicação entre duas pessoas em uma determinada circunstância, geralmente quando a auto-estima está sob ameaça.

"Entendo o que você diz, mas..."

Você avança, e eles retrocedem. Chega um momento em que as palavras dos pacientes se afastam da conversa sobre a mudança, e uma voz defensiva expressa exatamente o oposto. Mudanças sutis e momentâneas na disposição de considerar uma mudança são normais e comuns quando o paciente se sente ambivalente. Nesse ponto, mesmo uma leve tentativa de sua parte de incentivar uma mudança pode levar a uma contra-reação correspondente. Se você está preparado e aceita isso como algo normal, poderá manter a calma para responder de forma adequada – por exemplo, refletindo ambos os lados da ambivalência do paciente. A paciência e a aceitação desse processo aparentemente irracional geralmente são bastante proveitosas.

> Mudanças sutis e momentâneas na disposição de considerar uma mudança são normais e comuns quando o paciente se sente ambivalente.

"Apenas me diga o que acha que eu devo fazer!"

Alguns pacientes procuram a resposta em você. Talvez seja essa a maneira pela qual as pessoas em um determinado bairro, cultura ou grupo linguístico ou etário usam os serviços de saúde. Se elas não se mostram capazes de ter suas próprias ideias, parece bastante razoável não tentar evocar as soluções delas e dar informações e conselhos, tudo dentro do estilo de orientar. Simplesmente se oferece uma ou mais sugestões e se usa uma pergunta orientadora para verificar se isso faz sentido, por exemplo, "Como isso funcionará para você?".

"Eu realmente não consigo aguentar"

O paciente se sente solitário, com problemas de moradia, não tem dinheiro, tem um problema de saúde crônico como diabetes, e agora você quer levantar a possibilidade de mudar o seu comportamento. Todos os riscos de ele não escutar estão à sua frente. Transmitir a sua compreensão da situação e afirmar as suas potencialidades para enfrentar as circunstâncias são atitudes que podem proporcionar a plataforma necessária para um processo mais concentrado no estabelecimento da agenda, que considere meios de aumentar o controle sobre a situação. Uma discussão sobre uma mudança comportamental genuinamente produtiva geralmente vem a seguir.

A dificuldade na consulta sobre a mudança de comportamento costuma ter duas vias. Ela é o local onde ocorre um tipo de casamento entre as suas aspirações e as do paciente. Vejamos como você pode se sentir na consulta de orientação, o que às vezes também é um obstáculo para o progresso.

O profissional: seus sentimentos

É bastante comum sentir coisas diferentes em relação a pacientes diferentes. Você gosta de alguns, e um pouco menos de outros. Você se sente preocupado, frustrado, incomodado ou até irritado com a sua situação, com suas atitudes ou com a pressão que você sente para assumir diferentes tarefas. A calmaria que está no centro da orientação nem sempre é fácil de alcançar.

Não se pode esperar que você esteja em um estado de perfeita calma no meio de um cotidiano movimentado, e nem que você se torne um psicoterapeuta, experiente na arte de monitorar sentimentos e seus efeitos sobre o relacionamento com o paciente. Ainda assim, as emoções podem se agitar, e o seu estado emocional afeta o processo e o resultado da consulta. Um médico experiente com quem trabalhamos lançou a seguinte frase na conversa: "Se eu trabalhar no piloto automático, e estiver um pouco estressado, produzirei respostas cansadas e automáticas". Então, explicou a importância de ter consciência e de aceitar aquilo que se está sentindo: "Depois de tantos anos fazendo isso, aprendi a verificar o que estou sentindo a cada momento. É engraçado, mas eu conheço meus humores. Se eu entender que estou estressado demais para poder ajudar o paciente, não fico incomodado com isso, apenas aceito. Então, eu me acalmo, e me sinto mais flexível".

Aspirações para a mudança comportamental

Algumas das forças mais poderosas que afetam o progresso do paciente rumo à mudança são os pensamentos e os sentimentos que você tem sobre o que pode ser bom para o paciente. Chamamos isso de *aspirações para a mudança comportamental do paciente*. Elas são comuns e perfeitamente normais, mas, se permitirmos que dominem a consulta, elas podem tornar difícil respeitar a autonomia dos pacientes para decidir o que é melhor para si mesmos.

Se permitirmos que as nossas aspirações para a mudança comportamental do paciente dominem a consulta, elas podem tornar difícil respeitar a autonomia dos pacientes para decidir o que é melhor para si mesmos.

Você levanta o tema da mudança de comportamento, e quer que dê certo. Contudo, o ato de *querer* que alguém mude tem muitas formas, e pode haver fortes sentimentos envolvidos: esperança, entusiasmo, determinação, irritação, raiva e até desesperança podem cobrar seu preço sobre o seu bem-estar e habilidade. Prestar atenção em como você se sente antes e durante a consulta pode ser a chave para fazer um bom trabalho. Considere estes exemplos, nos quais os profissionais *querem* que o paciente mude:

- Ela está trabalhando como prostituta para sustentar o vício da heroína e pode perder a custódia do filho.
- Se ela não reduzir a bebida, seu coração vai começar a falhar, e ela vai morrer.

Os profissionais muitas vezes desenvolvem um monólogo interno silencioso enquanto conversam com esses pacientes. O monólogo contém o que se chamaria de conversa sobre a mudança do profissional. "Quero ajudá-lo a chegar ao fundo disso, e mudar as coisas" (desejo). "Acho que posso fazer uma diferença aqui" (capacidade). "Ela realmente precisa mudar, pois a criança vai sofrer muito" (razões). "Devo levantar o tema" (necessidade). "Vou dar o tempo extra que ela precisa" (compromisso). Essas aspirações podem refletir valores pessoais profundos: "É por isso que eu quis esse trabalho, para ajudar pessoas como ela a mudarem as suas vidas". Elas também podem ter aspectos negativos: "Ah, não, a situação parece perdida. Não sei por onde começar".

O atendimento de saúde está repleto de pessoas com situações que os profissionais querem mudar, criando assim um conflito com o desejo simultâneo de respeitar a liberdade dos pacientes para decidir por conta própria. Eis um exemplo de como esse conflito aparece em uma conversa entre colegas:

Profissional A: "Quero que essa paciente mude sua dieta para que possamos reduzir o açúcar no sangue."
Profissional B: "Mas você não pode *forçá-la* a fazer nada. A decisão é dela."

Não é incomum o profissional ter essas duas visões simultaneamente. Suas aspirações para a mudança de comportamento são elevadas, *e* você também respeita a liberdade do paciente para tomar suas próprias decisões. Essas duas visões não são necessariamente incompatíveis. Elas fazem parte do delicado desafio que caracteriza consultas voltadas para a mudança de comportamento. Um guia de alpinismo experiente e decidido pode assistir à dificuldade do aprendiz e desejar muito que ele tenha sucesso, mas também sabe que não pode fazer isso por ele. Permitir que o aprendiz encontre a sua maneira dentro de parâmetros claros de segurança e aceitar o resultado com paciência e respeito é o que mantém um bom relacionamento de trabalho entre eles.

Também existem situações em que essas aspirações para mudança comportamental não têm tanta carga e você não se importa realmente se a pessoa muda o comportamento ou não. Essa situação costuma ser chamada de *posição de equilíbrio*.

- "Isso é difícil, usar a medicação ou não. A decisão é dele, os argumentos a favor e contra estão bastante equilibrados."
- "Vejo problemas iminentes com seus pés, mas ela tem outras prioridades no controle do diabetes. Não me importo se não falarmos sobre os pés agora."

Assim como se pode enxergar a prontidão de um paciente para mudar na forma de um *continuum*, pode-se considerar seu desejo para o comportamento ao longo de linhas semelhantes, digamos de 1 a 10, em que 1 significa que você está em equilíbrio e 10 significa que você acredita muito na importância de mudar.

Como isso pode ajudar na consulta? O fato de simplesmente ter consciência de que tem aspirações elevadas para mudança comportamental pode ajudá-lo a relaxar. O objetivo é não deixar que essas aspirações para a mudança comportamental dominem a interação com o paciente. Se você não conseguir, pode cair em diversas armadilhas. Eis alguns exemplos.

Aspirações para a mudança comportamental e armadilhas comuns

Quanto mais você quiser que o paciente mude, mais atenção deverá ter com relação ao seu próprio comportamento. Não há nada de errado em querer e esperar que seus pacientes mudem de comportamento, mas aspirações fortes podem levá-lo ao reflexo de consertar as coisas e outras dificuldades. Monitorar o que está sentindo é o primeiro passo. Depois disso, você deve ter cuidado para não cair em um padrão de resposta que o afaste da orientação. Eis alguns exemplos.

> Monitorar o que está sentindo em relação à mudança do comportamento do paciente é o primeiro passo para evitar dificuldades.

Caindo no direcionamento

Às vezes, você opta por um estilo diretivo não porque sente que o paciente espera isso, mas porque sente o quanto mudar é importante para ele. Você pode estar sentindo que tem pouco tempo ou pode simplesmente ter tanta vontade de promover a mudança, que adota o estilo diretivo. O resultado é que se afasta da orientação. Isso pode acontecer nos primeiros segundos de uma discussão:

Profissional: [sentindo-se bastante determinado] Estou para lhe perguntar se você fez alguma coisa em relação ao cigarro, pois é uma grande preocupação para a sua saúde.

Paciente: [fechando-se imediatamente] Bem, nunca durou muito nas vezes em que parei. Então estou apenas tocando a minha vida.

Persuadindo demais

Seu desejo de incentivar a mudança pode levá-lo à armadilha da persuasão-resistência: quanto mais você persuade, mais o paciente resiste. Um bom guia nunca anda demais à frente.

Profissional: [sentindo muita preocupação pela paciente] A menos que pare de usar drogas, você vai perder o bebê. Você já pensou sobre algum tratamento que possa ajudá-la com isso?
Paciente: Meu problema é o dinheiro, tipo, eu trago esses caras [prostituição] para alimentar a mim e ao bebê, e a heroína me ajuda a sobreviver.

Salvando o paciente

Outra resposta comum ao desejo forte de que os pacientes mudem é tentar salvá-los. Isso pode ter muitas formas, desde entusiasmo excessivo, urgência, e promessas de apoio ou mesmo romper os limites e visitá-los em casa, até colocar a mão no bolso e dar dinheiro, e assim por diante. De um modo perverso, um salvamento às vezes pode ser a última coisa de que a pessoa precisa, pois você pode estar involuntariamente reforçando o papel do paciente como a vítima que espera pela sua solução. A bondade pode ir longe demais, particularmente quando substitui as ações que os próprios pacientes podem tomar.

Acompanhando o paciente e se perdendo

Se alguém está tendo dificuldades com más notícias ou com uma perda, seu coração se abre para essa pessoa, e você sabe que apenas estar com a pessoa ou acompanhá-la em suas dificuldades pode ajudar bastante. Um padrão semelhante pode se desenvolver na discussão da mudança de comportamento, quando o seu desejo de ajudar o leva a apenas ouvir (acompanhar), e você perde o controle sobre o rumo da discussão. Em algumas situações, nas quais você desenvolve um relacionamento com o paciente ao longo de vários encontros, esse padrão pode durar meses ou até anos. Quando a mudança do comportamento é uma das principais questões que a pessoa enfrenta, pode ser produtivo recuperar um pouco do controle sobre o rumo da discussão, talvez fazendo uma ou duas perguntas orientadas, sem prejudicar o relacionamento com o paciente. A agenda pode ser uma maneira produtiva de ajudar ambos a se distanciar da situação e considerar opções para a mudança de comportamento. Ser franco em relação a isso com o paciente também pode ajudar.

Sobrecarregando os pacientes com informações

Você se sente muito preocupado; talvez não tenha muito tempo, e então simplesmente começa a fornecer informações. Existe um problema, você é o profissional, você conserta as coisas que dão errado, e a troca de informações faz parte da sua caixa de ferramentas. Combine isso com um forte desejo de que o paciente mude, e essa ferramenta pode sair da caixa em um fluxo de informações que logo perde a atenção do paciente passivo.

Identificando problemas e fraquezas

Às vezes, você acredita tanto em fazer o trabalho e onde pensa que o problema está que esquece a visão do paciente e se concentra na zona problemática do comportamento com tal determinação que coloca o paciente em uma postura defensiva. O ato de policiar "maus" comportamentos acaba com a oportunidade de evocar as potencialidades e as aspirações do paciente.

Suas aspirações positivas para a mudança no paciente podem ser um reflexo de um julgamento com consideração e preocupação genuína, ou podem ser motivadas externamente por diretrizes e protocolos de atendimento. O primeiro caso pode ser usado com bons resultados. Já o segundo talvez exija maior atenção da sua parte. Nosso objetivo aqui não é transformá-lo em um psicoterapeuta, mas simplesmente incentivá-lo a prestar atenção em suas próprias reações emocionais e como elas podem descarrilar o processo de orientação.

As consultas relacionadas com a mudança de comportamento contêm uma mistura de suas aspirações e das do paciente. A maneira como se abre um caminho construtivo através desse desafio é o próximo tópico.

O relacionamento: quando as agendas diferem

Considere como uma consulta pode ocorrer nas circunstâncias apresentadas no diagrama simples da Figura 9.1. Os cenários mais difíceis são aqueles em que há desacerto entre as aspirações (marcados com sinais de perigo na figura).

Quando existe discordância entre você e o seu paciente – geralmente quando as suas aspirações para mudança comportamental são elevadas e as do paciente são baixas –, pode haver desperdício de tempo, se você agir como se o desacordo não existisse ou não devesse existir. Você pode até sentir que está calmamente tentando resolver esse desacordo, efetivamente influenciando ou mesmo manipulando o paciente dessa ou daquela forma. A empatia e a aceitação do paciente, que estão no centro da EM, são logo destruídas. Nessa situação, concordar um pouco com o paciente pode ajudar, e o estabelecimento da agenda é projetado exatamente para isso. Uma abordagem semelhante também se faz necessária na situação inversa, quando as aspirações do paciente são elevadas e as suas são baixas. Por exemplo, um paciente quer muito que você o encaminhe para uma cirurgia, enquanto você não está tão convencido disso. Em um dado momento, vocês deverão ter uma discussão aberta a respeito.

Estabelecimento da agenda

O estabelecimento da agenda, introduzido no Capítulo 4, é uma estratégia de rotina para desenvolver um compromisso entre suas aspirações e sua agenda e as do paciente. Quanto mais você sente necessidade de impor suas aspirações sobre o paciente, maior a necessidade de estabelecer a agenda de trabalho de forma clara.

> "Quero que ela faça mais exercícios e se prepare para voltar a trabalhar, mas ela quer que eu dê mais um atestado liberando-a do trabalho."
> "Quero me concentrar no cigarro, e ele parece pensar que uma mudança na medicação resolveria tudo."

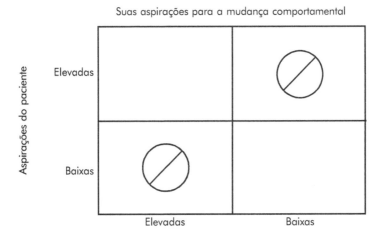

Figura 9.1
Aspirações para a mudança comportamental.

"Agora ele quer mais uma solicitação de exames, e ele sabe que eu quero que ele avalie as pressões do dia-a-dia que provavelmente causam as dores de cabeça."
"Ela quer cada vez mais analgésicos, e eu quero que ela faça mais atividades."

A sintonia é indispensável para resolver essas dificuldades. No Capítulo 4, descrevemos o processo estruturado de expor todos os temas possíveis que se quer discutir, proporcionando a você e ao paciente a oportunidade de decidir o caminho a seguir de comum acordo. Todavia, pode-se usar uma forma menos estruturada de estabelecimento da agenda no meio da consulta para lidar com uma divergência entre as suas aspirações e as do paciente. Por exemplo, na quarta situação descrita, em que a paciente quer mais analgésicos e você acredita que fazer mais exercícios seria melhor, você pode fazer o seguinte:

Quanto mais você sente necessidade de impor suas aspirações sobre o paciente, maior a necessidade de estabelecer a agenda de trabalho de forma clara.

- Resuma como a paciente está se sentindo e sua compreensão das suas aspirações. Isso aumenta a sintonia e garante que a paciente não sinta que você não a está entendendo ou que está ignorando as suas necessidades.
- Continue com o estabelecimento da agenda; por exemplo:

  "Vamos dar um passo para trás por um minuto e olhar o nosso progresso. Nós queremos livrá-la da dor, com certeza, e podemos falar de diferentes maneiras de chegar lá. É possível tomar mais analgésicos, algo que você quer e que me preocupa, e é possível fazer mais exercícios, que eu prefiro e que preocupa você! Então, para onde vamos a partir daqui? Faltou alguma coisa?"

Não é aconselhável ser prescritivo sobre aonde se pode ir em uma consulta difícil como essa. Todavia, estabelecer uma agenda lhe dará mais liberdade, por exemplo, para falar sobre as suas preocupações com os analgésicos, particularmente se você pedir permissão antes. Transmitir a sua preocupação com o bem-estar do paciente e usar o estabelecimento da agenda para ser aberto com diferentes aspirações são atitudes que costumam levar a uma rota mais produtiva para sair do impasse.

As consultas mais difíceis: onde o direcionamento parece essencial

A prática cotidiana gera pressões e situações que podem confundir você e o seu paciente. De forma ideal, você pode querer adotar um estilo orientador, mas também tem outros papéis, geralmente definidos pelo ambiente onde trabalha. Isso pode significar que você às vezes deve deixar de orientar e impor certos tópicos para o paciente. Eis alguns exemplos:

- Você pode querer ajudar uma mãe problemática a mudar o seu comportamento, pois ela se beneficiaria se tivesse mais contato social com outras pessoas, se bebesse menos e com novas abordagens para lidar com os problemas de comportamento de seus filhos, mas seu dever é considerar o bem-estar das crianças, se estão em situação de risco.
- Seu trabalho exige que você levante o tema da mudança e estilo de vida de um modo que não é fácil de integrar no estilo de orientação. Há uma rotina de avaliação que *deve* ser seguida.
- Você se sente obrigado a advertir um paciente de que o resultado de um exame tem implicações muito claras para a mudança comportamental.
- Um paciente tem o hábito de dirigir enquanto intoxicado e representa um perigo claro para os outros.

Se o seu local de trabalho, o papel que desempenha ou o seu julgamento clínico o obriga a adotar um estilo diretivo e impor uma discussão de temas difíceis para o paciente, como é possível integrar essa obrigação em um estilo de orientação a ser usado para abordar a mudança comportamental? Eis algumas diretrizes que você pode considerar úteis, usando o primeiro exemplo da mãe problemática.

> De forma ideal, você pode querer adotar um estilo orientador, mas também tem outros papéis, geralmente definidos pelo ambiente onde trabalha. Isso pode significar que você às vezes deve deixar de orientar e impor certos tópicos para o paciente.

- Dedique-se mais para criar sintonia e escutar, o mais cedo possível na consulta.
- Explique o desafio para ambos assim que possível, de preferência no início da consulta. Você ou seus pacientes podem usar a metáfora de trocar de chapéu. Considere esta abordagem:

  > "Uma parte muito importante do meu trabalho é ajudar você, da maneira que lhe parecer correta. E eu gostaria de passar mais tempo falando sobre isso hoje [o chapéu da orientação]. Mas tem outra parte do meu trabalho [o chapéu do direcionamento], que significa que eu devo pensar no que é melhor para as crianças. Então eu fico alternando entre esses dois trabalhos. Mas eu gostaria de começar com como poderia ajudar você, pois sei que uma mãe mais feliz significa filhos mais felizes, se você me entende".

- Se o problema ocorre no meio da consulta, pare tudo. Resuma onde está, dê um passo atrás, e aborde o problema. Tente ser claro e hones-

to, certificando-se de que a prioridade é transmitir respeito pelo paciente.
- Se possível, comece com as preocupações do paciente, e use o estilo de orientação. Dedique-se a expressar aceitação e demonstrar, com a escuta reflexiva, que entende a situação do paciente, mesmo que isso seja breve, com apenas algumas afirmações de escuta reflexiva.
- Torne a troca de papéis entre orientar e direcionar explícita. É isso que queremos dizer com "trocas de chapéu". Tente não misturar ou confundir essa distinção entre os papéis, agindo durante a conversa de um modo que possa confundir o paciente. Por exemplo, você pode dizer:

> Torne a troca de papéis entre orientar e direcionar explícita. É isso que queremos dizer com "trocas de chapéu". Tente não misturar ou confundir essa distinção entre os papéis, agindo durante a conversa de um modo que possa confundir o paciente.

"Falei sobre meus trabalhos diferentes, e passamos bastante tempo discutindo como você pode lidar melhor com as crianças e sair mais de casa, para sua própria sanidade. Agora, eu gostaria de trocar de chapéu e falar apenas sobre as crianças, pois tenho algumas preocupações que gostaria de lhe perguntar. Pode ser?"

A SUA PRÓPRIA SAÚDE

Sentir-se responsável por mudar o comportamento das pessoas é algo que pode ser desgastante. À medida que aprende o estilo de orientação da EM, você verá que essa fonte de estresse diminui e que você aprende a cuidar e a conhecer o paciente sem necessariamente assumir o ônus de fazer a mudança comportamental acontecer.

> A orientação envolve um equilíbrio delicado entre se aproximar o suficiente dos pacientes para entender e sentir empatia por suas experiências e manter o seu papel separado como profissional da cura.

Com a isenção da responsabilidade, vêm outros desafios diferentes: seu trabalho pode aproximá-lo da fonte do sofrimento associado às tentativas do paciente de considerar a mudança. Isso também pode ter um custo sobre o seu bem-estar. A orientação envolve um equilíbrio delicado entre se aproximar o suficiente dos pacientes para entender e sentir empatia por suas experiências e manter o seu papel separado como profissional da cura. Na história bíblica, Moisés encontra a sua vocação na vida quando sua atenção se volta para um arbusto que queima mas não é consumido. Esse é o equilíbrio da cura: queimar sem ser consumido. Um pediatra bastante experiente colocou isso da seguinte maneira:

> "Cada família que chega a mim tem uma história, e cada história é interessante, e cada história é diferente. Meu interesse nunca se apagará,

pois estou interessado em suas histórias. Quando começo a tratar os pacientes através de listas e fórmulas é que fico aborrecido, e é quando corro o risco de me apagar".

ANALISANDO SUAS PRÓPRIAS CONSULTAS

Outra coisa que pode ajudá-lo a melhorar na orientação é escutar gravações de suas próprias consultas (feitas com a permissão do paciente, é claro). É como um atleta assistindo a um vídeo de seu desempenho. Dessa forma, você pode observar de forma mais clara quando as coisas deram certo e o que saiu errado.

"No início, parecia que eu estava dando todo o controle para eles, e que eu não poderia sequer controlar o tempo, muito menos cobrir tudo que queria e precisava fazer. Então, quando estava escutando a gravação de uma consulta, notei uma pergunta aberta que tinha feito. Eu estava no controle, mas o paciente ainda estava se movendo. A consulta havia mudado completamente. Na hora, eu não notei o que tinha acontecido."

PRATICANDO SUAS HABILIDADES NA VIDA COTIDIANA

Existe um consistente bibliografia mãe-bebê, que sugere que a orientação é um estilo de comunicação aparentemente universal e natural para ajudar os bebês a adquirir domínio sobre o seu novo ambiente. *Suporte* ou *participação orientada* são termos usados para descrever como bons pais ou tutores estruturam a conversa, de modo que as necessidades e as capacidades da criança sejam cuidadosamente atendidas. O pai ou tutor habilidoso não faz demais (direcionar) ou de menos pela criança, deixando que a criança tropece (acompanhar). A orientação habilidosa produz melhores resultados em relação à aprendizagem.

> É possível praticar a escuta em quase qualquer conversa, e não apenas a serviço da orientação.

Entre as oportunidades para praticar orientação, pode estar uma conversa com um amigo sobre uma decisão difícil. A tentação de se precipitar com conclusões usando o estilo diretivo costuma ser forte. Escutar, perguntar, sugerir, apoiar e estimular provavelmente sejam atitudes mais produtivas e efetivas. Mais para o fim da vida, as pessoas idosas muitas vezes precisam discutir problemas difíceis. Que combinação entre escutar, perguntar e informar se deve usar? Não existe fórmula aqui, mas o uso dessas habilidades a serviço da orientação costuma ser mais efetivo do que simplesmente direcionar para resolver os problemas.

É possível praticar a escuta em quase qualquer conversa, e não apenas a serviço da orientação. A primeira coisa que você pode notar quando tenta usar a reflexão na vida cotidiana é que a atenção exagerada às palavras que usa pode afastar o foco de um interesse genuíno naquilo que a outra pessoa está dizendo. É aquela estranha sensação inicial quando se começa a adquirir habilidade, mas não deixe que isso o atrapalhe. Vá em frente, pois em seguida parecerá mais natural, e a recompensa estará à sua frente.

Por trás de todo esse foco em suas habilidades, está uma coisa mais importante, que vai além do aspecto técnico. Por meio de escuta e orientação habilidosas, você está transmitindo uma mensagem de aceitação, esperança e compaixão. Isso não pode ser feito de maneira artificial. De certo modo, a compaixão, aceitação e esperança são suas experiências internas, mas elas não têm muita utilidade para os pacientes até que você as comunique. É claro que você poderá verbalizar essas coisas diretamente: "eu me importo", "acho que tudo vai ficar bem". Ainda assim, existe algo particularmente poderoso em relação ao estilo compassivo de orientação e escuta que comunica esperança e aceitação, não apenas naquilo que você diz, mas em como você é com os seus pacientes. Provavelmente, o desejo de ser uma presença curativa para os outros é uma das razões pelas quais você escolheu a sua profissão. As habilidades de escutar reflexivamente e de orientar e acompanhar estão entre as melhores maneiras de comunicar o seu interesse e aceitação. Praticá-las também aumenta a sua capacidade de aceitação e compaixão.

CONCLUSÃO

Este capítulo conclui a descrição do método da EM e de como ele pode ser usado em circunstâncias bastante difíceis no cotidiano do tratamento de saúde. O próximo e último capítulo discute a aplicação da EM no ambiente clínico mais amplo em que o tratamento ocorre.

10
Além da consulta

O principal propósito deste livro é definir e descrever uma abordagem para consultas individuais de cuidados de saúde. Incentivamos o uso da consulta para ajudar os pacientes a explorar a sua própria ambivalência em relação à mudança e para maximizar o seu controle sobre a sua própria saúde. Neste capítulo, apresentamos alguns exemplos em que a EM se encaixou adequadamente no sistema em que foi usada. Esperamos que eles mostrem como a EM pode ser integrada em serviços que satisfaçam as necessidades dos pacientes e também promovam a mudança de comportamento.

As consultas individuais claramente têm seus limites. Forças externas à consulta, na clínica e fora dela, criam obstáculos para a mudança. As condições econômicas e sociais muitas vezes afetam as tentativas das pessoas de melhorar a sua saúde e o seu estilo de vida. Forças dentro do local de tratamento também afetam o seu trabalho. Por exemplo, se o serviço ou sistema de saúde reforça a passividade do paciente, mesmo seus melhores esforços para promover a mudança por meio de consultas individuais podem ser anulados.

> "O próximo, por favor! [depois de uma hora esperando em uma sala de espera lotada] Obrigado, senhora Evans. Posso pedir para a senhora tirar a roupa e vestir esta camisola? Voltarei em seguida para examinar seus sinais vitais, está bem? Depois a enfermeira lhe atenderá, e então..."

Se você fizer uma consulta sobre a mudança comportamental depois que o paciente foi submetido a esse tipo de rotina, será muito mais difícil fazer uma orientação adequada, com ênfase em um paciente que está considerando opções ativamente e assumindo o controle das mudanças em sua vida. Além disso, se vários dos seus colegas não se comprometerem a adotar uma abordagem mais cooperativa em sua comunicação com os pacientes, pode-se questionar o impacto do seu trabalho individual.

Essas barreiras dentro e além do sistema de saúde influenciam as motivações dos pacientes para mudar o comportamento em relação à sua saúde. *Será possível mudar um sistema de saúde de modo a remover os obstáculos e tornar os profissionais mais capazes de integrar um estilo orientador em seu trabalho cotidiano?* Nosso ponto de partida aqui é que podemos e devemos fazer isso. Nosso objetivo é identificar sinais de mudança na prestação de serviços de saúde. Buscamos isso com total consciência de que esse desafio de mudar sistemas já foi abordado por indivíduos com muito mais experiência e conhecimento do que nós. Porém, mudanças criteriosas no serviço ou sistema de saúde podem fazer uma grande diferença naquilo que acontece no consultório e podem tornar o estilo orientador mais fácil de usar e mais efetivo.

Os relatos apresentados a seguir vêm de ambientes clínicos reais. Conversamos com os profissionais envolvidos e viemos a conhecê-los e a seus sistemas de forma bastante profunda. As descrições e citações são precisas em relação ao conteúdo, mas foram adaptadas para preservar o anonimato quando necessário. O primeiro grupo de exemplos se concentra em remover obstáculos gerais no sistema, e o segundo envolve tentativas diretas de usar a EM no tratamento de saúde.

REMOVENDO OBSTÁCULOS À MUDANÇA

Nesses dois exemplos, as mudanças sistêmicas ajudaram a tornar o serviço mais acessível aos pacientes e às suas necessidades, incentivando-os a fazer escolhas sobre a mudança comportamental sempre que possível. Antes das mudanças, parecia quase impossível integrar a EM no sistema. Depois delas, a EM se tornou algo que a equipe se mostrava ávida para fazer.

Reformulando o serviço

Ambiente e problema: Clínica ambulatorial para desintoxicação e tratamento de abuso de substâncias.
Objetivos: Aumentar a frequência, envolver os pacientes de forma mais ativa no tratamento, promover mudanças no uso de substâncias.

Antes

Os membros da equipe do programa eram competentes e bem-intencionados, mas também estavam desestimulados e desanimados. Todos os dias, eles atendiam pessoas cujas vidas haviam sido devastadas e que eram dependentes de álcool e outras drogas de abuso. A equipe médica proporcionava serviços de desintoxicação de qualidade para pacientes ambulatoriais, depois dos quais o tratamento para o abuso de substâncias era disponibilizado no próprio local. Ainda assim, muitos pacientes não apareciam para suas consultas, mesmo para avaliações iniciais. Muitos que concluíam a avaliação e a desintoxicação jamais voltavam para o tratamento. Alguns deles voltavam a aparecer meses depois, novamente muito doentes. Havia uma atitude geral de pessimismo e impotência entre a equipe, que acreditava que esses pacientes eram ingratos, rudes, resistentes, desmotivados e viviam em negação. A rotatividade da equipe era alta, assim como o absenteísmo, e era comum haver brigas entre os membros da equipe.

Vamos olhar por um momento pelos olhos de um paciente que tenta obter ajuda nesse serviço. Não é possível marcar consultas pelo telefone. Em vez disso, os pacientes, cuja maioria era pobre, deveriam comparecer às 8 horas da manhã, quando a janela de admissão abria. A clínica estava localizada em um bairro industrial, a uma certa distância da linha mais próxima de transporte público e para chegar à clínica através desse transporte demorava até duas horas. A janela de admissão era literalmente assim: uma pequena janela de vidro em uma parede, onde a equipe atendia. A janela abria para um corredor escuro e geralmente frio no inverno. Havia quatro ou cinco cadeiras velhas no corredor, e os outros pacientes ficavam de pé. Todo o movimento da manhã passava por eles: funcionários chegando para o trabalho, pacientes vindo tomar sua dose diária de metadona, policiais e seguranças. Quando a janela abria às 8 horas, geralmente já havia uma fila de pessoas esperando. Devido à complexidade do processo de admissão, apenas cinco ou seis podiam ser atendidos. O resto deveria esperar até a tarde ou ir para casa e tentar novamente no dia seguinte. A atmosfera da janela de admissão era rude e caótica.

Aqueles que ficavam eram levados, um de cada vez, até a área médica da clínica. Alguns esperavam duas horas antes de ser chamados. Primeiramente, uma enfermeira os atendia, media os sinais vitais e fazia uma triagem para a necessidade aguda de desintoxicação. A seguir, passavam meia-hora com um assistente social, que determinava a situação ocupacional, renda (como o contra-cheque), e fazia uma série de perguntas para determinar a elegibilidade para assistência social ou apoio público. Se não fossem excluídos nessa etapa, eles se reuniam com outro funcionário da admissão para preencher uma série de formulários e uma entrevista estruturada, que fazia uma série de perguntas bastante pessoais.

Depois disso, marcavam uma consulta para retornar para a orientação, chamada grupo "O", um dos dois grupos semanais que preparavam as pessoas para o tratamento, e que também serviam como um sistema de contenção, até que os pacientes pudessem ser encaminhados para um conselheiro e triados para verificar a "motivação". O grupo O assistia a uma série de palestras e filmes sobre os perigos do abuso de substâncias, e os pacientes participavam, em média, de quatro a seis sessões antes de ser encaminhados ao conselheiro. Nesse caso, eles eram informados do nome do conselheiro e da hora da consulta para retornarem e começarem o tratamento. Apenas uma pequena fração dos pacientes que apareciam na janela de admissão faziam todo o caminho até a primeira consulta de aconselhamento. Para aqueles que conseguiam, o tratamento que recebiam era qualquer coisa que o conselheiro julgasse apropriado.

Mudanças no sistema

A nova administração ofereceu recursos e a oportunidade de fazer mudanças nesse sistema de prestação de serviços. O objetivo era criar uma clínica que fosse acolhedora e acessível e que prestasse serviços efetivos o mais rápido e para o maior número possível de pacientes. Desenvolveu-se um conjunto de "sete Cs" como princípios condutores para esse novo modelo de tratamento centrado no paciente:

1. *Cortesia*: Cada paciente, atendente e colega sempre é tratado de maneira cortês e respeitosa.
2. *Colaboração*: Os membros da equipe têm um sentido de propósito comum e cooperação na busca de objetivos compartilhados. A maioria dos objetivos é alcançada por meio de iniciativas colaborativas, em vez de trabalho individual.
3. *Contribuição*: Cada pessoa tem uma quantidade razoável de trabalho a fazer, procurando maneiras de fazer contribuições pessoais para a missão e os objetivos comuns.
4. *Consciência*: Cada pessoa está comprometida com promover a excelência dos serviços e tem consciência dos protocolos e padrões.
5. *Comunicação*: Há uma comunicação aberta em toda a clínica. As preocupações são levantadas e as informações são verificadas diretamente com as pessoas envolvidas.
6. *Conexão*: Os membros de cada unidade entendem a sua conexão com toda a organização e se comprometem com a visão e missão comuns da clínica.
7. *Comunidade*: Cada pessoa tem um sentido de responsabilidade comum pela atmosfera, aparência e serviços da clínica, assim como pelo bem-estar de todos os pacientes.

Muitas mudanças práticas foram feitas no decorrer de um ano. A parede onde ficava a janela de admissão foi derrubada, criando uma área de espera confortavelmente iluminada e aquecida, com bastante lugar para sentar, e separada do corredor de entrada. Os pacientes eram recepcionados e recebiam café ao chegarem. Ao longo do dia, havia as opções de consultas marcadas ou atendimento imediato. Foi instalada uma caixa para comentários dos pacientes, com estímulo para comentar problemas e bom atendimento. O sistema de admissão foi agilizado. Grande parte das informações essenciais passaram a ser coletadas por meio de um questionário, a ser preenchido na sala de espera, com ajuda disponível para pacientes que tivessem dificuldade para ler ou entender. A primeira pessoa que atendia os pacientes não era um assistente social que fazia perguntas, mas um conselheiro experiente, que dizia: "Vou precisar fazer algumas perguntas daqui a pouco, mas, por enquanto, quero ouvir o que o trouxe aqui hoje. Conte-me o que está acontecendo". Seguia-se meia hora de escuta de qualidade, que geralmente proporcionava a maioria das informações específicas necessárias. O objetivo era aumentar a motivação para mudar e proporcionar um serviço que provavelmente ajudasse, mesmo que fosse a única visita desse paciente.

A clínica também desenvolveu um *menu* de opções de tratamento individual e em grupo baseado em evidências, que estavam disponíveis em diversos horários do dia ou da noite. As horas de atendimento foram ampliadas, sem aumentar o número geral de funcionários. O grupo de orientação foi descontinuado, e os pacientes passaram a receber, na admissão, uma lista e explicação dos serviços disponíveis e apoio para escolher o que queriam e precisavam entre as opções oferecidas. O objetivo era conectar cada paciente com um conselheiro e começar o tratamento dentro de uma semana. Muitas vezes, o paciente já conseguia se reunir com o seu conselheiro durante o processo de admissão ou desintoxicação.

O impacto sobre os pacientes e os funcionários foi notável. A permanência dos pacientes aumentou de forma dramática, e, após uma certa rotatividade de funcionários que preferiam o sistema antigo, também aumentou a permanência da equipe. No lugar de culpar os pacientes por serem desmotivados, os membros da equipe passaram a considerar normal que houvesse ambivalência e tratar a necessidade de lidar com a baixa motivação como parte de seu trabalho. A clínica sobreviveu em uma era de gestão da saúde em que muitas outras fecharam, e uma avaliação abrangente mostrou resultados excelentes para os pacientes, em comparação com os observados em ensaios clínicos controlados.

Um sentido de valores comuns compartilhados permeia o âmago dessa história, embora o ímpeto inicial para mudar tenha ocorrido de um modo diretivo, com uma mudança na administração. Isso não é essencial para reformular o serviço – já encontramos um serviço para adolescentes com diabetes onde uma equipe de profissionais decidiu adotar uma nova abordagem ao problema da baixa frequência e níveis baixos de controle glicêmico entre os pacientes. Perguntou-se aos pacientes o que eles preferiam, e as horas de atendimento da clínica foram alteradas para o final da tarde, para dar tempo para chegarem da escola ou faculdade. Com isso, houve uma mudança mais sutil. A equipe clínica mudou de seu atendimento baseado em "peso e sangue" para algo mais relaxado, reflexivo e sintonizado às necessidades dos pacientes. Essa transformação silenciosa levou a algo muito diferente no ponto de partida: um sistema onde os jovens chegavam e alguém lhes perguntava: "Quem você gostaria de ver primeiro hoje?". A atmosfera, a maneira de conduzir as consultas e a seleção das opções de tratamento seguiam um padrão bastante semelhante ao descrito na clínica para abuso de substâncias. A frequência melhorou. E a equipe havia começado com valores compartilhados e uma única inovação. O próximo exemplo ilustra como seguir esse princípio pode dar frutos.

Uma única inovação

O seguinte exemplo, que foi acompanhado por vários anos, vem do mundo em desenvolvimento. A equipe, trabalhando em um dos maiores hospitais de ensino da África, estava enfrentando uma situação desesperadora: a baixa adesão ao tratamento para uma condição potencialmente letal entre pacientes pobres.

Ambiente e problema: Serviço de internação e ambulatório para crianças com HIV/AIDS; baixa adesão ao tratamento.
Objetivos: Promover a adesão à terapia anti-retroviral; aumentar a integração econômica e social das mães; mudar o programa para incentivar estilos de vida mais saudáveis para os pacientes.

Antes

Mais de 150 mães foram registradas nesse serviço, que precisavam dar um regime regular de medicação para seus filhos, que tinham uma condição potencialmente letal. A equipe não poderia enfatizar o suficiente a importância da adesão, e era essencial que o tratamento ocorresse todos os dias. As taxas de adesão eram baixas, e isso era desanimador para todos os envolvidos. A quantidade de novos pacientes encaminhados continuava a crescer, com mães e filhos portadores de HIV/AIDS.

O caminho típico para as mães começava na unidade de admissão pediátrica aguda. Se o bebê ou criança sobrevivesse à infecção aguda, era transferido para o tratamento para pacientes ambulatoriais. Aí começavam os problemas. A frequência nas consultas subsequentes era esporádica, e parecia difícil fazer as mães "entenderem" a importância da adesão. Elas tinham uma visão confusa a seu respeito. As dificuldades de comunicação eram muitas, e os membros da equipe consideravam as mães "em negação". Pouquíssimas trabalhavam, viviam principalmente em habitação abaixo dos padrões mínimos e tinham muita dificuldade para pagar pelo transporte para as consultas de rotina. Em sua cultura, o HIV era causa de vergonha. Se tomassem os remédios ocidentais, muitas paravam quando elas ou seus filhos melhoravam, levando a diversos problemas médicos e de saúde pública. "Quando as mães ficam bravas", um enfermeira contou, "sabemos que começamos a fazer progresso. Significa que há esperança." Porém, na maior parte, a passividade era a norma. A terapia anti-retroviral havia sido criada há pouco, mas como se poderia melhorar a adesão?

Mudanças no sistema

A mudança no formato e na prestação do serviço pode ser descrita ao ser acompanhanda a trajetória de uma nova mãe. Ela é paupérrima e vive com doze outras pessoas em um barraco em uma grande favela. Chega ao hospital de ambulância, com seu filho muito doente. Ela passa a maior parte dos próximos quinze dias na clínica, e a criança começa a se recuperar de uma séria infecção respiratória aguda. Logo após a chegada, a mãe é levada para a área de espera, onde é apresentada a um dos conselheiros, que lhe dá uma xícara de café e um sanduíche. Lá, conhece outras mães, que estão sentadas ao redor de uma mesa. A área de espera é animada, com uma atmosfera de um pequeno mercado. As mães fazem colares de artesanato, e há uma vela no meio da mesa para cortar o fio de *nylon* que usam. A nova mãe aprende como pode conseguir trabalho. Ela começa a conversar com as outras sobre a vida que leva. Crianças brincam no chão, alternando-se para ser atendidas pelo médico, para monitorar a sua condição e tomar o remédio anti-retroviral. Na maioria, parecem muito bem.

Quando a criança é liberada da internação, a mãe marca uma consulta ambulatorial, e recebe um saco com contas e fios, depois que outra mãe a ensina a fazer crachás para conferências. Retorna na semana seguinte, quando um médico examina a ela e a seu filho. Durante essa consulta, ela conhece mais mães e vende seus melhores trabalhos na enfermaria, que serão posteriormente vendidos por uma pequena organização de caridade.

Nos meses seguintes, ela aprende com as outras mães como usar o remédio antirretroviral. Faz amizades e fala da dificuldade de revelar que é portadora do HIV. Ela também tem a oportunidade de conversar de modo informal ou em particular com qualquer um dos conselheiros que trabalham na clínica, muitos dos quais também são soropositivos e se ofereceram como voluntários para ajudar outras pessoas. Ela usa a renda obtida com o primeiro saco de contas para comprar mais, e agora tem bastante trabalho e faz visitas regulares à clínica, onde abriram uma conta bancária para ela.

"Tente imaginar", disse o pediatra chefe, "as vidas que essas pacientes levam. É realmente impossível de imaginar. Eu tento, mas não consigo." Olhando para trás, o processo de mudança veio de uma experiência de empatia profunda. Pequenas visões das suas vidas levaram à ação.

"Estamos tratando apenas uma parte do problema", ele disse alguns anos depois. "Se as pessoas não tiverem alimento adequado na barriga, isso afeta o tratamento e, se não fizermos nada a respeito, os problemas médicos voltam para nos assombrar. A questão é a seguinte: nossas responsabilidades podem e devem ir além do tratamento do indivíduo. Decidimos desenvolver uma intervenção socioeconômica dentro dos muros do nosso hospital."

O que começou como uma inovação aparentemente limitada visando proporcionar trabalho e dinheiro para o transporte agora ajuda a derrubar outras barreiras: isolamento social, dificuldade em revelar o *status* de soropositivo, entender como a medicação funciona, e superar uma ampla variedade de obstáculos pessoais e sociais. O tratamento para as crianças, se aderirem aos regimes de medicação, está começando a parecer com o manejo de outras doenças crônicas, como o diabetes, em vez de um tratamento terminal. Esse modelo de boa prática está sendo replicado em outros locais (ver www.kidz positive.org). Os membros da equipe receberam uma formação inicial em EM, que é totalmente congruente com as peculiaridades do serviço e a ênfase no fortalecimento dos pacientes. Os conselheiros estão desenvolvendo uma identidade profissional, reúnem-se com o pediatra todas as semanas, e também formam redes com outras equipes que tratam crianças em outros países africanos (www.teampata.org).

Esse tipo de inovação não é único. Simplesmente mudar uma clínica do hospital para a comunidade pode fazer uma grande diferença. De fato, o crescimento da atenção primária em todo o mundo pode ser visto como um esforço para aumentar o acesso e a continuidade do tratamento, que tem um impacto real sobre a vida das pessoas. Diversos exemplos de iniciativas comunitárias em cuidados de saúde e sociais ilustram o valor de tentar aumentar a consciência, de educar as pessoas sobre questões importantes, de proporcionar melhor tratamento de saúde, e até mesmo de melhorar as circunstâncias econômicas. A mudança no comportamento relacionado com a saúde é mais provável de ocorrer nessas circunstâncias.

IMPLEMENTANDO A EM

Nos exemplos anteriores, o uso da EM emergiu como um subproduto de uma melhora mais fundamental nos serviços. Nesta seção, voltamos nossa atenção para as tentativas diretas de introduzir a EM em um sistema. No primeiro exemplo, a capacitação em EM levou a mudanças complementares na prestação dos serviços. No segundo, a EM foi usada como estrutura para promover a saúde em um programa de purificação de água em um país em desenvolvimento.

Capacitação em EM e outras mudanças

Ambiente e problema: Serviço hospitalar para pacientes internados e ambulatoriais; reabilitação cardíaca.

Objetivos: Mudar o programa para incentivar estilos de vida mais saudáveis para os pacientes; incentivar a equipe a aprender a EM; adaptar rotinas e procedimentos ao estilo de orientação.

Esta breve narrativa descreve um trabalho em andamento, que deve servir como uma oportunidade para que você tenha mais ideia da natureza contínua da mudança dentro de um sistema e dos desafios envolvidos. Ela deve ser do interesse de praticamente qualquer pessoa que trabalhe dentro da atenção primária ou secundária.

Antes

Depois que os pacientes haviam saído de suas crises agudas, eles pareciam passivos, assustados e às vezes depressivos, independentemente de terem feito uma cirurgia ou não. Eles estavam acostumados a ouvir falar sobre a necessidade de fazer mais exercícios, de controlar a dieta, de parar de fumar, e assim por diante. Se já tinham problemas antes de virem para o hospital, agora têm mais alguns para lidar. Os pacientes vêm de origens culturais diversas. Na alta, foram convidados a permanecer como pacientes ambulatoriais na reabilitação cardíaca. A frequência foi razoável, mas muitos abandonaram antes de completar o programa.

O ânimo da equipe estava baixo, principalmente por causa da pressão de trabalhar com uma carga de trabalho pesada e por sentir que *fazer* os pacientes mudarem o seu comportamento era sua responsabilidade. A equipe, composta por muitos enfermeiros, um psicólogo, um fisioterapeuta e um nutricionista, oferecia um programa de reabilitação em diversas fases, que começava com uma avaliação e incluía componentes como reuniões educacionais em grupo, treinamento em relaxamento e consultas individuais. A ênfase era em ajudar pessoas com condições de longo prazo a aprender como fazer escolhas mais saudáveis, principalmente mudanças relacionadas com o estilo de vida. Os profissionais eram unidos por valores que envolviam ajudar os pacientes a maximizar as oportunidades para melhorar a sua saúde. A urgência da necessidade de fazer mudanças nos estilos de vida dos pacientes confrontava todos os envolvidos. Educação, educação, educação parecia ser o *modus operandi* da clínica. Resistência, negação e obstinação eram qualidades atribuídas com frequência aos seus pacientes. Será que uma mudança na maneira como falavam com os pacientes sobre a mudança melhoraria as coisas?

Depois

O líder da equipe, um psicólogo, mostrou um artigo sobre a EM para o enfermeiro-chefe, e ambos concordaram que estavam desperdiçando tempo decidindo as prioridades dos pacientes para eles, dando conselhos e proporcionando formas variadas de educação. Talvez as taxas de frequência pudessem aumentar se a equipe tivesse a oportunidade de aprender uma abordagem diferente. Eles organizaram um *workshop* de dois dias sobre EM. Sabiam a direção que queriam seguir, mas conseguiram tolerar a incerteza quanto ao ritmo e aos resultados do processo de mudança. A equipe nunca se havia reunido antes fora das reuniões convencionais para discutir os casos.

A clínica foi fechada por dois dias. Quatorze profissionais se reuniram em uma casa de campo, o local de treinamento. Em seguida, já estavam fazendo consultas simuladas, com atores desempenhando papéis de pacientes típicos. A maioria deles nunca havia ouvido falar em EM, e fazer exercícios simulados também era algo novo para eles. As dificuldades com mudar de estilo entre direcionar e orientar eram semelhantes às dificuldades em formular afirmações de escuta em vez de fazer perguntas. Passar uma parte da responsabilidade pelas decisões para o paciente parecia ser um grande desafio.

Então, a realidade falou mais alto. O ritmo da prática clínica deixa muitos sem alternativa aparente à abordagem educacional padronizada de aconselhar os pacientes sobre por que e como deviam mudar. Colocar em prática as habilidades da EM certamente seria um grande desafio, e não seria fácil lembrar o que haviam aprendido no *workshop*. Sem outras pessoas para observar a sua prática, ou pelo menos para discuti-la com eles, não seria fácil romper com os velhos hábitos. Ainda assim, alguns haviam feito um progresso claro. Um disse: "Às vezes, noto que estou falando com um paciente e penso 'ah, isso foi EM!' e penso que deveria fazer aquilo mais seguido. Tento ser mais consciente e usá-la". Outro contou que alguém da equipe de tratamento coronariano (que não fazia parte da sua equipe) viu-o falando com os pacientes e perguntou por que ele não estava gritando para pararem de fumar e dizendo para pararem de comer porcaria. Ele sugeriu que talvez esses pacientes estivessem cansados de ver pessoas paradas na frente das camas dizendo que morreriam se não fizessem isso e aquilo. Um enfermeiro resumiu tudo nas seguintes linhas: "Você sabe que acertou quando tem um bom retorno do paciente, e sabe que errou completamente quando recebe uma resposta negativa – o ponto intermediário é que é difícil; você está ignorando as sutilezas, não está?".

A discussão sobre a aprendizagem envolveu sugestões de *workshops* mais curtas, reuniões de apoio, leitura de transcrições, gravações, assistir a consultas uns dos outros e avaliar a própria consulta com uma lista de observação. Ainda assim, os profissionais mais antigos, que tinham pensado nos *workshops* e haviam participado com entusiasmo, não estavam inclinados a seguir essas ideias. Eles tinham uma ideia mais ampla: mudar a cultura e analisar juntos como as rotinas do atendimento reforçavam ou atrapalhavam a mudança de comportamento.

As reuniões da equipe

A equipe fez uma série de "reuniões da equipe" de duas horas para considerar como o atendimento poderia ser adaptado conforme os princípios do estilo de orientação, em vez de um estilo diretivo. Inicialmente, o facilitador tentou evocar dos membros quais mudanças eles gostariam de fazer, e depois concentrou a atenção em dois temas, avaliação e grupos. Eles fizeram cinco reuniões ao todo, ao longo de um período de três meses, e todos os envolvidos concordaram que melhorou à medida que avançaram. Para começar, disseram que as coisas pareciam um pouco difusas. À medida que melhoraram em trabalhar juntos e em procurar um ponto de concordância em relação às mudanças no atendimento, sua prática cotidiana se tornou mais inovadora, com mais apoio mútuo. A expressão *mudança cultural* era bastante usada em suas discussões, e eles pareciam mais capazes de tolerar as diferenças individuais e profissionais. "Agora", disse um profissional, "eu recebo *e-mails* e telefonemas de outras pessoas da equipe para pedir ajuda com seus problemas."

Mudando os procedimentos de avaliação

A primeira consulta com os novos pacientes envolvia uma longa avaliação que, em média, levava 30 minutos. O padrão típico era o profissional usar um estilo diretivo para obter respostas a uma sequência de questões e preencher essas informações à medida que avançavam. As primeiras tentativas de fazer as mudanças combinadas nas reuniões da equipe foram frustrantes, pois os profissionais julgaram que os formulários ainda ditavam o rumo da conversa e que os pacientes simplesmente respondiam a esse processo. Eles queriam que a avaliação tivesse um tom menos "clínico", que fosse um processo mais bidirecional, em que o paciente também tivesse a chance de considerar as suas aspirações para a mudança de comportamento.

Dessa forma, fizeram mudanças mais substanciais na ordem das perguntas. Inseriram novas perguntas que evocavam as visões dos pacientes sobre as origens da sua doença cardíaca e sobre as suas crenças e as suas aspirações para a mudança de estilo de vida. Algumas questões de natureza factual foram deixadas para o final, com base na premissa de que, se o paciente estivesse ativo no processo de avaliação, as respostas a essas perguntas provavelmente surgiriam no curso natural da conversa. Criou-se uma nova ficha para que a discussão pudesse fluir livremente a partir do ponto de vista do paciente, com o profissional garantindo que todos os temas seriam cobertos. Desse modo, o formulário foi preenchido.

O processo de avaliação claramente se tornou mais interessante para ambas as partes. Um profissional comentou: "Fico chocado com as histórias que ouço de pessoas que talvez tenham angina há 20 anos, mas seu entendimento às vezes é muito bizarro". Outro observou:

> "Considero as novas avaliações bastante proveitosas, pois perguntar ao paciente o que ele acredita que aconteceu e o que o trouxe aqui é muito útil. Não havia espaço para isso no modo anterior. E também coisas como perguntar qual é a sua principal preocupação, que muitas vezes não é a condição cardíaca, pois o ataque do coração é insignificante ante o fato de que a sua esposa está doente, ou que os filhos tomam drogas, e contextualizar as coisas – eles vêm para o atendimento, mas podem não considerá-lo tão interessante quanto você espera. Acho que é muito útil".

O fato de ter uma noção da pessoa como um todo, incluindo as suas visões sobre onde a mudança de estilo de vida pode se encaixar, tornou mais fácil para decidir no que se concentrar nas consultas seguintes. Alguns disseram que essa avaliação demorava mais que o procedimento anterior, outros discordaram e fizeram troça de que seus colegas eram "instrutores lentos".

Grupos de educação para pacientes

A equipe apresentou uma sequência de "palestras educacionais" temáticas, uma a cada semana. Decidiram usar menos apresentações de PowerPoint, mudaram a ordem dos temas, e construíram diretrizes para lidar com as perguntas e observações dos pacientes. A mudança mais radical foi uma sessão final recém-criada, com um formato aberto para explorar as dificuldades com a mudança comportamental, seguindo os princípios da EM.

Os grupos propiciaram aos profissionais a oportunidade verdadeira de trabalhar juntos em pares. Um dos problemas com um formato menos estruturado foi abrir mão do impulso bem-intencionado de fornecer aos pacientes qualquer pequena informação que considerassem necessária. O dividendo foi um envolvimento maior da parte dos pacientes.

> "É difícil. É mais difícil porque estou muito acostumado a apenas dar as informações e pronto, e depois você faz perguntas no final, mas isso é quase como um fórum aberto, e sabe o quê – acho que eles tiram mais desse jeito... Mais pessoas começam a mostrar suas ideias, depois mais um e depois mais outro. A pessoa que você menos esperaria que dissesse algo simplesmente vem e fala, e você pensa: Que fantástico... E eles parecem mais entusiasmados com as coisas. Em vez de apenas ficar lá e dar informações, estamos olhando as necessidades dos pacientes, e o que eles precisam nem sempre é o que você imagina... Acho que come-

cei a simpatizar mais pelos pacientes desse jeito, emocionalmente. Definitivamente".

Nos próximos meses, a equipe aprendeu sobre as circunstâncias em que certas questões ajudaram em discussões em grupo. Perguntar sobre a importância e a confiança (Capítulo 4) aparentemente ajudou a conversar sobre o uso da medicação. O uso da estratégia de prós e contras (Capítulo 4), eles consideraram mais aplicável e especialmente produtivo para falar sobre a prática de exercícios: "Isso é muito bom para encontrar falhas na compreensão, pois parece que 90% dos pacientes não consideram que caminhar é fazer exercício". No tópico do *feedback*, um enfermeiro disse: "Bem, acho que também nos fez parar de pisar em ovos com os pacientes. Sabe como é, deixamos que eles nos digam como acreditam que o *feedback* deve ser, e eles nos deixam falar o que nós pensamos, e penso que nos encontramos no meio".

As mudanças em uma parte do programa afetaram as outras partes. Um profissional disse: "Depois que experimentei isso pela primeira vez com grupos, também passei a ter esse tipo de conversa fora do grupo, e então uma coisa alimenta a outra para mim". Esse processo afetou até aqueles que não haviam participado da formação inicial em EM. "Existe certos membros da equipe que nunca vieram para o treinamento, e aprenderam com a forma como estamos lidando com os grupos, e estão mudando o que fazem, o que é muito interessante".

Em entrevistas um ano depois, os membros da equipe concordaram que jogar tudo em um mesmo *workshop* sobre um tema que conheciam pouco foi um ótimo nivelador. Aquilo os reuniu, em decorrência dos seus limites profissionais, com um foco legítimo. O uso de exercícios práticos não foi adequado ao gosto ou ao estilo de aprendizagem de todos. Um enfermeiro disse: "Eu detestei os grupos (simulações), ficar sentado tirando coisas das pessoas, mas adorei a EM".

Comentário

Com comprometimento e criatividade, é possível fazer mudanças em uma organização, promovendo nos pacientes a mudança do comportamento relacionado com a saúde. O processo de mudança gradual se assemelha ao padrão mais frequente de mudança comportamental observado entre os pacientes. A atenção se concentra no *porquê* e no *como* da mudança comportamental. No exemplo anterior, as reuniões da equipe e os eventos de capacitação serviram para enfatizar não apenas o que fazer – o *como* da mudança –, mas também o *porquê* da mudança – seu compromisso com alinhar o seu trabalho com maneiras mais efetivas e respeitosas de promover a mudança do comportamento relacionado com a saúde. A tolerância para com a incerteza e a ambivalência, o estabelecimento de objetivos plausíveis e a revisão do progresso são questões individuais ligadas à mudança de comportamento, que exigem atenção e um estilo de orientação firme dos próprios líderes da equipe. Essencialmente, toda a equipe se torna melhor em orientar:

> "É importante para mim falar com essa pessoa como um indivíduo e descobrir o que é importante para ela em relação a melhorar a sua forma física. Talvez seja algo simples como conseguir fazer as tarefas domésticas, ou outra pessoa talvez queira correr na maratona; então é muito bom descobrir quais são as necessidades daquele indivíduo e até onde ele deseja ir – e até onde também pode ir com outros problemas. Isso também me ajudou a me relacionar com eles como indivíduos".

O interesse em usar grupos ao longo das linhas da EM aumentou consideravelmente nos últimos anos. O Quadro 10.1 contém algumas diretrizes gerais construídas com dois colegas que trabalharam nesse tema em diversos encontros.

A EM e a promoção da saúde pública

No mundo em desenvolvimento, o acesso à água potável é um importante problema de saúde, e a diarreia causada por organismos transportados pela água é uma das principais causas de morte entre crianças com menos de 5 anos. Existem métodos relativamente simples e de baixo custo para purificar a água, que reduzem efetivamente as doenças e as mortes causadas por água contaminada. Os métodos mais comuns para persuadir as famílias a adotarem procedimentos de purificação da água são de natureza educativa, transmitindo as informações do "porquê" e "como". Todavia, por uma variedade de razões, essas estratégias educacionais podem não ser efetivas para promover mudanças de comportamento para salvar vidas.

Esse foi o caso em regiões de Zâmbia. Na tentativa de abordar esse problema, a doutora Angelica Thevos e seus colaboradores fizeram um experimento singular. Os pesquisadores identificaram duas comunidades sem tratamento de água, onde o uso de cloro para purificação da água permanecia baixo. Dez voluntários de saúde que atendiam essas áreas foram divididos em duas equipes de cinco pessoas. A equipe que atendia uma área não recebeu nenhum treinamento adicional e continuou a usar os materiais educativos (panfletos, palestras com pôsteres) para apresentar os procedimentos de cloração às famílias. A equipe que atendia outra área fez cinco horas de treinamento em EM, adaptada especificamente ao tema da purificação da água, incluindo exercícios de dramatização.

Nos próximos oito meses, a equipe usou uma medida simples e fácil para avaliar a adoção da purificação da água: o número de garrafas de hipoclorito de sódio vendidas em cada local. Observou-se um grande efeito ($p < 0,001$), com as vendas de cloro aumentando duas a quatro vezes na comunidade visitada pelos voluntários com formação em EM.* Um único estudo raramente fornece respostas definitivas. Pode-se questionar, por exemplo, exatamente o que os voluntários capacitados fizeram em suas conversas com as pessoas. Todavia, esse exemplo, e aquele da equipe de reabilitação cardíaca sugerem fortemente que os próprios capacitadores, pesquisadores e profissionais podem explorar, avaliar e implementar estratégias baseadas nos princípios e na prática da EM. Uma listagem de trabalhos de pesquisa pode ser encontrada no Apêndice B.

QUADRO 10.1
Diretrizes para orientação em grupos

Princípios

Além dos princípios fundamentais da colaboração, evocação e respeito pela autonomia (ver Capítulo 1), considere estas possibilidades adicionais que se aplicam especificamente ao ambiente de grupo:

Evite armadilhas
- Não faça várias consultas individuais em um ambiente de grupo.
- Evite, como o especialista, conduzir sessões de perguntas e respostas.
- Evite permitir que o grupo se torne difuso e sério demais.

Regras de ouro
- Lembre-se do seu objetivo: fazer que todos se concentrem em um tema e obtenham o apoio uns dos outros.
- Relacione histórias individuais com o tema e a experiência dos outros. Extraia a essência da história do paciente e expanda. Um facilitador habilidoso reformula as "interrupções" como redirecionamento.
- Estimule os calmos, suavize os ruidosos. Por exemplo, você pode pedir que os membros mais calados resumam alguma parte da discussão em grupo e discutir como ela se encaixa em suas necessidades. Também pode pedir que os membros falantes resumam suas opiniões e coloquem uma questão para o grupo.
- Minimize as interações negativas. Os participantes podem exagerar nos conselhos para os outros, ou até confrontar a sua aparente "negação" ou desculpa para evitar a mudança. Não deixe que as interações negativas assumam uma escala maior. Mantenha a empatia e o apoio, mas aja imediatamente para recuperar o controle quando os processos do grupo tomarem um rumo negativo. Peça para os participantes reformularem seus conselhos para os outros na forma de "o que funcionou para mim".

(continua)

---

*Thevos, A. K.; Quick, R. E.; Yanduli, V. (2000). Application of motivational interviewing to the adoption of water disinfection practices in Zambia. *Health Promotion International*, *15*(3), 207-214.

QUADRO 10.1
Diretrizes para orientação em grupos (continuação)

- Mantenha o foco do grupo em aumentar a motivação para mudar, promovendo a esperança e reduzindo o sentido de ônus que a mudança causa. Não permita que os grupos se tornem grupos de psicoterapia exploratória ou sessões de reclamações.

Temas e estratégias
- *Sucessos passados*: Concentrar-se em coisas que os participantes alcançaram pode ajudar a recuperar a autoconfiança e despertar a criatividade em relação à mudança atual.
- *Ambivalência*: Concentrar-se nos sentimentos confusos dos participantes em relação à mudança pode ajudar a reduzir a postura defensiva, enquanto os prepara para dar início à mudança e previne recaídas.
- *Valores*: Ajudar os participantes a analisar como o seu comportamento atual se encaixa em seus valores básicos pode aumentar a motivação para mudar e ajudá-los a encontrar uma fonte interna de rumo para quando a situação estiver ameaçando sair do controle.
- *Olhar à frente*: Ajudar os participantes a visualizar um futuro melhor, em vez de cair em um padrão de reconhecer e explorar os fracassos passados, pode influenciar positivamente a relação entre os participantes e suas dificuldades para mudar.
- *Explorar as potencialidades*: Evocar o sentido de força dos participantes pode aumentar a sua autoestima e ajudá-los a encontrar recursos internos que ajudem em seu esforço de mudança. Com grupos maduros, os líderes podem facilitar o compartilhamento de impressões sobre as potencialidades de cada um. Essa pode ser uma experiência muito poderosa e de apoio.
- *Planejar a mudança*: Usar a discussão e planilhas de trabalho para planejar a mudança sozinho, em pares ou como um grande grupo pode ajudar a transformar uma motivação vaga em planos concretos que ajudem a iniciar e a manter as mudanças. Incentive os participantes a descrever uma pequena mudança que se comprometam a fazer, em vez de fazer um plano grande mas vago. Acompanhe como esses compromissos se desenvolveram na próxima reunião do grupo.
- *Explorar a importância e a confiança*: O uso de escalas de importância e confiança para analisar a relação entre os participantes e seus planos de mudança ajuda os participantes a ver que esses elementos cognitivos e emocionais internos podem ajudá-los ou atrapalhá-los em suas tentativas de mudar.

Obs. Escrito com os doutores Karen Ingersoll e Chris Wagner.
Reimpresso sob permissão dos autores.

CONCLUSÃO

Os exemplos anteriores ilustram diversas maneiras como foram feitas mudanças nos sistemas de atendimento além do consultório individual para promover o bem-estar do paciente e a mudança de comportamentos relacionados com a saúde. Existe uma feliz coincidência entre os objetivos de iniciativas que visam ao fortalecimento de pacientes, como as descritas neste capítulo, e o uso da EM. As primeiras tornam a segunda mais fácil de usar. Ambas precisam de atenção para que dêem certo, e ambas envolvem profissionais que respondem de forma criativa aos problemas dos pacientes, que transmitem respeito, esperança, flexibilidade e habilidade dentro e além da consulta. Uma coisa é sentar com um paciente e demonstrar prudência, tolerância para com a incerteza e confiança em sua capacidade de tomar boas decisões, mas é outra bastante diferente oferecer um serviço em que haja adesão coletiva a esses valores e habilidades.

Em essência, incentivamos você a experimentar esse estilo colaborativo e empático de orientação em sua prática individual e a pensar de forma criativa sobre como os sistemas de prestação de serviços de saúde podem ser modificados para que sejam mais compatíveis com essa abordagem de fortalecimento do pacientes. Em tantos problemas de saúde modernos, a mudança comportamental do paciente é um componente vital da prevenção e do tratamento. Os profissionais têm bastante controle sobre as prescrições e procedimentos, mas pouco controle direto no que diz respeito ao comportamento dos pacientes, que exige de uma abordagem mais cooperativa. A EM costuma ser efetiva para evocar mudanças no comportamento quando a educação e a exortação fracassam. Ela não é fácil para todos os clínicos, mas, se lhe agrada, você terá toda uma vida de trabalho à sua frente para experimentar. Concluímos o livro com um breve epílogo prático e dois apêndices com informações sobre formação e pesquisa.

Epílogo
Alguns mapas para orientar você

APRENDENDO A EM

Adquirir habilidade em EM é mais complexo e mais satisfatório do que apenas aprender algumas técnicas novas. Há um processo de aprendizagem mais fundamental, no qual você se torna confortável com uma mudança para um estilo de orientação, abandona o reflexo de consertar as coisas e, em vez disso, confia na sabedoria dos pacientes. Depois que você se sente confortável com essa mudança de abordagem ao falar sobre a mudança de comportamento em relação à saúde, ocorre mais aprendizagem.

Simplificando um pouco, dividimos o processo de aprendizagem em três fases.

Fase 1: Mudando de estilo de forma confortável

Aqui, você aprende as diferenças entre os estilos (direcionar, orientar e acompanhar), e como as três habilidades básicas (perguntar, escutar e informar) variam em qualidade e quantidade entre eles (Capítulo 2). Você observa o que acontece com os seus pacientes quando muda de estilo e desenvolve a capacidade de fazê-lo de forma confortável e natural. Quando mudar para a orientação, tente manter o controle do rumo da consulta, mas deixe que o paciente verbalize por que e como ele pode mudar. Isso isenta você do ônus de ser responsável por fazer a mudança acontecer.

Pratique os quatro princípios (Capítulo 1) verbalmente com os pacientes durante as consultas normais. Escolha o momento que lhe seja adequado, mude para um estilo orientador e fale que não quer intervir e fornecer soluções (resista ao reflexo de consertar), que quer saber como eles se sentem em relação à mudança (entenda suas motivações) escutando-os (com empatia), e que acredita que eles mesmos podem encontrar as soluções (fortaleça-os). Considere o uso de apoio prático como uma agenda ou uma escala de prontidão para ajudar (Capítulo 4) a esclarecer o que o paciente quiser discutir e o quanto ele está pronto para mudar. Use mais questões abertas que fechadas (Capítulo 4). Os profissionais costumam observar que recebem respostas bastante diferentes dos pacientes quando mudam para um estilo orientador, mesmo no início do processo de aprendizagem. Os frutos da aprendizagem aparecem em seguida, e às vezes as consultas assumem um tom dramaticamente diferente do que tinham antes.

Existe outra técnica bastante útil para essa fase inicial: o resumo (Capítulo 5). Quando você muda para orientação, o paciente costuma se tornar mais ativo verbalmente e fala muitas coisas, normalmente em um ou dois minutos. Isso pode parecer um pouco exagerado, levando você a pensar se está perdendo o controle do tempo e do rumo da discussão. Faça um resumo do que foi dito, e o paciente entenderá e conseguirá mudar de direção se você assim desejar.

Você sabe que está fazendo progressos quando mudar de um estilo para outro e retornar ao anterior começa a parecer menos com um evento crítico e mais com parte normal de uma conversa. Esse tipo de experiência pode proporcionar estímulo para aprender ainda mais.

Fase 2: Melhorando na orientação

Depois que se sente confortável com o estilo orientador, você começa a desenvolver mais habilidade com ele. Você cria maneiras rápidas de estabelecer a agenda (Capítulo 4), o que garante que o paciente está "conectado" e que existe sintonia. Formule questões abertas simples sobre a mudança de comportamento (Capítulo 4) e use afirmações que mostrem que está escutando, como um meio de costurar o caminho através de explorações breves do porquê e como da mudança (Capítulo 5). Pratique o uso de resumos mais longos para reunir o que foi dito, incentivar o progresso e mudar a direção conforme o necessário (Capítulo 5). Em tudo isso, mantenha um sentido de curiosidade e paciência, controlando seu reflexo de consertar as coisas com mais firmeza. Mais uma vez, os profissionais costumam observar mudanças significativas em consultas relacionadas com a mudança de comportamento quando experimentam algumas das habilidades, como fazer perguntas abertas, refletir e resumir no decorrer da prática cotidiana.

Fase 3: Aperfeiçoando suas habilidades em EM

Depois que você se sente confortável com a mudança adequada para o estilo de orientação e com essa forma de usar as habilidades básicas, o resto é aperfeiçoar. Conforme descrito antes, você aprende a ouvir e a prestar atenção aos argumentos dos pacientes em favor da mudança, o que lhe diz quando está agindo corretamente. Seus pacientes se tornam os seus professores, e você tem uma variedade de perguntas abertas para usar para iniciar discussões sobre a mudança de comportamento e para evocar conversas sobre a mudança. Quanto mais simples, melhor. Você começa a identificar a rica variedade de argumentos na fala dos pacientes, e observa o que acontece quando faz um afirmação de escuta imediatamente depois. Tente refletir os diferentes elementos da fala dos pacientes, particularmente em sua conversa sobre a mudança. Faça resumos maiores reunindo esses conversas sobre a mudança, usando a própria linguagem do paciente, conectada com seus valores e aspirações.

No decorrer do treinamento e da pesquisa, observamos que, na boa prática da EM, há uma ampla variedade de abordagens pessoais. De fato, nós três agimos de formas bastante diferentes, mas estamos manifestando o mesmo estilo subjacente de orientação. É nessa terceira fase que você se apropria da EM, encontrando aquilo que funciona para você para ajudar seus pacientes a fazer mudanças em comportamentos relacionados com a sua saúde.

UM GUIA DE CONSULTA

Duas consultas nunca são iguais, mas existem padrões, para bem ou para mal, que geralmente se destacam por conexões que indicam uma mudança no tema e talvez no estilo usado pelo profissional. Em uma consulta construtiva com um paciente que acaba de receber más notícias – por exemplo –, a maioria dos profissionais usaria o estilo de acompanhar inicialmente, e perguntaria se o paciente tem alguma pergunta fazer. Desse modo, é possível obter os elementos necessários para uma boa diretriz para a prática, com flexibilidade para permitir a singularidade de cada consulta e dos indivíduos que participam dela.

Na consulta sobre a mudança de comportamento, o elemento mais importante que enfatizamos neste livro é o que chamamos de o *espírito* da conversa, em que se usa um estilo de orientação para evocar do paciente as suas razões para mudar.

Alguns profissionais relatam uma experiência de "congelamento" – tudo está indo bem até que, de repente, não sabem ao certo para onde ir. A diretriz de que simplesmente sigam o espírito do método parece insuficiente para ajudá-los a sair desse tipo de impasse. Será que uma diretriz mais concreta ajudaria?

Assim, sugerimos uma diretriz, apesar da preocupação com a possibilidade de promover inadvertidamente um modelo pronto para a consulta de mudança de comportamento. É um guia deliberadamente inacabado, que deve ser visto como um complemento para a necessidade básica de manter o espírito da consulta enfatizado em tantas partes deste livro.

1. Encontre um foco comum
   Estabeleça sintonia. Fundamental para a boa prática é a noção simples de que, quanto mais amigável e solidária for a atmosfera, mais os pacientes sentirão que você os compreende, e maior será o progresso dentro e além da consulta.

Estabeleça uma agenda (Capítulos 4 e 9). Se existe apenas um comportamento que seja relevante (p.ex., fumar), então essa tarefa é bastante clara. Você levanta o tema e pede permissão para falar a respeito. Se houver comportamentos inter-relacionados que possam ser abordados, convide o paciente a considerar a variedade de possibilidades, prestando atenção em suas preferências e prontidão para mudar (Capítulo 4), enquanto se mantém honesto em relação às suas preocupações. Busque chegar a um acordo sobre o comportamento a ser enfocado.

Enfatize o espírito da sua abordagem na consulta (Capítulo 1). Mensagens simples podem transmitir muita coisa. Elas também ajudam você a adotar o estilo de orientação, e a deixar isso claro para o paciente. Por exemplo, uma ou duas sentenças podem transmitir bastante informações: "Não creio que meu trabalho seja palestrar para você sobre como poderia mudar, mas mais como um orientador, usando minha experiência com outros pacientes para ajudá-lo a tomar decisões que façam sentido para você. Eu gostaria de começar entendendo o que você realmente sente em relação à mudança, está bem?".

2. Explore e promova a motivação para mudar
   Isso está no âmago da discussão sobre a mudança de comportamento, na qual você escuta as conversas sobre a mudança e convida o paciente a explicar por que e como pode mudar. Entre as possibilidades abertas, estão:

   Troque informações (Capítulo 6). O uso do modelo de evocar-fornecer-evocar informações pode ajudar bastante a aumentar a motivação para mudar.

   Faça boas perguntas orientadoras (Capítulo 4). Combine isso com a escuta reflexiva (Capítulo 5), efetivamente um convite para o paciente explicar como se sente e para considerar perspectivas diferentes, com atenção para a relação entre a mudança de comportamento e seus valores básicos.

   Considere o uso de estratégias estruturadas (Capítulo 4). Por exemplo, as estratégias de "prós e contras" e "avaliar a importância e a confiança" são projetadas para abrir a porta para evocar a motivação do paciente para mudar (conversas sobre a mudança).

3. Resuma o progresso
   Entre as possibilidades, estão:

   Faça um resumo longo (Capítulo 5). Depois disso, pergunte ao paciente qual pode ser o próximo passo.

   Retorne para a agenda (Capítulo 4). Discuta o progresso e decida o caminho adiante de comum acordo.

   Considere o próximo passo. Discuta possíveis planos que você e o paciente tenham combinado para o futuro (p.ex., consultas de acompanhamento, trabalhar em um objetivo específico e alcançável).

Apêndice A
Aprendendo mais sobre a entrevista motivacional

"Você poderia vir aqui e nos ensinar a fazer entrevista motivacional durante o intervalo do meio-dia? Uma empresa farmacêutica está fornecendo o almoço." Esse tipo de convite é comum, e demonstra uma compreensão equivocada da EM como um truque rápido, um procedimento simples que se pode aprender em alguns minutos, enquanto come uma *pizza*. Ao contrário, pense na EM como uma habilidade clínica complexa, que é desenvolvida e aperfeiçoada ao longo da carreira, da mesma forma que se aprende a jogar xadrez, golfe ou tocar piano. É improvável que uma palestra de uma hora ou mesmo todo um dia de treinamento consigam gerar muita proficiência nessas habilidades. O estilo de orientação da EM não é uma técnica, mas um método clínico, uma maneira específica de estar com os pacientes.

Se a EM é como jogar xadrez, golfe ou tocar piano, pode-se esperar, no máximo, obter ganhos modestos lendo ou ouvindo a respeito ou mesmo assistindo a vídeos de profissionais competentes. Praticar a mudança fundamental para o estilo de orientação é algo que se pode fazer na prática cotidiana, quando a reação do paciente proporciona uma oportunidade imediata para desenvolver a habilidade. Geralmente, buscar esse tipo de aprendizagem na prática cotidiana é a melhor maneira de agir.

Talvez seja algo bastante ambicioso esperar que os profissionais participem de um *workshop* e retornem proficientes em EM. Já tentamos isso. Em um estudo, dividimos profissionais que queriam aprender EM em cinco condições de treinamento aleatórias. Para um grupo, fornecemos nosso livro (Miller e Rollnick, 2002) e alguns vídeos de treinamento (Miller, Rollnick e Moyers, 1998) e pedimos que eles fizessem o máximo para aprender por conta própria. Quatro meses depois, não havia melhora no desempenho (Miller, Yahne, Moyers, Martinez e Pirritano, 2004). A melhora nas habilidades também foi mínima em outro grupo, que recebeu esses recursos e participou de um *workshop* de dois dias com a dra. Miller (cf. Miller e Mount, 2001). Em contrapartida, somente houve proficiência em EM quando foram acrescentados um ou os dois componentes seguintes: *feedback* sistemático sobre o desempenho e instrução pessoal nas habilidades. Isso faz sentido, pois o *feedback* e a instrução com um especialista são precisamente como se aprende qualquer habilidade complexa. Quando analisamos as respostas dos pacientes aos profissionais, o único grupo que apresentou melhoras substanciais foi o que recebeu *feedback* e instrução, além do treinamento (Miller et al., 2004).

Por conseguinte, não esperamos que você se torne proficiente em EM apenas por ler este livro, nem por participar de uma palestra ou *workshop* introdutório, embora esse possa ser um bom começo. Aprende-se o método aplicando-o em uma situação em que é possível obter *feedback* sobre o que se está fazendo. A prática sem *feedback* não é particularmente proveitosa e pode facilmente produzir maus hábitos. É como tocar um teclado eletrônico com o som desligado. Você pode sentir e imaginar que está fazendo as manobras necessárias, mas sem a satisfação (ou insatisfação) de ouvir o resultado.

RECURSOS PARA A APRENDIZAGEM

Um bom recurso para a aprendizagem, portanto, é o acesso a um clínico que seja proficiente em EM, alguém que tenha mais habilidade que você. Você também precisará praticar por conta própria, mas alguns curtos períodos com um instrutor especialista podem ser bastante produtivos. Para ajudá-lo, o instrutor deve ouvir a sua prática (talvez com uma gravação), assim como um instrutor de tênis precisa assisti-lo jogar e um professor de piano precisa ouvi-lo tocar. Muitos sistemas de saúde fazem isso contratando um supervisor que seja proficiente em EM ou proporcionando formação para um de seus funcionários. Essa pessoa, então, poderá funcionar como o instrutor local, ajudando outros membros da equipe a desenvolver e a fortalecer as suas habilidades clínicas. Isso é bastante diferente de um evento único de treinamento, no sentido de que a aprendizagem continua ao longo do tempo. Outros sistemas e programas, na ausência de um especialista próprio, criaram grupos de supervisão e apoio que se reúnem regularmente para discutir a EM e para ouvir o trabalho uns dos outros.

Outra opção é trazer um treinador especializado em uma ocasião ou periodicamente para ajudar os clínicos a melhorarem a sua prática. As visitas repetidas dão aos clínicos a oportunidade para experimentar habilidades aprendidas entre as sessões de capacitação e para trazer perguntas e problemas para o instrutor. Uma lista de capacitadores de EM pode ser encontrada no endereço www.motivationalinterview.org, juntamente com uma descrição de exercícios de treinamento usados para ajudar profissionais a aprender esse método clínico.

Conforme discutido em muitas partes do livro, você também tem à sua disposição uma outra fonte confiável de *feedback*: seus pacientes. Cada vez que faz EM, seus pacientes lhe dão dicas sobre como foi. Considere, por exemplo, a habilidade da escuta reflexiva. Seu paciente revela algumas informações pessoais, e você faz o possível para responder com uma afirmação de escuta reflexiva (Capítulo 7). Você recebe duas formas imediatas de *feedback*. Primeiramente, o paciente diz se o conteúdo da reflexão estava correto ou não:

Paciente: Tenho-me sentido meio pra baixo ultimamente.
Profissional: Você está se sentindo um pouco triste.
Paciente: Sim, não consigo explicar, mas começo a chorar por nada.

Ou

Paciente: Não, não é triste, é mais como uma sensação de solidão.

De qualquer maneira, você recebe mais informações e, da mesma forma, recebe *feedback* sobre a veracidade da sua reflexão. Em segundo lugar, se o paciente continua falando, explorando o tema e revelando mais informações, é provável que você esteja acertando.

Outra fonte importante de *feedback* envolve as conversas sobre a mudança do paciente (Capítulo 5). No início, você pergunta e escuta em busca de desejo, capacidade, razões e a necessidade de mudar o comportamento relacionado com a saúde. À medida que recebe e coleta essas "flores", você também as reflete para o paciente e as reúne em um buquê resumo, que oferece para o paciente. Quando faz isso de forma adequada, você começa a ouvir linguagem que demonstra comprometimento (Capítulo 5), afirmações como "farei" e "vou". Isso indica o tipo de processamento mental que leva, nem sempre mas geralmente, à mudança de comportamento.

Desse modo, a partir da fala dos pacientes, aquilo que eles lhe dizem durante as consultas, você pode saber como está indo sua aprendizagem da EM. Talvez seja difícil no início ouvir isso no meio de uma consulta, e essa é uma das razões por que pode ser bom gravar algumas das consultas (com permissão do paciente, é claro) e revisá-las posteriormente, sozinho ou com um consultor, capacitador ou grupo de colegas. Os capacitadores às vezes também revisam gravações usando um sistema de codificação estruturado que pode produzir uma riqueza de informações específicas. Vários desses sistemas foram publicados (Lane et al., 2005; Madson, Campbell, Barrett, Brondino e Melchert, 2005; Miller e Mount, 2001; Moyers, Martin, Catley, Harris e Ahluwalia, 2003; Moyers, Martin, Manuel, Hendrickson e Miller, 2005; Rosengren, Baer, Hartzler, Dunn e Wells, 2005).

A mensagem essencial aqui é que leva tempo para desenvolver habilidades em EM. Não se aprende lendo ou assistindo, ou com um único treinamento. Ela pode ser lenta no início, como qualquer habilidade complexa. Pense nela como um processo de aprendizagem que acontece ao longo do tempo, com o apoio do *feedback* e da instrução, sempre que possível. É uma habilidade em que se pode continuar melhorando pelo tempo que se trabalhar.

TREINADORES

Para bem ou para mal, não fizemos nenhuma tentativa de restringir a prática ou o treinamento em EM. Atualmente, não existe nenhuma rota formal e acreditada para se tornar um treinador nesse método clínico. Todavia, existe uma organização cuja missão é promover a qualidade no treinamento em EM: a Motivational Interviewing Network of Trainers (MINT). A MINT é uma rede internacional que opera uma página de informações na internet (www.motivationalinterview.org) com uma bibliografia cumulativa, informações amplas sobre o método clínico e uma listagem geográfica de seus membros, que, em 2007, proporcionavam treinamento em pelo menos 27 línguas. Ela também publica o MINT Bulletin, que está disponível gratuitamente *on-line*.

É importante distinguir o ensino *sobre* EM (como se pode fazer em um curso) e proporcionar treinamento clínico no método em si. Nossa perspectiva é de que um treinador de EM competente deve ser bastante proficiente em ensiná-la. A página da MINT traz uma síntese intitulada "What Might You Expect Out of Different Lenghts and Types of Training?" que proporciona uma boa noção da variedade de habilidades exigidas do capacitador. Também há um manual contendo um *menu* de exercícios que os treinadores da MINT usam em configurações diversas.

Se você está procurando um treinador, a página da MINT é um bom local para começar. A MINT oferece periodicamente uma formação especializada de três dias para treinadores, que os seus próprios membros fazem e que qualifica novos capacitadores para participarem da rede. Claro que a formação apenas não garante competência como treinador. Se está procurando um treinador ou consultor, você pode perguntar aos candidatos potenciais quanta experiência eles têm de trabalho com profissionais em sua área de conhecimento e pedir referências de treinamentos anteriores.

BIBLIOGRAFIA SOBRE FORMAÇÃO EM EM

Amrhein, P. C., Miller, W. R., Yahne, C., Knupsky, A., & Hochstein, D. (2004). Strength of client commitment language improves with therapist training in motivational interviewing. *Alcoholism: Clinical and Experimental Research,* 28(5), 74A.

Baer, J. S., Rosengren, D. B., Dunn, C. W., Wells, W. A., Ogle, R. L., & Hamlet, B. (2004). An evaluation of workshop training in motivational interviewing for addiction and mental health clinicians. *Drug and Alcohol Dependence,* 73(1), 99-106.

Bennett, G. A., Roberts, H. A., Vaughan, T. E., Gibbins, J. A., & Rouse, L. (2007). Evaluating a method of assessing competence in motivational interviewing: A study using simulated patients in the United Kingdom. *Addictive Behaviors,* 32, 69-79.

Broers, S., Smets, E. M. A., Bindels, P., Evertsz, F. B., Calff, M., & DeHaes, H. (2005). Training general practitioners in behavior change counseling to improve asthma medication adherence. *Patient Education and Counseling,* 58, 279-287.

Brug, J., Spikmans, F., Aarsen, C., Breedveld, B., Bes, R., & Ferreira, I. (2007). Training dietitians in basic motivational interviewing skills results in changes in their counseling style and in lower saturated fat intakes in their patients. *Journal of Nutrition Education and Behavior,* 39(1), 8-12.

Burke, P. J., DaSilva, J. D., Vaughan, B. L., & Knight, J. R. (2006). Training high school counselors in the use of motivational interviewing to screen for substance abuse. *Substance Abuse,* 26, 31-34.

Byrne, A., Watson, R., Butler, C., & Accoroni, A. (2006). Increasing the confidence of nursing staff to address the sexual health needs of people living with HIV The use of motivational interviewing. *AIDS Care,* 18, 501-504.

DeJonge, J. M., Schippers, G. M., & Schaap, C. P. D. R. (2005). The Motivational Interviewing Skill Code: Reliability and a critical appraisal. *Behavioural and Cognitive Psychotherapy,* 33, 1-14.

Doherty, Y., Hall, D., James, P. T., Roberts, S. H., & Simpson, J. (2000). Change counselling in diabetes: The development of a training programme for the diabetes team. *Patient Education and Counseling,* 40(3), 263-278.

Handmaker, N. S., Hester, R. K., & Delaney, H. D. (1999). Videotaped training in alcohol counseling for obstetric care practitioners: A randomized controlled trial. *Obstetrics and Gynecology,* 93, 213-218.

Lane, C., Huws-Thomas, M., Hood, K., Rollnick, S., Edwards, K., & Robling, M. (2005). Measuring adaptations of motivational interviewing: The development and validation of the Behavior Change Counseling Index (BECCI). *Patient Education and Counseling,* 56, 166-173.

Lane, C., Johnson, S., Rollnick, S., Edwards, K., & Lyons, M. (2003). Consulting about lifestyle change: Evaluation of a training course for specialist diabetes nurses. *Practical Diabetes International,* 20, 204-208.

Levin, F. R., Owen, P., Stinchfield, R., Rabinowitz, E., & Pace, N. (1999). Use of standardized patients to evaluate the physicians in residence program: A substance abuse training approach. *Journal of Addictive Diseases,* 18(2), 39-50.

Madson, M. B., & Campbell, T. C. (2006). Measures of fidelity in motivational enhancement: A systematic review. *Journal of Substance Abuse Treatment,* 31, 67-73.

Madson, M. B., Campbell, T. C., Barrett, D. E., Brondino, M. J., & Melchert, T. P. (2005). Development of the Motivational Interviewing Supervision and Training Scale. *Psychology of Addictive Behaviors,* 19, 303-310.

Miller, W. R., & Mount, K. A. (2001). A small study of training in motivational interviewing: Does one workshop change clinician and client behavior? *Behavioural and Cognitive Psychotherapy,* 29, 457-471.

Miller, W. R., Moyers, T. B., Arciniega, L. T., Ernst, D., & Forcehimes, A. (2005). Training, supervision and quality monitoring of the COMBINE study behavioral interventions. *Journal of Studies on Alcohol (Suppl. 15),* 188-195.

Miller, W. R., & Rollnick, S. (2002). *Motivational interviewing: Preparing people for change* (2nd ed.). New York: Guilford Press.

Miller, W. R., Rollnick, S., & Moyers, T. B. (1998). *Motivational interviewing* [Videotape series). Albuquerque: University of New Mexico.

Miller, W. R., Yahne, C. E., Moyers, T. B., Martinez, J., & Pirritano, M. (2004). A randomized trial of methods to help clinicians learn motivational interviewing. *Journal of Consulting and Clinical Psychology, 72*, 1050-1062.

Mounsey, A. L., Bovbjerg, V. White, L., & Gazewood, J. (2006). Do students develop better motivational interviewing skills through role-play with standardized patients or student colleagues? *Medical Education, 40*, 775-780.

Moyers, T. B., Martin, T., Catley, D., Harris, K. J., & Ahluwalia, J. S. (2003). Assessing the integrity of motivational interventions: Reliability of the motivational interviewing skills code. *Behavioural and Cognitive Psychotherapy, 31*, 177-184.

Moyers, T. B., Martin, T., Manuel, J. K., Hendrickson, S. M. L., & Millet, W. R. (2005). Assessing competence in the use of motivational interviewing. *Journal of Substance Abuse Treatment, 28*, 19-26.

Ockene, J. K., Wheeler, E. V., Adams, A., Hurley, T. G., & Hebert, J. (1997). Provider training for patient-centered alcohol counseling in a primary care setting. *Archives of Internal Medicine, 157*, 2334-2341.

Pierson, H. M., Hayes, S. C., Gifford, E. U., Roget, N., Padilla, M., Bissett, R., et al. (2007). An examination of the motivational interviewing treatment integrity code. *Journal of Substance Abuse Treatment, 32*(1), 11-17.

Prescott, P., Opheim, A., & Bortveit, T. (2002). The effect of workshops and training on counseling skills. *Journal of the Norwegian Psychological Association, 5*, 426-431.

Rollnick, S., Kinnersley, P., & Butler, C. (2002). Context-bound communication skills training: Development of a new method. *Medical Education, 36*(4), 377-383.

Rosengren, D. B., Baer, J. S., Hartzle; B., Dunn, C. W., & Wells, E. A. (2005). The Video Assessment of Simulated Encounters (VASE): Development and validation of a group-administered method for evaluating clinician skills in motivational interviewing. *Drug and Alcohol Dependence, 79*, 321-330.

Rubak, S., Sandbaek, A., Lauritzen, T., Borch-Johnsen, K., & Christensen, B. (2006). An education and training course in motivational interviewing influence: GPs' professional behaviour. *British Journal of General Practice, 56*, 429-436.

Schoener, E. P., Madeja, C. L., Henderson, M. J., Ondersma, S. J., & Janisse, J. J. (2006). Effects of motivational interviewing training on mental health therapist behavior. *Drug and Alcohol Dependence, 82*, 269-275.

Thrasher, A. D., Golin, C. E., Earp, J. A., Tien, H., Porter, C., & Howie, L. (2005). Training general practitioners in behavior change counseling to improve asthma medication adherence. *Patient Education and Counseling, 58*, 279-287.

Tober, G., Godfrey, C., Parrott, S., Copello, A., Farrin, A., Hodgson, R., et al. (2005). Setting standards for training and competence: The UK alcohol treatment trial. *Alcohol and Alcoholism, 40*, 413-418.

Velasquez, M. M., Hecht, J., Quinn, V. P., Emmons, K. M., DiClemente, C. C., & DolanMullen, P. (2000). Application of motivational interviewing to prenatal smoking cessation: Training and implementation issues. *Tobacco Control, 9*(Suppl. 3), 36-40.

Welch, G., Rose, G., Hanson, D., Lekarcyk, J., Smith-Ossman, S., Gordon, T., et al. (2003). Changes in motivational interviewing skills code (misc) scores following motivational interviewing training for diabetes educators. *Diabetes, 52*(Suppl. 1), A421.

Apêndice B
Bibliografia temática de pesquisas sobre entrevista motivacional

ABUSO DE ÁLCOOL/DROGAS

Adamson, S. J., & Sellman, J. D. (2001). Drinking goal selection and treatment outcome in out-patients with mild-moderate alcohol dependence. *Drug and Alcohol Review, 20,* 351-359.

Agostinelli, G., Brown, J. M., & Miller, W. R. (1995). Effects of normative feedback on consumption among heavy drinking college students. *Journal of Drug Education, 25,* 3140.

Allsop, S., Saunders, B., Phillips, M., & Carr, A. (1997). A trial of relapse prevention with severely dependent male problem drinkers. *Addiction, 92,* 61-74.

Alwyn, T., John, B., Hodgson, R. J., & Phillips, C. J. (2004). The addition of a psychological intervention to a home detoxification programme. *Alcohol and Alcoholism, 39,* 536-541.

Anton, R. F., Moak, D. H., Latham, P., Waid, L. R., Myrick, H., Voronin, K., et al. (2005). Naltrexone combined with either cognitive behavioral or motivational enhancement therapy for alcohol dependence. *Journal of Clinical Psychopharmacology, 25,* 349-357.

Anton, R. F., O'Malley, S. S., Ciraulo, D. A., Couper, D., Donovan, D. M., Gastfriend, D. R., et al. (2006). Combined pharmacotherapies and behavioral interventions for alcohol dependence. The COMBINE study: A randomized controlled trial. *Journal of the American Medical Association, 295,* 2003-2017.

Aubrey, L. L. (1998). *Motivational interviewing with adolescents presenting for outpatient substance abuse treatment:* Dissertação de doutorado inédita, University of New Mexico.

Babor, T. F. (2004). Brief treatments for cannabis dependence: Findings from a randomized multisite trial. *Journal of Consulting and Clinical Psychology, 72,* 455-466.

Baer, J. S., Garrett, S. B., Beadnell, B., Wells, E. A., & Peterson, P. L. (no prelo). Brief motivational intervention with homeless adolescents: Evaluating effects on substance use and service utilization. *Psychology of Addictive Behaviors.*

Baer, J. S., Kivlahan, D. R., Blume, A. W., McKnight, P., & Mariatt, G. A. (2001). Brief intervention for heavy-drinking college students: 4-year follow-up and natural history. *American Journal of Public Health, 91,* 1310-1316.

Baer, J. S., Marlatt, G. A., Kivlahan, D. R., Fromme, K., Larime; M., & Williams, E. (1992). An experimental test of three methods of alcohol risk-reduction with young adults. *Journal of Consulting and Clinical Psychology*, 60, 974-979.

Bailey, K. A., Baker, A. L., Webster, R. A., & Lewin, T. J. (2004). Pilot randomized controlled trial of a brief alcohol intervention group for adolescents. *Drug and Alcohol Review*, 23(2),157-166.

Baker, A., Boggs, T. G., & Lewin, T. J. (2001). Randomized controlled trial of brief cognitive-behavioural interventions among regular users of amphetamine. *Addiction,* 96,1279-1287.

Baker, A., Lee, N. K., Claire, M., Lewin, T. J., Grant, T., Pohlman, S., et al. (2005). Brief cognitive-behavioural interventions for regular amphetamine users: A step in the right direction. *Addiction,* 100, 367-378.

Ball, S. A., Todd, M., Tennen, H., Armeli, S., Mohr, C., Affleck, G., et al. (2007). Brief motivational enhancement and coping skills interventions for heavy drinking. *Addictive Behaviors,* 32, 1105-1118.

Barnett, N. P., Tevyaw, T. O., Fromme, K., Borsari, B., Carey, K. B., Corbin, W. R., et al. (2004). Brief alcohol interventions with mandated or adjudicated college students. *Alcoholism: Clinical and Experimental Research*, 77, 49-59.

Battjes, R. J., Gordon, M. S., O'Grady, K. E., Kinlock, T. W., Katz, E. C., & Sears, E. A. (2004). Evaluation of a group-based substance abuse treatment program for adolescents. *Journal of Substance Abuse Treatment*, 27, 123-134.

Bellack, A. S., Bennett, M. E., Gearon, J. S., Brown, C. H., & Yang, T. (2006). A randomized clinical trial of a new behavioral treatment for drug abuse in people with severe and persistent mental illness. *Archives of General Psychiatry*, 63, 426-432.

Bennett, G. A., Edwards, S., & Bailey, J. (2002). Helping methadone patients who drink excessively to drink less: Short term outcomes of a pilot motivational intervention. *Journal o F. Substance Use*, 7, 191-197.

Bernstein, J., Bernstein, E., Tassiopoulos, K., Heeren, T., Levenson, S., & Hingson, R. (2005). Brief motivational intervention at a clinic visit reduces cocaine and heroin use. *Drug and Alcohol Dependence*, 77, 49-59.

Bien, T. H., Miller, W. R., & Boroughs, J. M. (1993). Motivational interviewing with alcohol outpatients. *Behavioural and Cognitive Psychotherapy,* 21, 347-356.

Booth, R. E., Corsi, K. F., & Mikulich-Gilbertson, S. K. (2004). Factors associated with methadone maintenance treatment retention among street-recruited injection drug users. *Drug and Alcohol Dependence*, 74, 177-185.

Borsari, B., & Carey, K. B. (2000). Effects of a brief motivational intervention with college student drinkers. *Journal of Consulting and Clinical Psychology*, 68, 728-733.

Breslin, C., Li, S., Sdao-Jarvie, K., Tupker E., & Ittig-Deland, V. (2002). Brief treatment for young substance abusers: A pilot study in an addiction treatment setting. *Psychology of Addictive Behaviors*, 16, 10-16.

Brown, J. M., & Miller, W. R. (1993). Impact of motivational interviewing on participation and outcome in residential alcoholism treatment. *Psychology of Addictive Behaviors*, 7, 211-218.

Brown, T. G., Dongier, M., Latimer, E., Legault, L., Seraganian, P., Kokin, M., et al. (2006). Group-delivered brief intervention versus standard care for mixed alcohol/other drug problems: A preliminary study. *Alcoholism Treatment Quarterly*, 24, 23-40.

Budney, A. J., Higgins, S. T. Radonovich, K. J., & Novy, P. L. (2000). Adding voucher-based incentives to coping skills and motivational enhancement improves outcomes during treatment for marijuana dependence. *Journal of Consulting and Clinical Psychology*, 68, 1051-1061.

Carroll, K. M., Ball, S. A., Nich, C., Martino, S., Frankforter, T. L., Farentinos, C., et al. (2006). Motivational interviewing to improve treatment engagement and outcome in individuals seeking treatment for substance abuse: A multisite effectiveness study. *Drug and Alcohol Dependence*, 81, 301-312.

Carroll, K. M., Easton, C. J., Hunkele, K. A., Neavins, T. M., Sinha, R., Ford, H. L., et al. (2006). The use of contingency management and motivational skills-building therapy to treat young adults with marijuana dependence. *Journal of Consulting and Clinical Psychology*, 74, 955-966.

Carroll, K. M., Libby, B., Sheehan, J., & Hyland, N. (2001). Motivational interviewing to enhance treatment initiation in substance abusers: An effectiveness study. *American journal on Addictions,* 10, 335-339.

Cisler, R. A., Barrett, D. E., Zweben, A., & Berger, L. K. (2003). Integrating a brief motivational treatment in a private outpatient clinic: Client characteristics, utilization of services and preliminary outcomes. *Alcoholism Treatment Quarterly*, 21(3), 1-21.

Collins, S. E., & Carey, K. B. (2005). Lack of effect for decisional balance as a brief motivational intervention for at-risk college drinkers. *Addictive Behaviors,* 30, 1425-1430.

Connors, G. J., Walitzer, K. S., & Dermen, K. H. (2002). Preparing clients for alcoholism treatment: Effects on treatment participation and outcomes. *Journal of Consulting and Clinical Psychology*, 70, 1161-1169.

Copello, A., Godfrey, C., Heather, N., Hodgson, R., Orford, J., Raistrick, D., et al. (2001). United Kingdom Alcohol Treatment Trial (UKATT): Hypotheses, design and methods. *Alcohol and Alcoholism*, 36,11-21.

D'Angelo, M. (2006). A comparative study *of* motivational *interviewing and* traditional treatment approach on movement along *stages of change,* treatment completion, compliance with aftercare plan, and *length* of abstinence. Dissertação de doutorado inédita.

Davidson, D., Gulliver, S. B., Longabaugh, R., Wirtz, P. W. & Swift, R. (2007). Building better cognitive-behavioral therapy: Is broad-spectrum treatment more effective than motivational-enhancement therapy for alcohol-dependent patients treated with naltrexone? *Journal of Studies on Alcohol and Drugs*, 68, 238-247.

Davis, T, M., Baer, J. S., Saxon, A. J., & Kivlahan, D. R. (2003). Brief motivational feedback improves post-incarceration treatment contact among veterans with substance use disorders. *Drug and Alcohol Dependence,* 69, 197-203.

Dennis, M., Godley, S. H., Diamond, G., Tims, F. M., Babor, T. Donaldson, J., et al. (2004). The Cannabis Youth Treatment (CYT) study: Main findings from two randomized trials. *Journal of Substance Abuse Treatment*, 27, 197-213.

Dennis, M., Scott, C. K., & Funk, R. (2003). An experimental evaluation of recovery management checkups (RMC) for people with chronic substance use disorders. *Evaluation and Program Planning,* 26, 339-352.

DeWildt, W. Schippers, G. M., Van den Brink, W. Potgeiter, A. S., Deckers, F., & Bets, D. (2002). Does psychosocial treatment enhance the efficacy of acamprosate in patients with alcohol problems? *Alcohol and Alcoholism*, 37, 375-382.

Dunn, C. W. & Ries, R. (1997). Linking substance abuse services with general medical care: Integrated, brief interventions with hospitalized patients. *American Journal of Drug and Alcohol Abuse*, 23, 1-13.

Dzialdowski, A., & London, M. (1999). A cognitive behavioural intervention in the context of methadone tapering treatment for opiate addiction: Two single cases. *Clinical Psychology and Psychotherapy,* 6, 308-323.

Emmen, M. J., Schippers, G. M., Bleijenberg, G., & Wollersheim, H. (2005). Adding psychologist's intervention to physicians' advice to problem drinkers in the outpatient clinic. *Alcohol and Alcoholism*, 40, 219-226.

Feldstein, S. W. (2007). *Motivational interviewing with late adolescent college underage drinkers: An investigation of therapeutic alliance*. Dissertação de doutorado inédita, University of New Mexico.

Floyd, R. L., Sobell, M., Velasquez, M. M., Ingersoll, K., Nettleman, M., Sobell, L., et al. (2007). Preventing alcohol-exposed pregnancies: A randomized controlled trial. *American Journal of Preventive Medicine*, 32, 1-10.

Foote, J., Deluca, A., Magura, S., Warner, A., Grand, A., Rosenblum, A., et al. (1999). A group motivational treatment for chemical dependency. *Journal of Substance Abuse Treatment*, 17, 181-192.

Gil, A. G., Wagner, E. F., & Tubman, J. G. (2004). Culturally sensitive substance abuse intervention for Hispanic and African American adolescents: Empirical examples from the Alcohol Treatment Targeting Adolescents in Need (ATTAIN) project. *Addiction*, 99, 140-150.

Gray, E., McCambridge, J., & Strang, J. (2005). The effectiveness of motivational interviewing delivered by youth workers in reducing drinking, cigarette and cannabis smoking among young people: Quasi-experimental pilot study. *Alcohol and Alcoholism*, 40, 535-539.

Grenard, J. L., Ames, S. L., Wiers, R. W. Thush, C., Stacy, A. W. & Sussman, S. (2007). Brief intervention for substance use among at-risk adolescents: A pilot study. *Journal of Adolescent Health*, 40(2), 188-191.

Handmaker, N. S., Hester, R. K., & Delaney, H. D. (1999). Videotaped training in alcohol counseling for obstetric care practitioners: A randomized controlled trial. *Obstetrics and Gynecology*, 93, 213-218.

Handmaker, N. S., Miller, W. R., & Manicke, M. (1999). Findings of a pilot study of motivational interviewing with pregnant drinkers. *Journal of Studies on Alcohol*, 60, 285-287.

Heather, N., Rollnick, S., Bell, A., & Richmond, R. (1996). Effects of brief counselling among heavy drinkers identified on general hospital wards. *Drug and Alcohol Review*, 15, 29-38.

Hester, R. K., Squires, D. D., & Delaney, H. D. (2005). The drinker's check-up: 12-month outcomes of a controlled clinical trial of a stand-alone software program for problem drinkers. *Journal of Substance Abuse*, 28, 159-169.

Hickman, M. E. (1999). *The effects of personal feedback on alcohol intake in dually diagnosed clients: An empirical study of William R. Miller's motivational enhancement therapy*. Dissertação de doutorado inédita.

Holder, H. D., Cisler, R. A., Longabaugh, R., Stout, R. L., Treno, A. J., & Zweben, A. (2000). Alcoholism treatment and medical care costs from Project MATCH. *Addiction*, 95, 999-1013.

Ingersoll, K., Floyd, L., Sobell, M., Velasquez, M. M., Baio, J., Carbonari, J., et al. (2003). Reducing the risk of alcohol-exposed pregnancies: A study of a motivational intervention in community settings. *Pediatrics*, 111, 1131-1135.

Ingersoll, K. S., Ceperich, S. D., Nettleman, M. D., Karanda, K., Brocksen, S., & Johnson, B. A. (2005). Reducing alcohol-exposed pregnancy risk in college women: Initial outcomes of a clinical trial of a motivational intervention. *Journal of Substance Abuse Treatment*, 29, 173-180.

John, U., Veltrup, C., Driessen, M., Wetterling, T. & Dilling, H. (2003). Motivational intervention: An individual counselling vs a group treatment approach for alcohol-dependent inpatients. *Alcohol and Alcoholism*, 38(3), 263-269.

Juarez, P. Walters, S. T. Daugherty, M., & Radi, C. (2006). A randomized trial of motivational interviewing and feedback with heavy drinking college students. *Journal of Drug Education,* 36, 233-246.

Kadden, R. M., Litt, M. D., Kabela-Cormier, E., & Petry, N. M. (2007). Abstinence rates following behavioral treatments for marijuana dependence. *Addictive Behaviors,* 32, 1220-1236.

Kahler, C. W. Read, J. P. Stuart, G., Ramsey, S. E., & McCrady, B. S. (2004). Motivational enhancement for 12-step involvement among patients undergoing alcohol detoxification. *Journal of Consulting and Clinical Psychology,* 72, 736-741.

Karno, M. P. & Longabaugh, R. (2004). What do we know? Process analysis and the search for a better understanding of Project MATCH's anger-by-treatment matching effect. *Journal of Studies on Alcohol,* 65, 501-512.

Kelly, A. B., Halford, W. K., & Young, R. M. (2000). Maritally distressed women with alcohol problems: The impact of a short-term alcohol-focused intervention on drinking behaviour and marital satisfaction. *Addiction,* 95, 1537-1549.

Knight, J. R., Sherritt, L., Van Hook, S., Gates, E. C., Levy, S., & Chang, G. (2005). Motivational interviewing for adolescent substance use: A pilot study. *Journal of Adolescent Health,* 37, 167-169.

Kranzler, H. R., Wesson, D. R., & Billot, L. (2004). Naltrexone depot for treatment of alcohol dependence: A multicenter; randomized, placebo-controlled clinical trial. *Alcoholism: Clinical and Experimental Research,* 28, 1051-1059.

Kuchipudi, V., Hobein, K., Fleckinger, A., & Iber, F. L. (1990). Failure of a 2-hour motivational intervention to alter recurrent drinking behavior in alcoholics with gastrointestinal disease. *Journal of Studies on Alcohol,* 51, 356-360.

Labrie, J. W., Lamb, T. F., Pedersen, E. R., & Quinlan, T. (2006). A group motivational interviewing intervention reduces drinking and alcohol-related consequences in adjudicated college students. *Journal of College Student Development,* 47, 267-280.

Labrie, J. W. Pederson, E. R., Lamb, T. F., & Quinlan, T. (2007). A campus-based motivational enhancement group intervention reduces problematic drinking in male college students. *Addictive Behaviors,* 32, 889-901.

Lapham, S. C., Chang, I. Y. & Gregory, C. (2000). Substance abuse intervention for health care workers: A preliminary report. *Journal of Behavioral Health Services and Research,* 27, 131-143.

Larimey M. E., Turner, A. P. Anderson, B. K., Feeder, J. S., Kilmer, J. R., Palmer, R. S., et al. (2001). Evaluating a brief alcohol intervention with fraternities. *Journal of Studies on Alcohol,* 62, 370-380.

Leontieva, L., Horn, K., Haque, A., Helmkamp, J., Ehrlich, P. & Williams, J. (2005). Readiness to change problematic drinking assessed in the emergency department as a predictor of change. *Journal of Clinical Care,* 20, 251-256.

Lincourt, P. Kuettel, T. J., & Bombardier, C. H. (2002). Motivational interviewing in a group setting with mandated clients: A pilot study. *Addictive Behaviors,* 27, 381-391.

Longabaugh, R., Wirtz, P. W. Zweben, A., & Stout, R. L. (1998). Network support for drinking, Alcoholics Anonymous and long-term matching effects. *Addiction,* 93, 1313-1333.

Longabaugh, R., Woolard, R. E., Nirenberg, T. D., Minugh, A. P. Becker, B., Clifford, P. R., et al. (2001). Evaluating the effects of a brief motivational intervention for injured drinkers in the emergency department. *Journal of Studies on Alcohol,* 62, 806-816.

Longshore, D., & Grills, C. (2000). Motivating illegal drug use recovery: Evidence for a culturally congruent intervention. *Journal of Black Psychology*, 26, 288-301.

Longshore, D., Grills, C., & Annon, K. (1999). Effects of a culturally congruent intervention on cognitive factors related to drug-use recovery. *Substance Use and Misuse*, 34, 1223-1241.

Maisto, S. A., Conigliaro, J., Mcneil, M., Kraemer, K., Conigliaro, R. L., & Kelley, M. E. (2001). Effects of two types of brief intervention and readiness to change on alcohol use in hazardous drinkers. *Journal of Studies on Alcohol*, 62, 605-614.

Marlatt, G. A., Baer, J. S., Kivlahan, D. R., Dimeff, L. A., Larimer, M. E., Quigley, L. A., et al. (1998). Screening and brief intervention for high-risk college student drinkers: Results from a 2-year follow-up assessment. *Journal of Consulting and Clinical Psychology*, 66, 604-615.

Marques, P. R., Voas, R. B., Tippetts, A. S., & Beirness, D. J. (1999). Behavioral monitoring of DUI offenders with the alcohol ignition interlock recorder. *Addiction*, 94(12), 1861-1870.

Marsden, J., Stilwell, G., Barlow, H., Boys, A., Taylor, C., Junt, N., et al. (2006). An evaluation of a brief motivational intervention among young Ecstasy and cocaine users: No effect on substance and alcohol use outcomes. *Addiction*, 101, 1014-1026.

Martin, G., Copeland, J., & Swift, W. (2005). The adolescent cannabis check-up: Feasibility of a brief intervention for young cannabis users. *Journal of Substance Abuse Treatment*, 29, 207-213.

McCambridge, J., & Strang, J. (2004). The efficacy of single-session motivational interviewing in reducing drug consumption and perceptions of drug-related risk and harm among young people: Results from a multi-site cluster randomized trial. *Addiction*, 99, 39-52.

McCambridge, J., & Strang, J. (2005). Deterioration over time in effect of motivational interviewing in reducing drug consumption and related risk among young people. *Addiction*, 100, 470-478.

McCambridge, J., Strang, J., Platts, S., & Witton, J. (2003). Cannabis use and the GP: Brief motivational intervention increases clinical enquiry by GPs in a pilot study. *British Journal of General Practice*, 53(493), 637-639.

Miller, W. R., Benefield, R. G., & Tonigan, J. S. (1993). Enhancing motivation for change in problem drinking: A controlled comparison of two therapist styles. *Journal of Consulting and Clinical Psychology*, 61, 455-461.

Miller, W. R., Sovereign, R. G., & Krege, B. (1988). Motivational interviewing with problem drinkers: II. The Drinker's Check-up as a preventive intervention. *Behavioural Psychotherapy*, 16, 251-268.

Miller, W. R., Toscova, R. T. Miller, J. H., & Sanchez, V (2000). A theory-based motivational approach for reducing alcohol/drug, problems in college. *Health Education and Behavior*, 27, 744-759.

Miller, W. R., Yahne, C. E., & Tonigan, J. S. (2003). Motivational interviewing in drug abuse services: A randomized trial. *Journal of Consulting and Clinical Psychology*, 71, 754-763.

Mitcheson, L., McCambridge, J., & Byrne, S. (2007). Pilot cluster-randomized trial of adjunctive motivational interviewing to reduce crack cocaine use in clients on methadone maintenance. *European Addiction Research*, 13, 6-10.

Monti, P. M., Colby, S. M., Barnett, N. P. Spirito, A., Rohsenow, D. J., Myers, M., et al. (1999). Brief intervention for harm reduction with alcohol-positive older adolescents in a hospital emergency department. *Journal of Consulting and Clinical Psychology*, 67, 989-994.

Morgenstern, J., Irwin, T. W. Wainberg, M. L., Parsons, J. T. Muench, F., Bux, D. A., Jr., et al. (2007). A randomized controlled trial of goal choice interventions for alcohol use disorders among men who have sex with men. *Journal of Consulting and Clinical Psychology*, 75, 72-84.

Mullins, S. A., Suarez, M., Ondersma, S. J., & Page, M. C. (2004). The impact of motivational interviewing on substance abuse treatment retention: A randomized controlled trial of women involved with child welfare. *Journal of Substance Abuse Treatment,* 27(1), 521-558.

Murphy, J. G., Benson, T. A., Vuchinich, R. E., Deskins, M. M., Eakin, D., Flood, A. M., et al. (2004). A comparison of personalized feedback for college student drinkers delivered with and without a motivational interview. *Journal of Studies on Alcohol,* 65, 200-203.

Murphy, J. G., Duchnick, J. J., Vuchinich, R. E., Davison, J. W. Karg, R. S., Olson, A. M., et al. (2001). Relative efficacy of a brief motivational intervention for college student drinkers. *Psychology of Addictive Behaviors,* 15(4), 373-379.

Noonan, W. C. (2001). *Group motivational interviewing as an enhancement to outpatient alcohol treatment.* Dissertação de doutorado inédita, University of New Mexico.

Ondersma, S. J., Svikis, D. S., & Schuster, C. R. (2007). Computer-based motivational intervention for post-partum drug use: A randomized trial. *American Journal of Preventive Medicine,* 32, 231-238.

Peterson, P. L., Baer, J. S., Wells, E. A., Ginzler, J. A., & Garrett, S. B. (2006). Short-term effects of a brief motivational intervention to reduce alcohol and drug use among homeless adolescents. *Psychology of Addictive Behaviors,* 20, 254-264.

Project MATCH Research Group. (1997). Matching alcoholism treatments to client heterogeneity: Project MATCH post-treatment drinking outcomes. *Journal of Studies on Alcohol,* 58, 7-29.

Project MATCH Research Group. (1997). Project MATCH secondary a priori hypotheses. *Addiction,* 92, 1671-1698.

Project MATCH Research Group. (1998). Matching alcoholism treatments to client heterogeneity: Project MATCH three-year drinking outcomes. *Alcoholism: Clinical and Experimental Research,* 22, 1300-1311.

Project MATCH Research Group. (1998). Matching alcoholism treatments to client heterogeneity: Treatment main effects and matching effects on drinking during treatment. *Journal of Studies on Alcohol,* 59, 631-639.

Project MATCH Research Group. (1998). Matching patients with alcohol disorders to treatments: Clinical implications from Project MATCH. *Journal of Mental Health,* 7, 589-602.

Project MATCH Research Group. (1998). Therapist effects in three treatments for alcohol problems. *Psychotherapy Research,* 8, 455-474.

Reid, S. C., Teesson, M., Sannibale, C., Matsuda, M., & Haber, P. S. (2005). The efficacy of compliance therapy in pharmacotherapy for alcohol dependence: A randomized controlled trial. *Journal of Studies on Alcohol,* 66, 833-841.

Richmond, R., Heather, N., Kehoe, L, & Webster, I. (1995). Controlled evaluation of a general practice-based brief intervention for excessive drinking. *Addiction,* 90, 119-132.

Rohsenow, D. J., Monti, P. M., Martin, R. A., Colby, S. M., Myers, M. G., Gulliver, S. B., et al. (2004). Motivational enhancement and coping skills training for cocaine abusers: Effects on substance use outcomes. *Addiction,* 99(7), 862-874.

Rosenblum, A., Cleland, C., Magura, S., Mahmood, D., Kosanke, N., & Foote, J. (2005). Moderators of effects of motivational enhancements to cognitive behavioral therapy. *American Journal of Drug and Alcohol Abuse,* 31, 35-58.

Saitz, R., Palfai, T. P. Cheng, D. M., Horton, N. J., Freedner, N., Dukes, K., et al. (2007). Brief intervention for medical inpatients with unhealthy alcohol use: A randomized, controlled trial. *Annals of Internal Medicine,* 146, 167-176.

Sanchez, F. P. (2001). *A values-based intervention for alcohol abuse.* Dissertação de doutorado inédita, University of New Mexico.

Saunders, B., Wilkinson, C., & Phillips, M. (1995). The impact of a brief motivational intervention with opiate users attending a methadone programme. *Addiction*, 90, 415-424.

Schneider, R. J., Casey, J., & Kohn, R. (2000). Motivational versus confrontational interviewing: A comparison of substance abuse assessment practices at employee assistance programs. *Journal of Behavioral Health Services Research*, 27, 60-74.

Secades-Villa, R., Fernande-Hermida, J. R., & Arnaez-Montaraz, C. (2004). Motivational interviewing and treatment retention among drug user patients: A pilot study. *Substance Use and Misuse*, 39(9), 1369-1378.

Sellman, J. D., Sullivan, P. F., Dore, G. M., Adamson, S. J., & MacEwan, l. (2001). A randomized controlled trial of motivational enhancement therapy (MET) for mild to moderate alcohol dependence. *Journal of Studies on Alcohol*, 62, 389-396.

Senft, R. A., Polen, M. R., Freeborn, D. K., & Hollis, J. F. (1997). Brief intervention in a primary care setting for hazardous drinkers. *American Journal of Preventive Medicine*, 13, 464-470.

Sinha, R., Easton, C., Renee-Aubin, L., & Carroll, K. M. (2003). Engaging young probation-referred marijuana-abusing individuals in treatmenr A pilot trial. *American journal on Addictions*, 12(4), 314-323.

Sobell, L. C., Sobell, M. B., Leo, G. I., Agrawal, S., Johnson-Young, L., & Cunningham, J. A. (2002). Promoting self-change with alcohol abusers: A community-level mail intervention based on natural recovery studies. *Alcoholism: Clinical and Experimental Research*, 26, 936-948.

Spirito, A., Monti. P. M, Barnett, N. P., Colby, S. M., Sindelar, H., Rohsenow, D. J., et al. (2004). A randomized clinical trial of a brief motivational intervention for alcohol-pos itive adolescents treated in an emergency department. *Journal of Pediatrics*, 145, 396402.

Stein, L. A. R., & Lebeau-Craven, R. (2002). Motivational interviewing and relapse prevention for DWI: A pilot study. *Journal of Drug Issues*, 32(4), 1051-1069.

Stein, L. A. R., Colby, S. M., Barnett, N. M., Monti, P. M., Golembeske, C., & Lebeau-Craven, R. (2006). Effects of motivational interviewing for incarcerated adolescents on driving under the influence after release. *American Journal of Addictions*, 15(Suppl.1), 50-57.

Stein, L. A. R., Colby, S. M., Barnett, N. P. Monti, P. M., Golembeske, C., Lebeau-Craven, R., et al. (2006). Enhancing substance abuse treatment engagement in incarcerated adolescents. *Psychological Services*, 3, 25-34.

Stein, M. D., Anderson, B., Charuvastra, A., Maksad, J., & Friedman, P. D. (2002). A brief intervention for hazardous drinkers in a needle exchange program. *Journal of Substance Abuse Treatment*, 22, 23-31.

Stephens, R. S., Roffman, R. A., & Curtin, L. (2000). Comparison of extended versus brief treatments for marijuana use. *Journal of Consulting and Clinical Psychology*, 68, 898-908.

Stephens, R. S., Roffman, R. A., Fearer, S. A., Williams, C., & Burke, R. S. (2007). The marijuana check-up: Promoting change in ambivalent marijuana users. *Addiction*, 102, 947-957.

Stockwell, T. & Gregson, A. (1986). Motivational interviewing with problem drinkers: Impact on attendance, drinking and outcome. *British* Journal of Addiction, 81(5), 713.

Supplee, P. D. (2005). The importance of providing smoking relapse counseling during the postpartum hospitalization. *Journal of Obstetric, Gynecologic and Neonatal Nursing*, 34,703-712.

Thevos, A. K., Roberts, J. S., Thomas, S. E., & Randall, C. L. (2000). Cognitive behavioral therapy delays relapse in female socially phobic alcoholics. *Addictive Behaviors,* 25(3), 333-345.

Thevos, A. K., Thomas, S. E., & Randall, C. L. (2001). Social support in alcohol dependence and social phobia: Treatment comparisons. *Research on Social Work Practice,* 11(4), 458472.

Walker; D. D., Roffman, R. A., Stephens, R. S., Wakana, K., Berghuis, J. P. & Kim, W. (2006). Motivational enhancement therapy for adolescent marijuana users: A preliminary randomized controlled trial. *Journal of Consulting and Clinical Psychology,* 74, 628-632.

Walters, S. T. Bennett, M. E., & Miller, J. H. (2000). Reducing alcohol use in college students: A controlled trial of two brief interventions. *Journal of Drug Education,* 30, 361372.

White, H. R., Morgan, T. J., Pugh, L. A., Celinski, K., Labovie, E. W. & Pandina, R. J. (2006). Evaluating two brief substance-use interventions for mandated college students. *Journal of Studies on Alcohol,* 67, 309-317.

Zywiak, W. H., Longabaugh, R., & Wirtz, P. W. (2002). Decomposing the relationships between pretreatment social network characteristics and alcohol treatment outcome. *Journal of Studies on Alcohol,* 63(1), 114-121.

ASMA/DPOC

Broers, S., Smets, E. M. A., Bindels, P. Evertsz, F. B., Calff, M., & DeHaes, H. (2005). Training general practitioners in behavior change counseling to improve asthma medication adherence. *Patient Education and Counseling,* 58, 279-287.

de Blok, B. M., de Greef, M. H., ten Hacken, N. H., Sprenger, S. R., Posterna, K., & Wempe, J. B. (2006). The effects of a lifestyle physical activity counseling program with feedback of a pedometer during pulmonary rehabilitation in patients with COPD: A pilot study. *Patient Education and Counseling,* 61(1), 48-55.

Schmaling, K. B., Blume, A. W. & Afari, N. (2001). A randomized controlled pilot study of motivational interviewing to change attitudes about adherence to medications for asthma. Journal of Clinical *Psychology* in Medical Settings, 8, 167-172.

TRAUMATISMO CRANIANO

Bell, K. R., Temkin, N. R., Esselman, P. C., Doctor, J. N., Bombardier; C. H., Fraser, R. T., et al. (2005). The effect of a scheduled telephone intervention on outcome after moderate to severe traumatic brain injury: A randomized trial. *Archives of Physical Medicine and Rehabilitation,* 86, 851-856.

Bombardier; C. H., & Rimmele, C. T. (1999). Motivational interviewing to prevent alcohol abuse after traumatic brain injury: A case series. *Rehabilitation Psychology,* 44, 52-67.

SAÚDE CARDIOVASCULAR/HIPERTENSÃO

Beckie, T. M. (2006). A behavior change intervention for women in cardiac rehabilitation. *Journal of Cardiovascular Nursing,* 21, 146-153.

Brodie, D. A., & Inoue, A. (2005). Motivational interviewing to promote physical activity for people with chronic heart failure. *Journal of Advanced Nursing*, 50, 518-527.

McHugh, F., Lindsay, G. M., Hanlon, P. Hutton, L, Brown, M. R., Morrison, C., et al. (2001). Nurse-led shared care for patients on the waiting list for coronary artery bypass surgery: A randomised controlled trial. *Heart*, 86(3), 317-323.

Ogedegbe, G., & Chaplin, W. (2005). Motivational interviewing improves systolic blood pressure in hypertensive African Americans [Abstract]. *American Journal of Hypertension*, 18, A212.

Ogedegbe, G., Schoenthaler, A., Richardson, T. Lewis, L., Belue, R., Espinosa, E., et al. (2007). An RCT of the effect of motivational interviewing on medication adherence in hypertensive African Americans: Rationale and design. *Contemporary Clinical Trials*, 28, 169-181.

Riegel, B., Dickson, W., Hoke, L., McMahon, J. P. Reis, B. F., & Sayers, S. (2006). A motivational counseling approach to improving heart failure self-care. Mechanisms of effectiveness. *Journal of Cardiovascular Nursing*, 21, 232-241.

Scales, R. (1998). *Motivational interviewing and skills-based counseling in cardiac rehabilitation: The Cardiovascular Health Initiative and Lifestyle Education* (CHILE) study. Dissertação de doutorado inédita, University of New Mexico.

Scales, R., Lueker, R. D., Atterbom, H. A., Handmaker, N. S., & Jackson, K. A. (1997). Impact of motivational interviewing and skills-based counseling on outcomes in cardiac rehabilitation. *Journal of Cardiopulmonary Rehabilitation*, 17, 328.

Watkins, C. L., Anton, M. R, Deans, C. R, Dickinson, H. A., Jack, C. I., Lightbody, C. E., et al. (2007). Motivational interviewing early after acute stroke: A randomized, controlled trial. *Stroke*, 38, 1004-1009.

Woollard, J., Beilin, L., Lord, T. Puddey, L, MacAdam, D., & Rouse, l. (1995). A controlled trial of nurse counselling on lifestyle change for hypertensives treated in general practice: Preliminary results. *Clinical and Experimental Pharmacology and Physiology*, 22, 466-468.

Woollard, J., Burke, V., & Beilin, L. J. (2003). Effects of general practice-based nurse-counselling on ambulatory blood pressure and antihypertensive drug prescription in patients at increased risk of cardiovascular disease. *Journal of Human Hypertension*, 17, 689-695.

Woollard, J., Burke, V., Beilin, L. J., Verheiiden, M., & Bulsara, M. K. (2003). Effects of a general practice-based intervention on diet, body mass index and blood lipids in patients at cardiovascular risk. *Journal of Cardiovascular Risk*, 10, 31-40.

ODONTOLOGIA

Skaret, E., Weinstein, P. Kvale, G., & Raadal, M. (2003). An intervention program to reduce dental avoidance behaviour among adolescents: A pilot study. *European Journal of Paediatric Dentistry*, 4, 191-196.

Weinstein, P. Harrison, R., & Benton, T. (2004). Motivating parents to prevent caries in their young children: One-year findings. *Journal of the American Dental Association*, 135(6), 731-738.

Weinstein, P. Harrison, R., & Benton, T. (2006). Motivating mothers to prevent caries: Confirming the beneficial effect of counseling. *Journal of the American Dental Association*, 137, 789-793.

DIABETES

Channon, S., Smith, V.J., & Gregory, J. W. (2003). A pilot study of motivational interviewing in adolescents with diabetes. *Archives of Disease in Childhood*, 88(8), 680-683.

Clark, M., & Hampson, S. E. (2001). Implementing a psychological intervention to improve lifestyle self-management in patients with type 2 diabetes. *Patient Education and Counseling*, 42, 247-256.

Hokanson, J. M., Anderson, R. L., Hennrikus, D. J., Lando, H. A., & Kendall, D. M. (2006). Integrated tobacco cessation counseling in a diabetes self-management training program: A randomized trial of diabetes and reduction of tobacco. *Diabetes Educator*, 32, 562-570.

Rubak, S., Sandbaek, A., Lauritzen, T., Borch-Johnsen, K., & Christensen, B. (no prelo). Effect of the motivational interview on measures of quality care in people with screen detected type 2 diabetes: A one-year follow-up of a RCT. *British Journal of General Practice*.

Rubak, S., Sandbaek, A., Lauritzen, T. Borch Johnsen, K., & Christensen, B. (no prelo). A RCT study: Effect of "motivational interviewing" on beliefs and behaviour among patients with type 2 diabetes detected by screening. *Scandinavian Journal of Public Health*.

Smith, D. E., Heckemeyer, C. M., Kratt, P. P. & Mason, D. A. (1997). Motivational interviewing to improve adherence to a behavioral weight-control program for older obese women with NIDDM: A pilot study. *Diabetes Care*, 20, 52-54.

Trigwell, P. Grant, P. J., & House, A. (1997). Motivation and glycemic control in diabetes mellitus. *journal of Psychosomatic Research*, 43, 307-315.

Viner, R. M., Christie, D., Taylor; V., & Hey, S. (2003). Motivational/solution-focused intervention improves HbA_{1c} in adolescents with type 1 diabetes: A pilot study. *Diabetic Medicine*, 20(9), 739-742.

West, D. S., DiLillo, V., Bursac, Z., Gore, S. A., & Greene, P. G. (2007). Motivational interviewing improves weight loss with type 2 diabetes. *Diabetes Care*, 30, 1081-1087.

DIETA/LIPÍDEOS

Berg-Smith, S. M., Stevens, V. J., Brown, K. M., Van Horn, L., Gernhofer, N., Peters, E., et al. (1999). A brief motivational intervention to improve dietary adherence in adolescents. *Health Education Research*, 14, 399-410.

Bowen, D., Ehret, C., Pedersen, M., Snetselaar, L., Johnson, M., Tinker, L., et al. (2002). Results of an adjunct dietary intervention program in the women's health initiative. *Journal of the American Dietetic Association*, 102(11), 1631-1637.

Bowen, D. J., Beresford, S. A. A., Vu, T. Fend, Z. D., Tinker, L., Hart, A., et al. (2004). Baseline data and design for a randomized intervention study of dietary change in religious organizations. *Preventive Medicine*, 39, 602-611.

Brug, J., Spikmans, F., Aartsen, C., Breedveld, B., Bes, R., & Fereira, I. (2007). Training dietitians in basic motivational interviewing skills results in changes in their counseling style and in lower saturated fat intakes in their patients. *Journal of Nutrition Education and Behavior,* 39, 8-12.

Fuemmeler, B. F., Masse, L. C., Yaroch, A. L., Resnicow, K., Campbell, M. K., Carr, C., et al. (2006). Psychosocial mediation of fruit and vegetable consumption in the Body and Soul effectiveness trial. *Health Psychology,* 25, 474-483.

Mhurchu, C. N., Margetts, B. M., & Speller, V. (1998). Randomized clinical trial comparing the effectiveness of two dietary interventions with hyperlipidaemia. *Clinical Science,* 95, 479-487.

Resnicow, K., Campbell, M. K., Carr, C., McCarty, F., Wang, T. Periasamy, S., et al. (2004). Body and soul: A dietary intervention conducted through African-American churches. *American Journal of Preventive Medicine,* 27, 97-105.

Resnicow, K., Coleman-Wallace, D., Jackson, A., Digirolamo, A., Odom, E., Wang, T. et al. (2000). Dietary change through black churches: Baseline results and program description of the Eat for Life trial. *Journal of Cancer Education,* 15, 156-163.

Resnicow, K., Jackson, A., Blissett, D., Wang, T. McCarty, F., Rahotep, S., et al. (2005). Results of the Healthy Body Healthy Spirit trial. *Health Psychology,* 24, 339-348.

Resnicow, K., Jackson, A., Wang, T. De, A. K., McCarty, F., Dudley, W. N., et al. (2001). A motivational interviewing intervention to increase fruit and vegetable intake through Black churches: Results of the Eat for Life trial. *American Journal of Public Health,* 91, 1686-1693.

Resnicow, K., Taylor, R., Baskin, M., & McCarty, F. (2005). Results of Go Girls: A weight control program for overweight African-American adolescent females. *Obesity Research,* 13, 1739-1748.

Richards, A., Kettelmann, K. K., & Ren, C. R. (2006). Motivating 18- to 24-year-olds to increase their fruit and vegetable consumption. *journal of the American Dietetic Association,* 106, 1405-1411.

Wen, D. B., Ehret, C., Pedersen, M., Snetselaar, L., Johnson, M., Tinker, L., et al. (2002). Abstract results of an adjunct dietary intervention program in the Women's Health Initiative. *Journal of the American Dietetic Association,* 102(11), 1631-1637.

West, D. S., DiLillo, V., Bursac, Z., Gore, S. A., & Greene, F. G. (2007). Motivational interviewing improves weight loss with type 2 diabetes. *Diabetes Care,* 30, 1081-1087.

Woollard, J., Burke, V., Beilin, L. J., Verheijden, M., & Bulsara, M. K. (2003). Effects of a general practice—based intervention on diet, body mass index and blood lipids in patients at cardiovascular risk. *Journal of Cardiovascular Risk,* 10, 31-40.

VIOLÊNCIA DOMÉSTICA

Kennerley, R. J. (2000). *The ability of a motivational pre-group session to enhance readiness for change in men who have engaged in domestic violence.* Dissertação de doutorado inédita.

Kistenmacher, B. R. (2000). *Motivational interviewing as a mechanism for change in men who batter: A randomized controlled trial.* Dissertação de doutorado inédita, University of Oregon.

DIAGNÓSTICO DUPLO
(TRANSTORNO INDUZIDO POR SUBSTÂNCIAS E DOENÇA MENTAL)

Baker, A., Bucci, S., Lewin, T. Kay-Lambkin, F., Constable, P. M., & Carr, V.J. (2006). Cognitive-behavioral therapy for substance use disorders in people with psychotic disorders: Randomized clinical trial. *British Journal of Psychiatry,* 188, 439-444.

Baker, A., Lewin, T., Reichler, H., Clancy, R., Carr, V Garrett, R., et al. (2002). Evaluation of a motivational interview for substance use within psychiatric in-patient services. *Addiction,* 97(10), 1329-1337.

Barrowclough, C., Haddock, G., Tarrier, N., Lewis, S. W. Moring, J., O'Brien, R., et al. (2001). Randomized controlled trial of motivational interviewing, cognitive behavior therapy, and family intervention for patients with comorbid schizophrenia and substance use disorders. *American Journal of Psychiatry,* 158, 1706-1713.

Brown, R. A., Ramsey, S. E., Strong, D. R., Myers, M. G., Kahler, C. W., Lejuez, C. W. et al. (2003). Effects of motivational interviewing on smoking cessation in adolescents with psychiatric disorders. *Tobacco Control,* 12(Suppl. 4), 3-10.

Carey, K. B., Carey, M. P., Maisto, S. A., & Purnine, D. M. (2002). The feasibility of enhancing psychiatric outpatients' readiness to change their substance use. *Psychiatric Services,* 53, 602-608.

Daley, D. C., Salloum, I. M., Zuckoff, A., Kirisci, L., & Thase, M. E. (1998). Increasing treatment adherence among outpatients with depression and cocaine dependence: Results of a pilot study. *American Journal of Psychiatry,* 155, 1611-1613.

Daley, D. C., & Zuckoff, A. (1998). Improving compliance with the initial outpatient session among discharged inpatient dual diagnosis clients. *Social Work,* 43, 470-473.

Graeber, D. A., Moyers, T. B., Griffith, G., Guajardo, E., & Tonigan, J. S. (2003). A pilot study comparing motivational interviewing and an educational intervention in patients with schizophrenia and alcohol use disorders. *Community Mental Health Journal,* 39, 189-202.

Haddock, G., Barrowclough, C., Tarrier, N., Moring, J., O'Brien, R., Schofield, N., et al. (2003). Cognitive-behavioural therapy and motivational intervention for schizophrenia and substance misuse: 18-month outcomes of a randomized controlled trial. *British Journal of Psychiatry,* 183, 377-378.

Hulse, G. K., & Tait, R. J. (2002). Six-month outcomes associated with a brief alcohol intervention for adult in-patients with psychiatric disorders. *Addiction,* 21, 105-112.

Hulse, G. K., & Tait, R. J. (2003). Five-year outcomes of a brief alcohol intervention for adult in-patients with psychiatric disorders. *Addiction,* 98, 1061-1068.

Kavanagh, D. J., Young, R., White, A., Saunders, J. B., Wallis, J., Shockley, N., et al. (2004). A brief motivational intervention for substance misuse in recent-onset psychosis. *Drug and Alcohol Review,* 23, 151-155.

Kreman, R., Yates, B. C., Agrawal, S., Fiandt, K., Briner, W., & Shurmur, S. (2006). The effects of motivational interviewing on physiological outcomes. *Applied Nursing Research,* 19, 167-170.

Martino, S., Carroll, K. M., Nich, C., & Rounsaville, B. J. (2006). A randomized controlled pilot study of motivational interviewing for patients with psychotic and drug use disorders. *Addiction,* 101, 1479-1492.

Martino, S., Carroll, K. M., O'Malley, S. S., & Rounsaville, B. J. (2000). Motivational interviewing with psychiatrically ill substance abusing patients. *American journal on Addictions,* 9, 88-91.

Santa Ana, E. J. (2005). *Efficacy of group motivational interviewing (GMI) for psychiatric inpatients with chemical dependence.* Dissertação de doutorado inédita.

Swanson, A. J., Pantalon, M. V., & Cohen, K. R. (1999). Motivational interviewing and treatment adherence among psychiatric and dually-diagnosed patients. *Journal of Nervous and Mental Disease,* 187, 630-635.

Tapert, S. F., Colby, S. M., Barnett, N. P. Spirito, A., Rohsenow, D. J., Myers, M. G., et al. (2003). Depressed mood, gender, and problem drinking in youth. *Journal of Child and Adolescent Substance Abuse,* 12(4), 55-68.

Zuckoff, A., Shear, K., Frank, E., Daley, D. C., Seligman, K., & Silowash, R. (2006). Treating complicated grief and substance use disorders: A pilot study. *Journal of Substance Abuse Treatment,* 30, 205-211.

TRANSTORNOS DA ALIMENTAÇÃO/OBESIDADE

Dunn, E. C., Neighbors, C., & Larimer, M. (2006). Motivational enhancement therapy and self-help treatment for binge eaters. *Psychology of Addictive Behaviors,* 20, 44-52.

Feld, R., Woodside, D. B., Kaplan, A. S., Olmsted, M. P. & Carter, J. C. (2001). Pretreatment motivational enhancement therapy for eating disorders: A pilot study. International *Journal of Eating Disorders,* 29, 393-400.

Long, C. G., & Hollin, C. R. (1995). Assessment and management of eating disordered patients who over-exercise: A four-year follow-up of six single case studies. *Journal of Mental Health,* 4, 309-316.

Pung, M. A., Niemeier, H. M., Cirona, A. C., Barrera, A. Z., & Craighead, L. W. (2004). Motivational interviewing in the reduction of risk factors for eating disorders: A pilot study. *International Journal of Eating Disorders,* 35(4), 396-397.

Smith, D. E., Heckemeyer, C. M., Kratt, P. P. & Mason, D. A. (1997). Motivational interviewing to improve adherence to a behavioral weight-control program for older obese women with NIDDM: A pilot study. *Diabetes Care,* 20, 52-54.

Treasure, J. L., Katzman, M., Schmidt, U., Troop, N., Todd, G., & De Silva, P. (1999). Engagement and outcome in the treatment of bulimia nervosa: Fuss phase of a sequential design comparing motivation enhancement therapy and cognitive behavioural therapy. *Behaviour Research and Therapy,* 37, 405-418.

SETOR DE EMERGÊNCIA/TRAUMATISMO/PREVENÇÃO DE LESÕES

Dunn, C., Droesch, R. M., Johnston, B. D., & Rivara, F. P. (2004). Motivational interviewing with injured adolescents in the emergency department: In-session predictors of change. *Behavioural and Cognitive Psychotherapy,* 32(1), 113-116.

Johnston, B. D., Rivara, F. P. & Droesch, R. M. (2002). Behavior change counseling in the emergency department to reduce injury risk: A randomized, controlled trial. *Pediatrics,* 110, 267-274.

Schermer, C. R., Moyers, T. B., Miller, W. R., & Bloomfield, L. A. (2006). Trauma center brief interventions for alcohol disorders decrease subsequent driving under the influence arrests. *Journal of Trauma*, 60, 29-34.

Zatzick, D., Roy-Byrne, P., Russo, J., Rivara, F., Droesch, R., Wagner, A., et al. (2004). A randomized effectiveness trial of stepped collaborative care for acutely injured trauma survivors. *Archives of General Psychiatry*, 61(5), 498-506.

FAMÍLIA/RELACIONAMENTOS

Cordova, J. V., Scott, R. G., Dorian, M., Mirgain, S., Yeager, D., & Groot, A. (2005). The marriage check-up: An indicated preventive intervention for treatment-avoidant couples at risk for marital deterioration. *Behavior Therapy*, 36, 301-309.

Kelly, A. B., Halford, W. K., & Young, R. M. (2000). Maritally distressed women with alcohol problems: The impact of a short-term alcohol-focused intervention on drinking behaviour and marital satisfaction. *Addiction*, 95, 1537-1549.

Naar-King, S., Wright, K., Parsons, J. T. Frey, M., Templin, T. Lam, P. et al. (2006). Healthy choices: Motivational enhancement therapy for health risk behaviors in HIV positive youth. *AIDS Education and Prevention*, 18, 1-11.

O'Leary, C. C. (2001). *The early childhood family check-up: A brief intervention for at-risk families with preschool-aged children*. Dissertação de doutorado inédita.

Rao, S. O. (1999). *The short-term impact of the family check-up: A brief motivational intervention for at-risk families*. Dissertação de doutorado inédita.

Slavert, J. D., Stein, L. A. R., Klein, J. L., Colby, S. M., Barnett, N. P. & Monti, P. M. (2005). Piloting the family check-up with incarcerated adolescents and their parents. *Psychological Services*, 2, 123-132.

Uebelacker, L. A., Hecht, J., & Miller, I. W. (2006). The family check-up: A pilot study of a brief intervention to improve family functioning in adults. *Family Process*, 45, 223236.

JOGO

Hodgins, D. C., Currie, S. R., & el-Guebaly, N. (2001). Motivational enhancement and self-help treatments for problem gambling. *Journal of Consulting and Clinical Psychology*, 69, 50-57.

Hodgins, D. C., Currie, S., el-Guebaly, N., & Peden, N. (2004). Brief motivational treatment for problem gambling: A 24-month follow-up. *Psychology of Addictive Behaviors*, 18, 293-296.

Kuentzel, J. G., Henderson, M. J., Zambo, J. J., Stine, S. M., & Schuster, C. R. (2003). Motivational interviewing and fluoxetine for pathological gambling disorder: A single case study. *North American Journal of Psychology*, 5(2), 229-248.

Wulfert, E., Blanchard, E. B., Freidenberg, B. M., & Martell, R. S. (2006). Retaining pathological gamblers in cognitive behavior therapy through motivational enhancement: A pilot study. *Behavior Modification*, 30, 315-340.

PROMOÇÃO DA SAÚDE/EXERCÍCIOS/BOA FORMA

Bennett, J. A., Lyons, K. S., Winters-Stone, K., Nail, L. M., & Scherer, J. (2007). Motivational interviewing to increase physical activity in long-term cancer survivors: A randomized controlled trial. *Nursing Research*, 56, 18-27.

Brodie, D. A., & Inoue, A. (2005). Motivational interviewing to promote physical activity for people with chronic heart failure. *Journal of Advanced Nursing*, 50, 518-527.

Butterworth, S., Linden, A., McClay, W. & Leo, M. C. (2006). Effect of motivational interviewing-based health coaching on employees' physical and mental health status. *Journal of Occupational Health Psychology*, 11, 358-365.

Elliot, D. L., Goldberg, L., Duncan, T. E., Kuehl, K. S., & Moe, E. L. (2004). The PHLAME firefighters' study: Feasibility and findings. *American Journal of Health Behavior*, 28, 13-23.

Elliot, D. L., Goldberg, L., Kuehl, K. S., Moe, E. L., Breger, R. K., & Picketing, M. A. (2007). The PHLAME (Promoting Healthy Lifestyles: Alternative Models' Effects) firefighter study: Outcomes of two models of behavior change. *Journal of Occupational and Environmental Medicine*, 49, 204-213.

Harland, J., White, M., Drinkwater, C., Chinn, D., Farr, L., & Howel, D. (1999). The Newcastle Exercise Project: A randomised controlled trial of methods, to promote physical activity in primary care. *British Medical Journal*, 319, 828-832.

Hillsdon, M., Thorogood, N., White, I., & Foster, C. (2002). Advising people to take more exercise is ineffective: A randomised controlled trial of physical activity promotion in primary care. *International Journal of Epidemiology*, 31, 808-815.

Hudec, J. C. (2000). *Individual counseling to promote physical activity*. Dissertação de doutorado inédita.

Kolt, G. S., Oliver, M., Schofield, G. M., Kerse, N., Garrett, N., & Latham, N. K. (2006). An overview and process evaluation of Telewalk: A telephone-based counseling intervention to encourage walking in older adults. *Health Promotion International*, 21, 201-208.

Ludman, E. J., Curry, S. J., Meyer, D., & Taplin, S. H. (1999). Implementation of outreach telephone counseling to promote mammography participation. *Health Education and Behavior*, 26, 689-702.

Moe, E. L., Elliot, D. L., Goldberg, L., Kuehl, K. S., Stevens, V. J., Breger, R. K. R., et al. (2002). Promoting healthy lifestyles: Alternative models' effects (PHLAXIE). *Health Education Research*, 17(5), 586-596.

Thevos, A. K., Kaona, F. A. D., Siajunza, M. T. & Quick, R. E. (2000). Adoption of safe water behaviors in Zambia: Comparing educational and motivational approaches. Education for Health (joint issue with the *Annual of Behavioral Sciences and Medical Education*), 13, 366-376.

Thevos, A. K., Olsen, S. J., Rangel, J. M., Kaona, F, A. D., Tembo, M., & Quick, R. E. (2002-2003). Social marketing and motivational interviewing as community interventions for safe water behaviors: Follow-up surveys in Zambia. *International Quarterly of Community Health Education*, 21, 51-65.

Thevos, A. K., Quick, R. E., & Yanjuli, V. (2000). Motivational interviewing enhances the adoption of water disinfection practices in Zambia. *Health Promotion International*, 15, 207-214.

Valanis, B., Whitlock, E. E., Mullooly, J., Vogt, T., Smith, S., Chen, C. H., et al. (2003). Screening rarely screened women: Time-to-service and 24-month outcomes of tailored interventions. *Preventive Medicine*, 37(5), 442-450.

Valanis, B. G., Glasgow, R. E., Mullooly, J., Vogt, T. M., Whitlock, E. P. Boles, S. M., et al. (2002). Screening HMO women overdue for both mammograms and Pap tests. *Preventive Medicine*, 34, 40-50.

van Vilsteren, M. C., de Greef, M. H. G., & Huisman, R. M. (2005). The effects of a low-to-moderate intensity pre-conditioning exercise programme linked with exercise counselling for sedentary haemodialysis patients in the Netherlands: A randomized clinical trial. *Nephrology Dialysis Transplantation*, 20, 141-146.

Wilhelm, S. L., Stepans, M. B., Hertzog, M., Rodehorsy T. K., & Gardner, P. (2006). Motivational interviewing to promote sustained breastfeeding. *Journal of Obstetrical, Gynecological, and Neonatal Nursing*, 35, 340-348.

HIV/AIDS

Aharonovich, E., Hartzenbuehler, M. L., Johnston, B., O'Leary, A., Morgenstern, J., Wainberg, M. L., et al. (2006). A low-cost, sustainable intervention for drinking reduction in the HIV primary care settings. *AIDS Care: Psychological and Socio-Medical Aspects of AIDS/HIV*, 18, 561-568.

Baker, A., Heather, N., Wodak, A., Dixon, J., & Holt, P. (1993). Evaluation of a cognitive behavioral intervention for HIV prevention among injecting drug users. *AIDS*, 7,247256.

Carey, M. P. Braaten, L. S., Maisto, S. A., Gleason, J. R., Forsyth, A. D., Durant, L. E., et al. (2000). Using information, motivational enhancement, and skills training to reduce the risk of HIV infection for low-income urban women: A second randomized clinical trial. *Health Psychology*, 19, 3-11.

Carey, M. P. Maisto, S. A., Kalichman, S. C., Forsyth, A. D., Wright, E. M., &Johnson, B. T. (1997). Using information, motivational enhancement, and skill training to reduce the risk of HIV infection for low-income urban women: A second randomized clinical trial. *Journal of Consulting and Clinical Psychology*, 65, 531-541.

Dilorio, C., Resnicow, K., McDonnell, M., Soet, J., McCarty, F., & Yeager, K. (2003). Using motivational interviewing to promote adherence to antiretroviral medications: A pilot study. *Journal of the Association of Nurses in AIDS Care*, 14(2), 52-62.

Golin, C. E., Earp, J. L., Tien, H. C., Stewart, P., Porter, C., & Howie, L. (2006). A 2-arm, randomized, controlled trial of a motivational interviewing-based intervention to improve adherence to antiretroviral therapy (ART) among patients failing or initiating ART. *Journal of Acquired Immune Deficiency Syndrome*, 42, 42-51.

Kalichman, S. C., Cherry, C., & Browne-Sperling, F. (1999). Effectiveness of a video-based motivational skills-building HIV risk-reduction intervention for inner-city African American men. *Journal of Consulting and Clinical Psychology*, 67, 959-966.

Knight, J. R., Sherritt, L., Van Hook, S., Gates, E. C., Levy, S., & Chang, G. (2005). Motivational interviewing for adolescent substance use: A pilot study. *Journal of Adolescent Health*, 37, 167-169.

Koblin, B., Chesney, M., Coates, T. & Team, E. S. (2004). Effects of a behavioural intervention to reduce acquisition of HIV infection among men who have sex with men: The EXPLORE randomised controlled study. *Lancet*, 364, 41-50.

Naar-King, S., Wright, K., Parsons, J. T. Frey, M., Templin, T. Lam, P. et al. (2006). Healthy choices: Motivational enhancement therapy for health risk behaviors in HIV positive youth. *AIDS Education and Prevention*, 18, 1-11.

Parsons, J. T., Rosof, E., Punzalan, J. C., & DiMaria, I. (2005). Integration of motivational interviewing and cognitive behavioral therapy to improve HIV medication adherence and reduce substance use among HIV-positive men and women: Results of a pilot project. *AIDS Patient Care and STDs*, 19, 31-39.

Patterson, T. L., Semple, S. J., Fraga, M.,.Bucardo, J., Davila-Fraga, W. & Strathdee, S. A. (2005). An HIV prevention intervention for sex workers in Tijuana, Mexico: A pilot study. *Hispanic Journal of Behavioral Sciences*, 27, 82-100.

Picciano, J. F., Roffman, R. A., Kalichman, S. C., Rutledge, S. E., & Berghuis, J. P. (2001). A telephone based brief intervention using motivational enhancement to facilitate HIV risk reduction among MSM: A pilot study. *AIDS and Behavior*, 5, 251-262.

Robles, R. R., Reyes, J. C., Colon, H. M., Sahai, H., Marrero, C. A., Matos, T. D., et al. (2004). Effects of combined counseling and case management to reduce HIV risk behaviors among Hispanic drug injectors in Puerto Rico: A randomized controlled trial. *Journal of Substance Abuse Treatment*, 27, 145-152.

Samet, J. H., Horton, N. J., Meli, S., Dukes, K., Tripps, T. Sullivan, L., et al. (2005). A randomized controlled trial to enhance antiretroviral therapy adherence in patients with a history of alcohol problems. *Antiviral Therapy*, 10, 83-93.

Stein, M. D., Anderson, B., Charuvastra, A., Maksad, J., & Friedman, P. D. (2002). A brief intervention for hazardous drinkers in a needle exchange program. *Journal of Substance Abuse Treatment*, 22, 23-31.

Thrasher, A. D., Golin, C. E., Earp, J. A. L., Tien, H., Porter, C., & Howie, L. (2006). Motivational interviewing to support antiretroviral therapy adherence: The role of quality counseling. *Patient Education and Counseling*, 62, 64-71.

ADESÃO AO TRATAMENTO

Aliotta, S. L., Vlasnik, J. J., & Delor, B. (2004). Enhancing adherence to long-term medical therapy: A new approach to assessing and treating patients. *Advances in Therapy*, 21, 214-231.

Bennett, J. A., Perrin, N. A., & Hanson, G. (2005). Healthy. aging demonstration project: Nurse coaching for behavior change in older adults. *Research in Nursing and Health*, 28, 187-197.

Berger, B. A., Lang, H., & Hudmon, K. S. (2005). Evaluation of software-based telephone counseling to enhance medication persistency among patients with multiple sclerosis. *Journal of the American Pharmacists Association*, 45, 466-472.

Broers, S., Smets, E. M. A., Bindels, P. Evertsz, F. B., Calff, M., & DeHaes, H. (2005). Training general practitioners in behavior change counseling to improve asthma medication adherence. *Patient Education and Counseling*, 58, 279-287.

Hayward, P. Chan, N., Kemp, R., & Youle, S. (1995). Medication self-management: A preliminary report on an intervention to improve medication compliance. *Journal of Mental Health*, 4, 511-518.

Kreman, R., Yates, B. C., Agrawal, S., Fiandt, K., Briner, W. & Shurmur, S. (2006). The effects of motivational interviewing on physiological outcomes. *Applied Nursing Research*, 19,167-170.

Robles, R. R., Reyes, J. C., Colon, H. M., Sahai, H., Marrero, C. A., Matos, T. D., et al. (2004). Effects of combined counseling and case management to reduce HIV risk behaviors among Hispanic drug injectors in Puerto Rico: A randomized controlled trial. *Journal of Substance Abuse Treatment,* 27,145-152.

Rose, J., & Walker, S. (2000). Working with a man who has Prader-Willi syndrome and his support staff using motivational principles. *Behavioural and Cognitive Psychotherapy,* 28, 293-302.

SAÚDE MENTAL

Arkowitz, H., Westra, H. A., Miller, W. R., & Rollnick, S. (Eds.). (2008). *Motivational interviewing in the treatment of psychological problems.* New York: Guilford Press.

Humphress, H., Igel, V., Lamont, A., Tanner, M., Morgan, J., & Schmidt, U. (2002). The effect of a brief motivational intervention on community psychiatric patients' attitudes to their care, motivation to change, compliance and outcome: A case control study. *Journal of Mental Health,* 11, 155-166.

Kemp, R., Hayward, P. Applewhaite, G., Everitt, B., & David, A. (1996). Compliance therapy in psychotic patients: Randomised controlled trial. *British Medical Journal,* 312, 345-349.

Kemp, R., Kirov, G., Everitt, B., Hayward, P., & David, A. (1998). Randomised controlled trial of compliance therapy: 18-month follow-up. *British Journal of Psychiatry,* 172, 413-419.

Ludman, E., Simon, F., Tutty, S., & Von Korff, M. (2007). A randomized trial of telephone psychotherapy and pharmacotherapy support for depression: Continuation and durability of effects. *Journal of Consulting and Clinical Psychology,* 75, 257-266.

Murphy, R. T. & Cameron, R. P. (2002). Development of a group treatment for enhancing motivation to change PTSD syndrome. *Cognitive and Behavioral Practice,* 9, 308-316.

Simon, G., Ludman, E. J., Tutty, S., Operskalski, B., & Von Korff, M. (2004). Telephone psychotherapy and telephone care management for primary care patients starting antidepressant treatment: A randomized controlled trial. *Journal of the American Medical Association,* 292, 935-942.

Westra, H. A., & Phoenix, E. (2003). Motivational enhancement therapy in two cases of anxiety disorder: New responses to treatment refractoriness. *Clinical Case Studies, 2(4),* 306-322.

TRANSGRESSORES

Harper, R., & Hardy, S. (2000). An evaluation of motivational interviewing as a method of intervention with clients in a probation setting. *British Journal of Social Work,* 30, 393400.

Mann, R., & Rollnick, S. (1996). Motivational interviewing with a sex offender who believed he was innocent. *Behavioural and Cognitive Psychotherapy,* 24, 127-134.

Marques, P. R., Was, R. B., Tippetts, A. S., & Beirness, D. J. (1999). Behavioral monitoring of DUI offenders with the alcohol ignition interlock recorder. *Addiction,* 94(12), 1861-1870.

Sinha, R., Easton, C., Renee-Aubin, L., & Carroll, K. M. (2003). Engaging young probation-referred marijuana-abusing individuals in treatment: A pilot trial. *American Journal on Addictions,* 12(4), 314-323.

Slavert, J. D., Stein, L. A. R., Klein, J. L., Colby, S. M., Barnett, N. P. & Monti, P. M. (2005). Piloting the family check-up with incarcerated adolescents and their parents. *Psychological Services*, 2, 123-132.

Stein, L. A. R., Colby, S. M., Barnett, N. P. Monti, P. M., Golembeske, C., Lebeau-Craven, R., et al. (2006). Enhancing substance abuse treatment engagement in incarcerated adolescents. *Psychological Services*, 3, 25-34.

Stein, L. A. R., & Lebeau-Craven, R. (2002). Motivational interviewing and relapse prevention for DWI: A pilot study. *Journal of Drug Issues*, 32(4), 1051-1069.

DOR

Ang, D., Kesavalu, R., Lydon, J. R., Lane, K. A., & Bigatti, S. (no prelo). Exercise-based motivational interviewing for female patients with fibromyalgia: A case series. *Clinical Rheumatology*, 26.

COMPORTAMENTO SEXUAL

Kiene, S. M., & Barta, W. D. (2006). A brief individualized computer-delivered sexual risk reduction intervention increases HIWAIDS preventive behavior. *Journal of Adolescent Health*, 39, 404-410.

Mann, R., & Rollnick, S. (1996). Motivational interviewing with a sex offender who believed he was innocent. *Behavioural and Cognitive Psychotherapy*, 24, 127-134.

Orzack, M. H., Voluse, A. C., Wolf, D., & Hennen, J. (2006). An ongoing study of group treatment for men involved in problematic Internet-enabled sexual behavior. *Cyberpsychology and Behavior*, 9, 348-360.

Peterson, R., Albright, J., Garrett, J. M., & Curtis, K. M. (2007). Pregnancy and STD prevention counseling using an adaptation of motivational interviewing: A randomized controlled trial. *Perspectives on Sexual Reproductive Health*, 39(1), 21-28.

Yahne, C. E., Miller, W. R., Irvin-Vitela, L., & Tonigan, J. S. (2002). Magdalena pilot project: Motivational outreach to substance abusing women street sex workers. *Journal of Substance Abuse Treatment*, 23(1), 49-53.

FONOAUDIOLOGIA

Behrman, A. (2006). Facilitating behavioral change in voice therapy: The relevance of motivational interviewing. *American Journal of Speech-Language Pathology*, 15, 215-225.

TABACO

Ahluwalia, J. S., Nollen, N., Kaur, H., James, A. S., Mayo, M. S., & Resnicow, K. (2007). Pathway to health: Cluster-randomized trial to increase fruit and vegetable consumption among smokers in public housing. *Health Psychology*, 26, 214-221.

Ahluwalia, J. S., Okuyemi, K., Nollen, N., Choi, W. S., Kaur, H., Pulvers, K., et al. (2006). The effects of nicotine gum and counseling among African American light smokers: A 2 x 2 factorial design. *Addiction,* 101, 833-891.

Baker, A., Richmond, R., Haile, M., Lewin, T. J., Carr, V. J., Taylor, R. L., et al. (2006). A randomized controlled trial of a smoking cessation intervention among people with a psychotic disorder. *American Journal of Psychiatry,* 163, 1934-1942.

Boardman, T. Carley, D., Grobe, J. E., Little, T. D., & Ahluwalia, J. S. (2006). Using motivational interviewing with smokers: Do therapist behaviors relate to engagement and therapeutic alliance? *Journal of Substance Abuse Treatment,* 31, 329-339.

Borelli, B., Novak, S., Hecht, J., Emmons, K., Papandonatos, G., & Abrams, D. (2005). Home health care nurses as a new channel for smoking cessation treatment: Outcomes from Project CARES (Community-Nurse Assisted Research and Education on Smoking). *Preventive Medicine,* 41, 815-821.

Brown, R. A., Ramsey, S. E., Strong, D. R, Myers, M. G., Kahler, C. W., Lejuez, C. W. et al. (2003). Effects of motivational interviewing on smoking cessation in adolescents with psychiatric disorders. *Tobacco Control,* 12(Suppl. 4), 3-10.

Butler, C. C., Rollnick, S., Cohen, D., Bachmann, M., Russell, L, & Stott, N. (1999). Motivational consulting versus brief advice for smokers in general practice: A randomized trial. *British Journal of General Practice,* 49, 611-616.

Chan, S. S., Lam, T. H., Saldi, f., Leung, G. M., Wong, D. C., Botelho, R. J., et al. (2005). A randomized controlled trial of an individualized motivational intervention on smoking cessation for parents of sick children: A pilot study. *Applied Nursing Research,* 18, 178-181.

Cigrang, J. A., Severson, H. H., & Peterson, A. L. (2002). Pilot evaluation of a population-based health intervention for reducing use of smokeless tobacco. *Nicotine and Tobacco Research,* 4(1),127-131.

Colby, S. M., Barnett, N. M., Monti, P. M., Rohsenow, D. J., Weissman, K., Spirito, A., et al. (1998). Brief motivational interviewing in a hospital setting for adolescent smoking: A preliminary study. *Journal of Consulting and Clinical Psychology,* 66, 574-578.

Colby, S. M., Monti, P. M., & Tevyaw, T. O. (2005). Brief motivational intervention for adolescent smokers in medical settings. *Addictive Behaviors,* 30, 865-874.

Curry, S. J., Ludman, E. J., Graham, E., Stout, J., Grothaus, L., & Lozano, P. (2003). Pediatric-based smoking cessation intervention for low-income women: A randomized trial. *Archives of Pediatrics and Adolescent Medicine,* 157, 295-302.

Emmons, K. M., Hammond, S. K., Fava, J. L., Velicer, W. F., Evans, J. L., & Monroe, A. D. (2001). A randomized trial to reduce passive smoke exposure in low-income households with young children. *American Academy of Pediatrics,* 108, 18-24.

Ershoff, D. H., Quinn, V. P., Boyd, N. R., Stem, J., Gregory, M., & Wirtschafter, D. (1999). The Kaiser Permanente prenatal smoking-cessation trial: When more isn't better, what is enough? *American Journal of Preventive Medicine,* 17, 161-168.

Gariti, P. Alterman, A., Mulvaney, F., Mechanic, K., Dhopesh, V., Yu, E., et al. (2002). Nicotine intervention during detoxification and treatment for other substance use. *American Journal of Drug and Alcohol Abuse,* 28, 673-681.

George, T. P., Ziedonis, D. M., Feingold, A., Pepper, W. T., Satterburg, C. A., Winkel, J., et al. (2000). Nicotine transdermal patch and atypical antipsychotic medications for smoking cessation in schizophrenia. *American Journal of Psychiatry,* 157, 1835-1842.

Glasgow, R. E., Whitlock, E. E., Eakin, E. G., & Lichtenstein, E. (2000). A brief smoking cessation intervention for women in low-income planned parenthood clinics. *American Journal of Public Health,* 90, 786-789.

Haug, N. A., Svikis, D. S., & DiClemente, C. C. (2004). Motivational enhancement therapy for nicotine dependence in methadone-maintained pregnant women. *Psychology of Addictive Behaviors,* 18, 289-292.

Helstrom, A., Hutchinson, K., & Bryan, A. (2007). Motivational enhancement therapy for high-risk adolescent smokers. *Addictive Behaviors,* 32, 2404-2410.

Hokanson, J. M., Anderson, R. L., Hennrikus, D. J., Lando, H. A., & Kendall, D. M. (2006). Integrated tobacco cessation counseling in a diabetes self-management training program: A randomized trial of diabetes and reduction of tobacco. *Diabetes Educator,* 32, 562-570.

Hollis, J. F., Polen, M. R., Whitlock, E. P. Lichtenstein, E., Mullooly, J., Velicer, W. F., et al. (2005). Teen Reach: Outcomes from a randomized controlled trial of a tobacco reduction program for teens seen in primary medical care. *Pediatrics,* 115, 981-989.

Horn, K., Dino, G., Hamilton, C., & Noerachmanto, N. (2007). Efficacy of an emergency department-based teenage smoking intervention. *Prevention of Chronic Disease,* 4, A08.

Kelley, A. B., & Lapworth, K. (2006). The HYP program: Targeted motivational interviewing for adolescent violations of school tobacco policy. *Preventive Medicine,* 43, 466471.

Luna, L. (2005). *The effectiveness of motivational enhancement therapy on smoking cessation in college students.* Dissertação de doutorado inédita.

Nollen, N. L., Mayo, M. S., Sanderson Cox, L., Okuyemi, K. S., Choi, W. S., Kaur, H., et al. (2006). Predictors of quitting among African American light smokers enrolled in a randomized, placebo-controlled trial. *Journal of General Internal Medicine,* 21, 590-595.

Okuyemi, K., Cox, L. S., Nollen, N. L., Snow, T. M., Kauy H., Choi, W. S., et al. (2007). Baseline characteristics and recruitment strategies in a randomized clinical trial of African-American light smokers. *American Journal of Health Promotion,* 21, 183-189.

Okuyemi, K. S., James, A. S., Mayo, M. S., Nollen, N., Catley, D., Choi, W. S., et al. (2007). Pathways to health: A cluster randomized trial of nicotine gum and motivational interviewing for smoking cessation in low-income housing. *Health Education and Behavior,* 34, 43-54.

Okuyemi, K. S., Thomas, J. L., Hall, S., Nollen, N. L., Richter, K. P. Jeffries, S. K., et al. (2006). Smoking cessation in homeless populations: A pilot clinical trial. *Nicotine and Tobacco Research,* 8, 689-699.

Pbert, L., Osganian, S. K., Gorak, D., Druker, S., Reed, G., O'Neill, K. M., et al. (2006). A school nurse-delivered adolescent smoking cessation intervention: A randomized controlled trial. *Preventive Medicine,* 43, 312-320.

Persson, L. G., & Hialmarson, A. (2006). Smoking cessation in patients with diabetes mellitus: Results from a controlled study of an intervention programme in primary healthcare in Sweden. *Scandinavian Journal of Primary Health Care,* 24(2), 75-80.

Richter, K. P. McCool, R. M., Catley, D., Hall, M., & Ahluwalia, J. S. (2005). Dual pharmacotherapy and motivational interviewing for tobacco dependence among drug treatment patients. *Journal of Addictive Diseases,* 24, 79-90.

Rigotti, N. A., Park, E. R., Regan, S., Chang, Y., Perry, K., Loudin, B., et al. (2006). Efficacy of telephone counseling for pregnant smokers: A randomized controlled trial. *Obstetrics and Gynecology,* 108, 83-92.

Rohsenow, D. J., Martin, R. A., Monti, P. M., Abrams, D. B., Colby, S. M., & Sirota, A. D. (2004). Brief advice versus motivational interviewing for smoking with alcoholics in treatment [Abstract]. *Alcoholism: Clinical and Experimental Research,* 28, 76A.

Smith, S. S., Jorenby, D. E., Fiore, M. C., Anderson, J. E., Mielke, M. M., Beach, K. E., et al. (2001). Strike while the iron is hot: Can stepped-care treatments resurrect relapsing smokers? *Journal of Consulting and Clinical Psychology,* 69, 429-439.

Soria, R., Legido, A. Escolano, C., Yeste, A. L., & Montoya, J. (2006). A randomised controlled trial of motivational interviewing for smoking cessation. *British journal of General Practice,* 56, 768-774.

Steinberg, M. L., Ziedonis, D. M., Krejci, J. A., & Brandon, T. H. (2004). Motivational interviewing with personalized feedback. A brief intervention for motivating smokers with schizophrenia to seek treatment for tobacco dependence. *Journal of Consulting and Clinical Psychology,* 72(4), 723-728.

Stotts, A. L., DeLaune, K. A., Schmitz, J. M., & Grabowski, J. (2004). Impact of a motivational intervention on mechanisms of change in low-income pregnant smokers. *Addictive Behaviors,* 29, 1649-1657.

Stotts, A. L., DiClemente, C. C., & Dolan-Mullen, P. (2002). One-to-one: A motivational intervention for resistant pregnant smokers. *Addictive Behaviors,* 27, 275-292.

Supplee, P. D. (2005). The importance of providing smoking relapse counseling during the postpartum hospitalization. *Journal of Obstetric, Gynecologic and Neonatal Nursing,* 34,703-712.

Tappin, D. M., Lumsden, M. A., Gilmour, W. H., Crawford, F., McIntyre, D., Stone, D. H., et al. (2005). Randomised controlled trial of home based motivational interviewing by midwives to help pregnant smokers quit or cut down. *British Medical journal,* 331, 373-377.

Thyrian, J. R., Freyer-Adam, J., Hannover, W. Roske, K., Mentzel, F., Kufeld, C., et al. (2007). Adherence to the principles of motivational interviewing, clients' characteristics and behavior outcome in a smoking cessation and relapse prevention trial in women postpartum. *Addictive Behaviors,* 32, 2297-2303.

Thyrian, J. R., Hanover, W. Grempley J., Roske, K., John, U., & Hapke, U. (2006). An intervention to support postpartum women to quit smoking or remain smoke-free. *Journal of Midwifery and Women's Health,* 51, 45-50.

Town, G. I., Fraser, P., Graham, S., McSweeney, W. Brockway, K., & Kirk, R. (2000). Establishment of a smoking cessation programme in primary and secondary care in Canterbury. *New Zealand Medical Journal,* 113, 117-119.

Valanis, B., Lichtenstein, E., Mullooly, J. P., Labuhn, K., Brody, K., Severson, H. H., et al. (2001). Maternal smoking cessation and relapse prevention during health care visits. *American Journal of Preventive Medicine,* 20(1), 1-8.

Wakefield, M., Oliver, I., Whitford, H., & Rosenfeld, E. (2004). Motivational interviewing as a smoking cessation intervention for patients with cancer: Randomized controlled trial. *Nursing Research,* 53, 396-405.

Winickoff, J. P. Hillis, V. J., Palfrey, J. S., Perrin, J. M., & Rigotti, N. A. (2003). A smoking cessation intervention for parents of children who are hospitalized for respiratory illness: The stop tobacco outreach program. *Pediatrics,* 111(1), 140-145.

Woodruff, S. I., Conway, T. L., Edwards, C. C., Elliott, S. P., & Crittenden, J. (2006). Evaluation of an Internet virtual world chat room for adolescent smoking cessation. *Addictive Behaviors,* 32, 1769-1786.

Ziedonis, D., Harris, P., Brandt, P., Trudeau, K., George, T., Rao, S., et al. (1997). Motivational enhancement therapy and nicotine replacement improve smoking cessation outcomes for smokers with schizophrenia or depression. *Addiction,* 92, 633.

Índice

A

Adesão
  estudos sobre resultados da EM, 211
  promovendo, 113-114, 121-122
Adesão ao tratamento
  estudos sobre resultados, 211
  promovendo, 114-116
Agendas, estabelecimento, 71-73, 161-163
Água potável segura, 180-183
Ambivalência
  discussão sobre, 51-53
  resolvendo, 129-133
  trabalhando com escuta reflexiva, 98-99
Armadilha
  da persuasão e resistência, 158-160
  das perguntas e respostas, 67-68
Aspirações para a mudança comportamental do paciente, 156-159
Atenção, 151-152
Autonomia. *Ver* Autonomia do paciente
Avaliações de rotina, 68-70
Avaliações, 177-179

C

Capacidade, 55
Coleta de informações
  com perguntas abertas, 63-64
  com perguntas fechadas, 62-63
  estilo de acompanhar e, 42-43
Comprometimento
  escutando em busca de, 130-133
  indicação na linguagem, 55, 57-58
  linguagem a usar quando avaliar, 131-132
Consultas
  diretriz geral para, 186-187
  exemplos de casos. *Ver* Exemplos de caso
  fazendo perguntas nas, 64-66
  mantendo a flexibilidade dentro, 29, 46-47
  quando as agendas são diferentes, 160-164
  quando direcionar parece essencial, 162-164
  quando usar a escuta em, 84
  revisando para melhora pessoal, 164-166
Consultas médicas. *Ver* Consultas
Consultas para mudança de comportamento. *Ver* Consultas
Contato visual, 84-85
Controle, abrindo mão do, 152
Conversas sobre a mudança
  como diferentes formas se encaixam, 58-60
  escutando em busca de, 52-53, 59-60
  orientando os pacientes, 59-61
  refletindo, 96-98
  sugestões práticas de questões a evocar, 73-74, 81
  tipos, 54-58
Cooperação, 22
Criação dos filhos, estilo de comunicação e 33

D

Desejo, 54, 55
Desejos, capacidade, razões e necessidades
  evocando conversas sobre a mudança e, 58-60, 75-76
  significado do termo, 56
Dilemas internos, atuação de, 24

E

Encaminhamento, incentivando, 43-45
Ensino, estilos de comunicação e, 33

Equilíbrio, 157-159
Escalas, 75-78
  de avaliação, 75-78
Escuta reflexiva
  e trabalhando a ambivalência, 98-99
  escolhendo o que refletir, 94-95
  refletindo argumentos em favor da mudança, 96-98
  refletindo resistência, 95-96
  resumos, 98-100
  síntese da, 86-87, 90-91
Escutar
  como habilidade de comunicação, 36
  em busca de comprometimento, 130-133
  em combinação com perguntar, 91-92
  estilo de acompanhar e, 31
  na entrevista motivacional, 77-100, 125-126
  os pacientes, 25
  perguntas podem ser obstáculos a, 85-86
  praticar na vida cotidiana, 165-166
  preocupações com, 92-93
  primeiros passos para, 84-86
  quando usar, 83-84 Ver também Escuta reflexiva
  refletindo, 86-91
  relação com estilos de comunicação, 38-40
  respostas facilitadoras, 86-87
  resumos, 90-91
  silêncio e, 85-87
  usando com outros estilos de comunicação, 127-130
  valor de, 82-83
"Espírito da EM", 22-23
Estilo de acompanhar
  comparado com outros estilos de comunicação, 29-31
  discussão do, 31
  relação de habilidades de comunicação com, 38, 42-44
  usando com outros estilos de comunicação, 32-34
Estilo de orientar
  acostumando-se a, 150-151
  avaliando a efetividade do, 132-133
  comparado com outros estilos de comunicação, 29-31
  desenvolvendo habilidade no, 185

e a questão da responsabilidade, 152-153
e as dificuldades do paciente para mudar, 154-156
e os sentimentos do profissional, 155-161
em grupos, 181-183
entrevista motivacional e, 18-36, 51
integrando com direcionamento, 163-164
mantendo-se no presente, 151-152
observando o relacionamento e, 151
olhando adiante e abrindo mão do controle, 152
praticando na vida cotidiana, 155-166
quando as agendas são diferentes, 160-164
relação entre estilos de comunicação e, 38, 43-45
superando obstáculos, 153, 163-164
usando com outros estilos de comunicação, 32-34
Estilo diretivo
  comparado com outros estilos de comunicação, 29-31
  discussão sobre, 31-32
  exemplos de, 39-42
  os perigos de cair no, 158-159
  relação entre estilos de comunicação e, 38-42
  situações em que é necessário, 162-164
  usando com outros estilos de comunicação, 32-34
  uso exagerado do, 34-35
Estilos de comunicação
  acompanhar, 31
  aprender a alternar entre, 184-185
  direcionar, 31-35
  misturando e combinando, 32-34
  orientar, 32
  relação de habilidades de comunicação com, 38
  síntese de, 29-31
  usando de forma flexível dentro da consulta, 45-47 Ver também estilos individuais
  uso de habilidades de comunicação com, 38-45
Estratégia de evocar-fornecer-evocar
  discussão sobre, 110-114
  exemplo para promover a adesão, 115-116

exemplo sobre como contar resultados de exames, 117-119
Estratégia de informar-verificar-informar
   exemplos, 114-117
   postura mental, 111-112
   síntese da, 109-110
Estratégias das "bolhas", 71-73
Estudos sobre
   abuso de drogas, 194-202
   a dor, 213
   asma, 202
   comportamento sexual, 213
   diabetes, 203-204
   diagnóstico duplo, 205-207
   dieta, 204-206
   DPOC, 202
   exercícios, 209-210
   família/relacionamentos, 207-208
   fonoaudiologia, 213
   forma física, 209-210
   hipertensão, 202-204
   jogo, 207-209
   lipídeos, 204-206
   o álcool, 194-202
   obesidade, 207
   odontologia, 203-204
   o tabaco, 213-206
   prevenção de lesões, 207-208
   promoção da saúde, 209-210
   saúde cardiovascular, 191, 203-204
   saúde mental, 212
   transgressores, 212
   transtornos alimentares, 207
   traumatismo craniano, 202
   traumatismo, 207-208
   violência doméstica, 205-206
Evocação, 22-23
Exemplos de casos
   medicina general, 134-137
   promoção da saúde pública, 180-183
   promoção do sexo seguro, 138-142
   serviços de reabilitação cardíaca, 142-143, 149, 174, 180-181
   serviços para HIV/AIDS, 172-174

F

Feedback, 189-190
Foco prematuro, 71-72
Fortalecimento, 26-27

G

Grupos
   diretrizes para orientar em, 181-183
   educativos para pacientes, 178-180
   para educação dos pacientes, 178-180

H

Habilidades de comunicação
   relação com estilos de comunicação, 38
   síntese de, 36-37
   usadas com estilos de comunicação, 38-45
   usando de forma flexível dentro das consultas, 45-47
   usando em combinações, 126-130
   uso comum de, 37
   Ver também habilidades individuais
HIV/AIDS
   estudos sobre resultados da EM, 209-210
   promoção do sexo seguro, 138-142
   proporcionando uma inovação nos serviços, 172-174

I

Informações
   entendendo a necessidade e desejo do paciente por, 105-106
   fornecendo com cuidado, 105-106
   incluindo mensagens positivas nas, 104-106
   levando o paciente a interpretar, 119-120
   sobrecarregando os pacientes com, 159-160
Informações sobre tratamento de saúde. *Ver* Informações
Informar
   como habilidade de comunicação, 36-37
   contando os resultados de exames, 116-119
   desvantagens do reflexo de consertar as coisas, 113-114
   dificuldades comuns encontradas, 101-103
   direcionar com cuidado, 105-107
   estratégia de evocar-fornecer-evocar, 113-114, 121-122

estratégia de informar-verificar-informar, 109-112
falar sobre o que outras pessoas fazem, 108-94
levando o paciente a interpretar informações, 119-120
oferecendo opções, 108
para promover a adesão, 114-116
pedindo permissão para, 106-107
proporcionar esperança e, 120-122
relação com estilos de comunicação, 38-40
situações usadas para, 101
trabalhando dentro do relacionamento, 88, 105-106 *Ver também* Troca de informações
usando com outras habilidades de comunicação, 126-130
Investigação de quantidade e frequência, 68

M

Making the patient your partner (Gordon & Edwards), 25
Motivação
aperfeiçoando as próprias habilidades em, 185-186
entendendo em pacientes, 25
"espírito" da, 22-23
estilo de orientar e, 35-36, 51
exemplos de casos. *Ver* Exemplos de casos
fases na aprendizagem, 184-186
implementando, 174, 182-183
o mito do paciente desmotivado, 21-22
obstáculos do sistema para, 167-168
origem e desenvolvimento, 20-21
pode parecer familiar, 28-29
princípios orientadores, 23-27
recursos de apoio à aprendizagem, 189-190
síntese de, 125-126
treinadores de, 191
Motivational Interviewing Network of Trainers (MINT), 191
Mudança comportamental. *Ver* Mudança do comportamento relacionado com a saúde

Mudança do comportamento relacionado com a saúde
afirmações relacionadas com dar passos para, 55, 57-58 *Ver também* Conversas sobre a mudança; Prontidão para mudar
as dificuldades do paciente com, 154-155
aspirações para, 156-159
necessidade atual de, 19-20
o mito do paciente desmotivado, 21-22
perguntando sobre o grau de comprometimento, 79-80
perguntando sobre prós e contras, 78-80
removendo obstáculos do sistema, 168-174

N

Necessidade, 55-58
Negação, 154-155

P

Pacientes
aspirações para mudança comportamental, 156-159
autonomia, 23
comunicando-se quando incomodado, 42-44
dificuldades com a mudança, 154-156
escutando, 25
informações e, 105-106, 119-120, 159-160
motivação e, 21-22
obtendo permissão de, 106-107
orientando em conversas sobre a mudança, 41, 60-61
persuadindo demais, 158-160
Pacientes desmotivados, mito, 21-22
Participação orientada, 165-166
Perguntas
abertas, 63-67 *Ver também* Perguntar
armadilha da pergunta e resposta, 67-68
avaliações de rotina e, 68-69
combinando com escuta, 91-92
combinando escuta com, 91-92
como habilidade de comunicação, 36
fechadas, 62-65
na entrevista motivacional, 69, 71-73

perguntas abertas, 63-67
perguntas fechadas, 62-65
pode ser obstáculo à escuta, 85-86
podem ser obstáculos à escuta, 85-86
prática em, 64-66
relação com estilos de comunicação, 38-40
sugestões práticas, 73-81
usando com outras habilidades de comunicação, 126-129
Perguntas abertas
  características e desvantagens, 63-64
  exemplos, 66-67
  no questionamento habilidoso, 65-66
Perguntas fechadas
  síntese de, 62-63
  uso excessivo de, 64-65
Permissão, obtendo dos pacientes, 106-107
Pistas não-verbais, bons ouvintes e, 84-85
Prestadores de serviços de saúde. *Ver* Profissionais
Profissionais
  acompanhando os pacientes e se perdendo, 159-160
  aspirações para mudança de comportamento do paciente, 156-159
  caindo no direcionamento, 158-159
  como os sentimentos afetam a orientação, 155-156
  feedback e, 189-190
  noções de salvar o paciente, 159-160
  perseguindo problemas e fraquezas, 160-161
  persuadindo os pacientes demais, 148, 159-160
  protegendo a própria saúde, 164-165
  revisando consultas para aperfeiçoamento pessoal, 164-166
  sobrecarregando os pacientes com informações, 159-160
  uso exagerado do estilo diretivo, 1718
Promoção do sexo seguro, 138-142
Prontidão para mudar, avaliando, 77-78

Q

Quatro princípios da EM
  síntese de, 23-27
  usando, 73-75
Questões/linguagens hipotéticas, 63-81

R

Razões, 55-56
Refletindo, 86-87, 90-91
Reflexo de consertar as coisas, 23-25, 113-114
Resistência
  armadilha da persuasão e resistência, 148, 159-160
  refletindo, 95-96
Responsabilidade, 152-153
Resultados de exames, contando, 116-119
Resumos, 90-91, 98-100
Reuniões da equipe, 176-178

S

Saúde pública, 180-183
Serviços de reabilitação cardíaca, 164, 180-181
Serviços para abuso de substâncias, 168-172
Silêncio, na escuta, 85-87
Sistemas de saúde
  obstáculos à entrevista motivacional em, 167-168
  removendo barreiras à mudança, 158-174
Solicitações de tratamento, 42-43
Suporte, 165-166

T

Treinadores, 191
Troca de informações
  diretrizes para melhorar, 103-106
  usando o estilo diretivo, 105-107
  Ver também Informar

Z

Zâmbia, 180-181